Don J. Wyatt

•

The Blacks of Premodern China

University of Pennsylvania Press
Philadelphia
2010

Дон Дж. Уайет

•

Чернокожие в Древнем Китае

Academic Studies Press
Библиороссика
Бостон / Санкт-Петербург
2024

УДК 94(510)
ББК 63.3(5Кит)
У12

Перевод с английского Елены Нестеровой

Серийное оформление и оформление обложки Ивана Граве

Уайет, Дон Дж.

У12 Чернокожие в Древнем Китае / Дон Дж. Уайет ; [пер. с англ. Е. Нестеровой]. — СПб.: Academic Studies Press / Библиороссика, 2024. — 252 с. — (Серия «Современное востоковедение» = «Contemporary Eastern Studies»).

ISBN 979-8-887199-12-2 (Academic Studies Press)
ISBN 978-5-907918-02-3 (Библиороссика)

В своей книге Дон Уайет обращается к ранее не изученной истории встреч китайцев с темнокожими народами. Самыми ранними и частыми были контакты с жителями Юго-Восточной Азии, в частности с малайцами, затем состоялось знакомство с африканцами. Согласно общепринятой точке зрения, это произошло в XV веке в ходе морских путешествий китайцев вдоль берегов Африки. Однако Уайет выдвигает гипотезу, в соответствии с которой китайцы общались с выходцами с территорий современных Сомали, Кении и Танзании за многие века до этого: более того, зачастую чернокожие в Китае оказывались в положении рабов.

УДК 94(510)
ББК 63.3(5Кит)

ISBN 979-8-887199-12-2
ISBN 978-5-907918-02-3

Афине и Изиде посвящается

Благодарности

Идея написания этой книги зародилась самым непримечательным и неожиданным образом, так что я вынужден сразу же сделать необычное признание в том, что я изначально вообще не собирался когда-либо ее писать. Такое первоначальное отсутствие намерений с моей стороны никоим образом не следует объяснять недостаточной заинтересованностью. Напротив, я впервые познакомился с этой темой — историей первых контактов между жителями Восточной Азии, представленными в архетипическом понимании китайцами, и столь непохожими на них различными народами Африки — десятилетия назад, еще обучаясь в университете, и сразу увлекся ею. Однако, несмотря на горячий интерес, соответствующее стремление к тому, чтобы поделиться своим пониманием предмета хоть в какой-то мере, все время оставалось значительно более скромным; учитывая нынешний результат в виде этой книги, будет справедливо задать вопрос *почему*.

Присутствие в традиционном Китае народов с цветом кожи, который принято называть черным, является фактом, который и на Западе, и в Китае вряд ли когда-либо получит широкое признание или беспрепятственное одобрение. Но все же ученые и раньше не обходили его вниманием и занимались его изучением. Действительно, китаисты, занимающиеся исследованием таких стандартных дисциплин, как традиционная литература и история, давно знают о связи между китайцами и чернокожими, пусть даже далекой и не до конца понятной. По крайней мере отчасти моя неуверенность в том, что следует решительно ухватиться за эту возможность, проистекала из того, что я прекрасно знал заранее, что любые мои исследования не будут первыми в данной области. Есть несколько давних, но все еще незаменимых работ об опыте кросс-культурных отношений в досовременный период истории между незначительной горсткой чернокожих — трактуемых в самом широком смысле — и слугами в императорском Китае. Мое осознание этого факта даже сейчас заставляет относиться к своим возможностям со смирением, именно оно побудило меня свести свои усилия здесь написанием в первую очередь интегрированного эссе в самом строгом и первоначальном смысле этого слова, — то есть ограничиться письменной «попыткой», развернутым разъяснением, составленным для того, чтобы сообщить что-то новое, но ни в коем случае не такое, в котором я бы осмелился представить что-то категорически новое.

Как ни странно, это же самое осознание значительности, но немногочисленности научных трудов, существующих на сегодняшний день до моего собственного, также послужило серьезным катализатором. Результаты этой уже проделанной научной работы в основном можно найти только в специализированных профессиональных журналах, и обычно они не длиннее статьи. Многие из них почти так же рассредоточены и обрывочны, как и ненадежные первичные источники, на которых они основываются, а некоторые существуют только на китайском языке, так как никогда не переводились. Иначе говоря, странным и самым нелогичным образом, из ряда условий, которые изначально только отпугивали меня, я все больше черпал мотивацию и тем самым выработал непреходящее убеждение, что лучшим способом воздать должное и признать заслуги этих ценных материалов будет собрать вместе высказанные в них разнообразные идеи. Я бы взял и объединил в едином информационном целом из одного источника данные, скажем, о географических представлениях китайцев об Африканском континенте, а из другого — о традиционных формах китайского рабовладения.

Тем не менее, преодолев свою первоначальную неуверенность, пусть и не полностью, и предварительно изучив, — или хотя бы приступив к изучению, — наиболее показательные научные работы, имеющиеся на данный момент, эта возможность извлечь и пересказать в обобщенном виде историю первых контактов между китайцами и различными чернокожими неожиданно стала для меня поворотным моментом. Должен признаться, что я испытал нечто вроде интеллектуального просветления. То, что началось для меня как обыденная и даже заурядная попытка собрать воедино и упорядочить все известные данные, чтобы в лучшем случае переформулировать малоизвестный, но достоверный факт, постепенно превратилось в увлекательное предприятие, соблазнявшее перспективой множества новых открытий. С каждым шагом вглубь исследования, с каждым из многочисленных слоев плотных напластований, которые мне удавалось преодолеть и расчистить, чернокожие досовременного Китая становились все более заметными и различимыми — пусть даже исключительно через их китайских наблюдателей — на протяжении нескольких столетий их скрытой от чужих глаз истории. Прогресс в этом направлении был то скачкообразным, то поступательным. Однако мой интерес не только стал глубже благодаря ему, но и ускорился, примерно так же, как биение пульса и шаги неизбежно учащаются с ростом волнения в преддверии по-настоящему нового, значимого и подтверждающего догадку открытия.

Излишне говорить, что в итоге исследование вышло совсем не таким, как я его изначально задумал, и, хотя по любым оценкам эта книга далеко не первая публикация, излагающая данный материал, она, тем не менее, насколько мне известно, является первой в своем роде, посвященной исключительно этой провокационной теме и ничему другому. Кроме того, она первая полноценно обобщает предыдущие находки и представляет их вместе с новыми в манере настолько сжатой, насколько это возможно для объединенной аудитории из широкого круга западных читателей и специализирующихся в данной области восточноазиатских — в частности, китаеязычных — читателей. Насколько представленная стратегия успешна, настолько она на самом деле рискованнее всех, что были до нее, поскольку раньше информация доносилась до узкого профессионального круга специалистов, и ни разу целевой аудиторией для восприятия изложенных здесь идей не становилось намного более многочисленное сообщество разносторонне заинтересованной публики.

Однако, даже ввиду того что эта работа представляет собой отправную точку для дальнейших исследований, она, несомненно, также вносит вклад в уже существующий научный континуум. Реализовав свое амбициозное желание тоже быть «первым», я должным образом выражаю свою признательность многочисленным первопроходцам, заложившим фундамент этой новой научной области, и совсем не последним из моих мотивов было стремление познакомить новых читателей с их давними, но бесценными прозрениями. Безусловно, среди этих людей, заслуживающих благодарности, следует обязательно упомянуть ряд ныне покойных титанов азиатских и компаративистских исследований, а именно: Уильяма Вудвила Рокхилла, Фридриха Хирта, Поля Пеллио, Чжан Синлана, Яна Юлиуас Лодевейка Дёйвендака, Эдварда Хетцеля Шефера, Жунбана Ло, Чарльза Оскара Хакера, Энгьюса Чарльза Грэма, Кларенса Мартина Уилбура, Уильяма Арманда Лессу, Чарльза Ральфа Боксера, Дональда Фредерика Лаха, Клиффорда Гирца и Эдварда Дрейера.

Мои многочисленные современники и специалисты из самых разных дисциплинарных областей также неизмеримо помогли мне продвинуться в моих изысканиях о самых первых взаимодействиях между китайцами и чернокожими среди них. Мне оказались очень полезны наш обильный и плодотворный обмен письмами и бесчисленные личные встречи. Занимая разное положение как внутри, так и за пределами академической среды, своими вдохновляющими вопросами и уточняющими наблюдениями эти коллеги внесли неизмеримый вклад, который невозможно преуменьшить, в то, что эта книга была задумана и написана. Я хочу сказать спасибо прежде всего за то, как их различные и иногда сталкивающиеся интересы и принципы заставили меня подойти к проекту с более междисциплинарных позиций, чем я собирался изначально. Поэтому хочу высказать свою искреннюю признательность Марку Абрамсону, Джеймсу Экстеллу, Сьюзанн Уилсон Барнетт, Цви Бен-Дор Бениту, Эллисону Блейкли, Эми Брауэр, Винсенту Каретте, Джону Чаффи, Кэрол Кунихэн, Дэвиду Брайону Дэвису, Хильд де Вердт, Фрэнку Дикоттеру, Эдварду Дрейеру, Мэрис Джиллетт, Чэду Хэнсону, Дереку Хенгу,

Т. Д. Хинрикс, Суфэн Лай, Денис Пэтри Лейди, Джонатану Липману, Колину Маккензи, Томасу Мэсси, Шерри Моу, Су Фанг Ын, Джоанне Рэнсмейер, Кэрри Рид, Рональду К. Ричардсону, Валиду Салеху, Энджеле Шоттенхаммер, Шибе Йошинобу, Джонатану Спенсу, Рие Штейн, Эмме Джинхуа Тэнг, Линде Уолтон, Тун Сюю, Робину Йейтсу и особенно Виктору Мейеру, без чьей постоянной и дружеской поддержки никогда бы ничего не получилось. Также была неоценима помощь Ян Цзюэ и Джека Кунео при подготовке иллюстраций.

Более того, без финансовых вложений со стороны учреждений, а также отдельных лиц полноценное функционирование современной науки невозможно. Соответственно, я выражаю свою благодарность за щедрую финансовую и инфраструктурную поддержку, оказанную моим родным Мидлбери Колледжем, и за всестороннюю помощь, оказанную от замысла до публикации всеми сотрудниками Издательства Университета Пенсильвании, особенно Крису Ху. Также до бесконечности я готов благодарить Питера Эгри. Без его уверенности и неподдельного интереса к данному предприятию — то есть его способности предвидеть потенциальный интерес читателей к короткой и доступной работе на тему, столь с виду малопонятную и даже экзотическую, как эта, — все сошло бы на нет еще до его начала. Таким образом, с искренней признательностью за обилие советов и помощь, которые я получил во всех этих формах и из множества источников, у меня нет иного выбора, кроме как принять на себя полную ответственность за все недостатки данного сочинения.

Введение

В период почти 300-летнего правления знаменитой китайской династии Тан (618–907) 684 год примечателен преимущественно двумя, как известно, связанными событиями. Во второй месяц этого года знаменитая У Чжао, императрица У (У-хоу) (около 625–705), предприняла первые шаги к тому, чтобы стать единственной женщиной, претендовавшей на титул императора Срединной Империи за более чем четыре тысячелетия ее истории [Guisso 1979: 290–291]. Почти с самого начала захвату власти сопротивлялись не только законные члены императорской семьи, но и попавший в опалу представитель военной аристократии Ли, или, как его иногда называли в исторических сочинениях, Сю Цзинъе (умер в 685 году). На девятый месяц, объявив о намерениях, действительных или вымышленных, вернуть власть законному императору, Ли Цзинъе поднял первое за более чем шесть десятилетий восстание на территории страны против правительства [Fitzgerald 1968: 96–97][1].

Эти два разных, но связанных между собой события 684 года предшествовали массовому кровопролитию неимоверных масштабов. Из-за жестоких гендерных предрассудков, препятствовавших утверждению ее власти на политической арене, императрица У могла утвердить и упрочить свое главенствующее положение только чередой отравлений и убийств, которые начались с 684 года и продолжились уже после ее вступления на императорский трон в 690 году. Постепенно присваивая все больше и больше полномочий, У Чжао стала первой и единственной в Китае женщиной-императором и следующие два десятилетия,

[1] См. также [Guisso 1979: 294–296; Rothschild 2007: 88–89].

как и по крайней мере одно десятилетие до этого, предавала смерти всех, кто в действительности или в воображении представлял угрозу ее власти, в том числе многочисленных представителей законной императорской династии [Ibid.: 113–128]. Диктатура же Ли Цзинъе, напротив, длилась намного меньше. Он поднял мятеж в основном потому, что ощущал, что его честь запятнана, а аристократические привилегии ущемлены. Направив свои неожиданно разросшиеся до 100 тысяч войска в бой, он принес своим восстанием смерть многим тысячам. У Чжао выставила против повстанцев Ли Цзинъе собственную 300-тысячную армию. Сам Ли, однако, не дожил до того, чтобы увидеть полный разгром в разгоревшейся по его вине войне, поскольку преждевременно нашел свой конец от руки предателя из своих же подчиненных, который обезглавил его, пожелав получить награду за его поражение и, открестившись от него, спасти собственную жизнь. Затем, что было обычным воздаянием в те времена за бунт против короны, все выжившие члены семьи Цзинъе были истреблены до последнего человека, а их могилы осквернены и уничтожены [Guisso 1979: 297][2].

За незначительными исключениями большинство ученых в последствии считали захват власти императрицей и восстание изменника двумя бесспорно самыми примечательными событиями 684 года. Это была совершенно понятная оценка, учитывая, что каждое из них вызвало последствия, разошедшиеся, как волны от сейсмического толчка, и глубоко повлиявшие почти на все стороны будущей судьбы империи Тан, которой оставалось существовать еще два с половиной столетия. Однако было еще одно насильственное действие — менее значительное, но вовсе не прошедшее незаметным, — которое произошло в том же судьбоносном 684 году. Случившись в те несколько месяцев, что разделяли ранее упоминавшиеся выдающиеся события, эта ситуация представляла собой насильственные действия гораздо меньшего уровня, чем любое из обсуждавшихся выше происшествий 684 года до и после нее, поэтому по вполне понятным

---

[2] См. также [Rothschild 2007: 88–89].

причинам обычно не привлекает того внимания, которое сопоставимо с ее значением. Однако мы едва ли можем преувеличить необыкновенную природу этого события, а его последствия повлияли на предмет данного исследования не менее, чем, как принято считать, каждое из двух других на любое исследование о политике и институтах периода империи Тан. Событие, о котором идет речь, представляет собой грязное и неприглядное убийство государственного чиновника Лу Юаньжуя, которого в седьмой месяц 684 года, когда он находился в должности губернатора отдаленного и не очень тесно связанного со столицей южно-китайского портового города Гуанчжоу, известного позже также как Кантон, постигла жестокая смерть[3].

Куньлуньцы: появление и эволюция термина

Если судить по нормам нашей культуры и нашего времени, многие сойдутся на том, что Лу Юаньжуй не так уж и не заслуживал выпавшей на его долю судьбы. Он был ничтожным человеком и жадным чиновником, но не настолько, чтобы привлечь к себе отдельное внимание в авторитетных источниках, несмотря на сравнительно высокое положение, которое он занимал. Так что мы впервые узнаём о нем только из сохранившегося краткого описания его смерти — и ничего больше, — которое вошло в официально заказанную биографию его преемника на посту губернатора. Тем не менее в глазах явного большинства его соотечественников недостатки Лу как государственного служащего и как человека вряд ли заслуживали того, что с ним произошло, поскольку из единственной невзрачной записи о его судьбе в «*Цзю Тан шу*» («Старая история Тан») мы узнаём следующее: «Территория Гуанчжоу граничит с Южным морем. Каждый год

---

[3] По ряду причин, которые будут приведены далее, некоторые авторы, в том числе даже главный современный специалист по китайской диаспоре Ван Гунву, придавали особое значение этому как будто бы незначительному событию. См., как оно представлено, например, в [Шефер 1981: 31]. О смерти Лу Юаньжуя говорится в биографии намного более известного Ван Фанцина (умер в 702 году).

куньлуньские купцы приплывают на [своих] кораблях, нагруженных ценными товарами, чтобы торговать с китайцами. Предыдущий правитель пытался обманом лишить их товара, один из *куньлуньцев*, спрятав нож, выступил вперед и убил его» [Цзю Тан шу 1979: 89.2897][4]. Нападавший не ограничился тем, чтобы прирезать Лу Юаньжуя на месте. Размахивая ножом, или ножами (по китайскому источнику это непонятно), он также, что должно было быть ужасающе жестоким кровопролитием, отправил на тот свет десяток или более человек из ближайшего окружения правителя. Не ограничившись и так существенным уроном, преступник добавил к нему еще и оскорбление: успешно ускользнув от преследователей и избежав поимки, он ухитрился выйти в море и тем самым избежать правосудия. Тогда, как и сейчас, сам проступок был достаточно серьезным. Однако дело становилось еще более прискорбным только из-за того, что конкретно указывалось на то, что виновный был из *куньлуньцев*, этот термин крайне важен для наших целей, поскольку это первое задокументированное в Китае обозначение человека, по китайским стандартам совершенно не похожего на самих китайцев — то есть такого, который расценивался китайцами в досовременную эпоху как обладающий признаками, характерными для этнических чернокожих [Там же][5].

В первой главе мы вновь обратимся к насильственной смерти Лу Юаньжуя и намного подробнее, чем сейчас, рассмотрим все выводы, которые можно сделать из того, как именно он умер. Причина того, что мы уделим внимание этому происшествию в самом начале, кроется в том, что оно идеально подходит для отправной точки для *всех* наших дальнейших рассуждений о том, как в Китае в досовременную эпоху относились к своим чернокожим. Хотя нам крайне легко предать забвению Лу как человека,

---

4 См. также [Синь Тан шу 1976: 116.4223].

5 Как и многие китайские термины, которые стали применяться для наименования народов иностранного происхождения, *куньлунь* изначально было названием места, или топонимом. См. разбор этого феномена переноса в первой главе этой книги.

мы убедимся, что с обстоятельствами его смерти так поступать *не* следует, и они все в совокупности послужат нам компасом и зададут направление к самым главным вопросам, которые будут заботить нас больше всего. Действительно, сам факт, что он умер от руки какого-то *куньлуньца*, подталкивает нас к тому, чтобы быстрее погрузиться в разбор различных, но тесно переплетающихся тем, которые и являются основным предметом рассуждений остальной части этой книги. Итак, важность записи об убийстве Лу Юаньжуя заключается преимущественно в том, что она является самым ранним и наименее спорным письменным историческим источником, имеющимся в нашем распоряжении, где говорится о скрытых противоречиях и отдельных проявлениях явной враждебности, возникших к IX веку, а возможно и раньше, которые позже стали неотъемлемой чертой в отношениях между китайцами и *куньлуньцами*.

То, что произошло с Лу Юуаньжуем, имеет крайнюю для нас ценность на этом этапе еще и потому, что порождает основополагающие вопросы. Далеко не последний по важности и один из самых ожидаемых вопросов, который мы зададим, это *кто* же такие *куньлуньцы* и, поскольку они оказались столь же реальны, как и торговцы, периодически приплывавшие с товарами в Гуанчжоу и однажды снискавшие себе дурную славу, лишив жизни Лу Юаньжуя и немалое число его приспешников, *откуда* они появились? Мы обнаружим, что, как и сейчас, ответ на каждый вопрос замыкается сам на себя, поскольку мы узнаём, что столетиями китайцы досовременной эпохи применяли наименование *куньлуньцы* к целому множеству народов, большинство из которых по нашим современным стандартам должны были бы представлять для них совершенно различные национальности и этнические сообщества. Более того, как ни странно, мы столкнемся с тем, как этот ряд народов, к которому применялось обозначение *куньлуньцы*, на деле продолжал расширяться соразмерно тому, как увеличивались знания китайцев об окружающем мире. Расширение географических горизонтов, сначала на юг, но позже и в западном направлении, участившиеся столкновения с народами, с которыми ранее не приходилось встречаться, привели к разрастанию, а не к сокращению числа тех, кто попадал в категорию *куньлуньцев*. Мы увидим, что все более сложные вопросы, возникающие после таких находок, как эта, вносят неоценимый вклад в поразительно захватывающий характер нашего исследования.

К моменту убийства Лу Юаньжуя китайцы уже где-то в течение половины тысячелетия все чаще и чаще сталкивались с народами, которых они обозначали в качестве *куньлуньцев*. Однако, даже если контакты с ними и поддерживались, что логически следует из того, что Гуанчжоу служил портом, куда они заходили, нам не следует полагать, что за прошедшие столетия отношения обязательно приводили к более тесному и успешному сотрудничеству. Близкое знакомство необязательно подразумевает неуважительное отношение, но также нет достаточных оснований считать, что мнение китайцев эпохи Тан о народах, которые они иногда без разбора называли *куньлуньцами*, сильно выросло со времени их первого столкновения с ними в первые века нашей эры. Несмотря на то что эпоха Тан славится своим космополитизмом, на ней в значительной мере сказывались предыдущие столетия, когда ни о каком плюрализме и подумать было нельзя. Точно так же, как мы сейчас задумываемся о том, существует ли жизнь в привычном для нас виде на других планетах, китайцы первых веков нашей эры, как и любые другие древние народы, часто отрезанные от всего мира и только случайно и почти чудом сталкивавшиеся с другими, географически удаленными от них, несомненно, размышляли об относительных сходствах и различиях между ними и немногими иноземными народами, с которыми им доводилось встречаться. Часто даже оспаривалась сама принадлежность чужеземцев к человеческому роду, поскольку в этом не было полной уверенности.

Нельзя не признать, что рассматриваемая тема несколько экзотична даже для других профессиональных китаистов. Однако подход, принятый в данной книге, сугубо приземленный. Как следствие, здесь нет впечатляющих истолкований необозримой истории межкультурных человеческих взаимодействий — как я уже говорил, я просто попытался найти ответы на круг провокационных вопросов, но круг этот строго очерчен. Основным из представляющих для нас интерес вопросов, насколько это можно установить, как раз и является вопрос о том, *когда* отдельные представители китайской национальности в результате контактов, происходивших в виде непосредственных наблюдений или взаимодействия, впервые увидели, а значит, и узнали людей, которых они, как и мы сейчас, посчитали *черными*? Другими словами, *когда* именно народы африканского происхождения или их потомки впервые появились в сознании китайского народа? В результате какого исторического события или ряда событий китайцы впервые получили ощутимые свидетельства существования черных людей, и *как* эти свидетельства были получены и осмыслены?

Эта задача — выяснить, *как* или при каких обстоятельствах китайцы впервые узнали о чернокожих — столь же трудна и интересна, как и установить, *когда* это произошло. К тому же есть все причины полагать, что обоснованные ответы на первый вопрос получить было бы намного полезнее, чем какой-либо ответ на второй. Любой более-менее содержательный ответ на вопрос о том, *как* появилось такое осознание, без сомнения, вносит существенно более значимый вклад в историю межкультурного взаимодействия в древности, чем простой ответ на вопрос *когда*. Такие взгляды и подтолкнули меня к тому, чтобы приступить к написанию этой книги.

Однако если мы окажемся в состоянии установить, *как*, а также *когда* зародилась у китайцев осведомленность о народах, которые они воспринимали как черных, то неизбежно выйдем далеко за рамки удовлетворения личных стремлений к расширению собственного кругозора в интересующей нас сфере, поскольку все это может вылиться исключительно в повествование с широким и увлекательным историческим значением. Просто рассказывая историю о первом личном контакте китайцев и черных, мы неизбежно прольем свет, пусть даже частично и неполно, на все аналогичные истории встреч между представителями двух значительно отличающихся друг от друга в культурном плане народов — народов, которые ранее, по подтвержденным данным, не вступали друг с другом во взаимодействие. То есть эта история окажется также поучительна с исторической точки зрения, поскольку обогатит наше общее понимание механизмов, которые участвуют в первых случаях взаимодействия между ранее не сталкивающимися культурами на всех предыдущих и последующих этапах мировой истории.

В приведенной здесь версии рассказа о самом раннем установленном контакте между китайцами и чернокожими людьми присутствуют все эти возможности. Однако я убежден, что одно только предположение о том, что этот «рассказ» претендует на полноту изложения, ведет к искажению картины. Как здесь говорится, невзирая на из ряда вон выходящее убийство Лу Юаньжуя, никогда не было никакого переломного момента во взаимодействиях между китайцами и черными. Наоборот, мы сталкиваемся с длинной чередой выдающихся событий, разделенных на группы, неравномерно и прерывисто распределенных по досовременному периоду истории; таким образом, излагаемый рассказ — назовем его *сагой*, за отсутствием лучшего термина, — действительно является отдельным эпизодом. К началу XVI века нашей эры нечастые отношения между китайцами и чернокожими поддерживались уже более тысячелетия, еще до того, как установились прямые и постоянные контакты между китайцами и европейцами. Нас не должно удивлять, что эти случайные встречи описывались и оценивались во всем диапазоне человеческих эмоций, переходя — в разные времена по-разному — от благоговейного уважения к безразличию или отвращению.

Прежде чем приступить вплотную к нашей теме, нам следует учесть, что у саги о взаимодействии китайцев и черных в досовременный период существуют три других значимых плана, которые нам не повредит постоянно держать в уме. Неважно, подходим ли мы к этому рассказу как профессиональные историки или как обычные люди, эти соображения окажут нам неоценимую помощь, выполняя роль своего рода предупреждающих маячков. Если не обращать внимания на путеводный свет, который все время отбрасывают эти маяки, вероятность заблудиться крайне возрастает или даже становится неизбежной.

Во-первых, необходимо помнить о том, что за всю историю контактов китайцев и чернокожих на протяжении досовременного периода практически без каких-либо исключений, которые на данный момент можно установить, их общественное положение и роли, с которыми они вступали в контакт, оставались постоянными и неизменными. Из этого не следует, что общественные отношения *внутри* каждой из двух групп нужно истолковывать как статичные и незыблемые. Независимо от собственного социального положения, китаец того времени, несомненно, наделял бы *куньлуньского* посланника при императорском дворе, неважно, случалось ли это в действительности, намного более высоким статусом, чем *куньлуньского* купца или обычного *куньлуньского* раба, хотя бы даже только относительно. Тем не менее, исходя из имеющихся у нас документов, эти общественные отношения, безусловно, были постоянной величиной в том смысле, что они никогда не изменялись на противоположные между этими двумя группами. Иначе говоря, китайцы всегда были более сильной в общественном отношении стороной, обладая возможностью, как принято говорить, «диктовать свои условия» во всех взаимодействиях с чернокожими. Во всех случаях взаимодействия внутри страны, данные о которых есть в нашем распоряжении, даже после того как они стали происходить при помощи арабов, преуспевших в работорговле с африканцами, начиная приблизительно с IX века нашей эры мы видим, что китайцы вступали в контакты с чернокожими, как правило, с целью сделать из них рабов, чем и руководствовались, налаживая эти связи, что часто наносило вред, приводило к закабалению и ухудшению положения чернокожих. Никакие исторические данные не указывают на то, что отношение и общение с представителями этих различных по культуре народов когда-либо происходило на равных, поэтому нельзя потворствовать такого рода оторванным от реальности рассуждениям и допускать, что подобное имело место.

Во-вторых, подвергая рассмотрению каждую из сторон китайско-*куньлуньских* отношений, надо постоянно иметь в виду односторонний характер всей совокупности записей об этих контактах. Однонаправленностью своего повествования рассказ о самых ранних представлениях китайцев о чернокожих, с которыми они сталкивались, как мы узнаём, приблизительно соответствует, например, взглядам населения континентальной Европы эпохи Возрождения или, если сузить рамки, взглядам англичан во времена Тюдоров (1500–1603) и Стюартов (1603–1714) на зарождающиеся и растущие рядом с ними сообщества выходцев из Африки и Восточной Индии, а впоследствии и афроамериканцев [Black Africans 2005; Habib 2008]. Однако, даже принимая во внимание эту единственную параллель во многом односторонних расистских дискурсов, очевидную в обоих сравниваемых случаях, мы вынуждены прийти к заключению, что расхождения между ситуацией в континентальной Европе в XIV и XV веках и в Британии в XVI и XVII веках и ситуацией в Китае с VII до XII веков многочисленнее и разительнее, чем сходства. Средневековых китайских записей ничтожно мало, они имеют намного менее целостный и всесторонний характер по сравнению с аналогичными в Европе эпохи Возрождения или, особенно, в Британии в начале периода Нового времени[6]. Кроме того, если способность колонизаторов читать и писать на родном языке или, в частности, на английском языке, со временем становилась все более значимой характерной чертой для черного населения континентальной Европы или Британии, то в Китае такого не было никогда.

В самом деле, полное отсутствие какого-либо рода письменности среди черных *африканцев*, с которыми сталкивались китайцы на протяжении этого начального периода налаживания контактов, и наличие процветающей и постоянно и широко использующейся на протяжении веков письменной традиции среди китайцев того времени само собой привели к тому, что вся документация о взаимодействии велась полностью одной из контактирующих сторон — то есть китайской. Как сами чернокожие досовременного периода никогда не считались среди китайцев равными себе

[6] Например, Хабиб в своем исследовании ситуации в Британии в начале периода Нового времени приводит и классифицирует 448 отдельных записей, свидетельствующих о присутствии чернокожих. См. [Habib 2008: 13–14].

по их индивидуальному статусу, так и сама их «цивилизация», во многом из-за отсутствия письменности, никогда не считалась хоть сколько-то достойной сравнения с Китаем в общем. К тому же, с точки зрения китайцев, между этими двумя уровнями — индивидуальным и общим — было установлено прямое, тесное и почти идеально совпадающее соответствие, которое привело к откровенно отрицательной оценке обоих. Так, мы вряд ли можем отрицать, что «история» контактов между черными и китайцами — когда она истолковывает исключительно необработанные данные, составляющие комплекс документальных свидетельств для исторической конструкции, — всецело является «историей победителя». Признание этого факта должным образом подготовит нас к тому, чтобы подходить с настороженностью к некоторым взглядам, выраженным в полученных записях. Также это заставит нас относиться критически к подобию триумфализма, которым пропитаны труды хронистов, считавших себя представителями намного более развитой китайской культуры в сравнении со всеми чернокожими, с которыми им доводилось или не доводилось сталкиваться[7]. Прежде всего мы сейчас обязаны стремиться к наибольшей объективности, даже если в конце концов она и ускользнет от нас.

В-третьих, возможно, из-за того, что я выше упоминал об арабских работорговцах, в более позднее время выступавших посредниками в контактах межу китайцами и чернокожими, особенно если речь шла об африканцах, мы не можем упустить из виду то, что мы вот-вот погрузимся в историю, в которой европейцы не играли заметной роли, поскольку появились только в самом конце продолжительного процесса взаимодействия. Но мы, конечно, должны принять тот факт, что на знакомство

---

[7] Идея о том, что многие основные признаки, которые мы обычно приписываем этому несколько более позднему периоду западного исторического развития, уже проявились в хронологически более ранний китайский «средний период», тесно связана с именем японского китаиста Найто Торадзиро (или Найто Конана) и получила название «гипотезы Найто». Подробнее о его жизни и значении его работ см. в [Fogel 1984].

китайцев с чернокожими в конце концов существенно повлияли и европейцы, прибывавшие в Китай с XVI по XIX век в сопровождении своих черных рабов, чего не происходило в древности — в более чем тысячелетний период до начала китайско-европейских отношений, длительный промежуток времени, в который разворачиваются данные события. Поэтому я предупреждаю западных читателей, что они вступают в редко описываемый и практически незнакомый мир, в котором европейцы не только не задействованы ни в каких взаимоотношениях, но и не имели такой возможности ввиду своего отсутствия. Соответственно, далее последует описание азиатских и, по сути, афро-азиатских реалий — то есть реконструкция в первую очередь длительных запутанных взаимосвязей между тремя основными группами: хань (этнических китайцев), других жителей Азии, в том числе арабов-мусульман из Западной Азии, осваивавших все более обширные территории, и жителей Восточной Африки, преимущественно из Сомали, но также из Кении и, возможно, из более южных мест. Как я наглядно показываю, в частности, в заключении, хотя они и сыграли свою роль в этой нерассказанной саге о контактах, европейцы, которые попали в Китай только к самому ее завершению, повлияли на всю историю лишь косвенным и случайным образом.

Три взгляда на один цвет

В последующих главах излагается ряд дошедших до нас основных фрагментов саги о взаимодействии в досовременную эпоху между народами различных других культур, которые в китайских источниках определяются как «чернокожие», включая, в частности в более поздние столетия, народы африканского происхождения, и отдельными типичными подгруппами китайского населения, с которыми первым часто приходилось иметь дело. Несмотря на ее значительные последствия, об этой саге мало что известно, подробности ее остаются нераскрытыми, и я намереваюсь наметить своего рода ориентиры к тому, чтобы пролить на нее чуть больше света. Однако, хотя важность изложенных здесь эпизодов велика, читателям не следует считать их исчерпывающими или однозначными, поскольку они в принципе не могут охарактеризовать или охватить каждый случай контакта, взаимодействия, обмена или противостояния, произошедший в действительности. Даже учитывая, что корпус памятников традиционной китайской письменности объемен и по полноте ему нет равных, несомненно, группы и индивиды вступали в связи, даже важные, которые не записывались и поэтому были забыты. Также всегда есть вероятность того, что документ, способный открыть много тайн, был утрачен или пока еще не найден. Следовательно, то, что я постарался здесь рассказать, это аргументированная интерпретация этой исключительно значимой саги о контактах, основанная на часто отрывочных, разрозненных и спорных свидетельствах — опять-таки, исключительно с китайской стороны, — дошедших до нас. Несмотря на видимую научность моей интерпретации данных, она никогда полностью не сможет выйти за пределы области бездоказательных предположений. Хоть это и так, я должен позволять себе эти предположения, поскольку я верю, что польза даже от несовершенного варианта истории намного превосходит ущерб от того, если эта история так и останется нерассказанной.

Глава 1 в первую очередь посвящена поискам ответа на конкретный вопрос о том, когда именно впервые в сознании китайцев появились черные народы, и с этой целью в ней объясняется не только поступательное возникновение традиционного для китайцев конструирования инаковости, но и также, на протяжении веков, намного менее известного конструирования чернокожести. Но даже сосредоточившись на вопросе *когда*, мы понимаем, что никогда не можем полностью отделить наши размышления от вопроса *как*. Также, что очевидно, мы не можем позволить себе полностью отказаться от рассмотрения вопроса *где*. В этой главе мы выясним, что первые встречи китайцев с теми, кого они считали чернокожими, произошли не в самом Китае, а на различных близлежащих архипелагах и островах на самых южных морских границах Китая. Еще мы узнаём, что понятие «чернокожести» для китайцев было весьма растяжимым. В эту категорию, как мы увидим, они включали не только множество чернокожих народов, чье существование достоверно подтверждено, таких как малайцы и кхмеры, о взаимодействиях с которыми было известно, но также ряд других народов, точную принадлежность которых установить невозможно[8]. Кроме того, мы обнаруживаем, что не можем не задумываться о том, что китайцы верили в реальность неких вымышленных чернокожих, которые были существами, занимавшими неопределенное промежуточное положение между человеком и животным. Но, что важнее всего, в этой главе показывается, что задолго до настоящей исторической встречи с черными африканцами у китайцев уже сложилось прочное, хотя и полуфантастическое внутреннее представление о том, что значит быть чернокожим — то есть не китайцем.

В главе 2 перед нами открываются двери в необычайно содержательный внутренний мир, откуда мы попадем, собственно, в сам Китай и благодаря этому задумываемся о том, как чернокожие попадали и неминуемо включались — хотя и без настоящего погружения и интеграции — в китайский культурный контекст. В этом месте мы видим три доминирующих фактора. Во-первых, это концентрация, или даже принудительная изоляция этой группы чернокожих исключительно в юго-восточном прибрежном городе Гуанчжоу. Во-вторых, это их неизменно рабское состояние. В-третьих, это этногенез — формирование этноса — этих рабов, вывезенных за пределы своей изначальной родины (или, с точки зрения китайцев, места обитания), которая, — если исходить из накопленных данных, — как мы приходим к заключению, не могла быть где-то еще, кроме Африки. Однако в итоге, несмотря на приобретенные знания, наша

---

[8] Таким образом, процесс, который мы наблюдаем у китайцев, начавшийся в первые века нашей эры и продолжавшийся значительную часть Нового времени, является полной противоположностью тому, что происходило в Европе в начале Нового времени, где — как будто сговорившись — соседние народы в Нидерландах, Франции и Англии навесили на Испанию в целом ярлык «биологически черной» страны из-за того, что она выделялась значительной долей мавританского населения. См. познавательный рассказ об этом в [Fuchs 2007: 94–98].

встреча с чернокожими в Китае приносит разочарований не меньше, чем открытий, потому что на каждую сторону их явно жалкого существования, с которой мы знакомимся, приходится бесчисленное количество других сторон, безнадежно обреченных на забвение. Кстати говоря, читатели заметят, что важная подтема рабства, хотя и пронизывает всю книгу, выступает на первый план только во второй главе.

В главе 3 мы переносимся туда, где мы вполне ожидаемо должны были оказаться в поисках правды и знаний о китайских чернокожих досовременного периода истории, хотя это место и является одновременно наименее изученным, — а именно на северо-восточное побережье Африки (обязательно включая Африканский Рог). То, что Африке довелось стать важной площадкой для взаимодействия между этими двумя разными народами, стало возможным только благодаря доселе неслыханным экспедициям, снаряженным на эту и другие земли Индийского океана по приказу китайского императора в 1405–1433 годах. Впрочем, экспедиции всегда пользовались большим вниманием ученых, — а, значит, и широкой публики, — чем происходившие благодаря им встречи китайцев с каким-либо народом или общностью народов. В этой главе я постарался исправить ситуацию, сосредоточившись исключительно на истории встречи китайцев и африканцев в родных местах последних, в отличие от первых глав, где эта история недостаточно изучена и не до конца понята. Я ставлю себе цель возвысить этот единичный момент пересечения до уровня гораздо большего, чем просто примечание на полях. В связи с этим, решив не увеличивать свое исследование за счет сведений, которые представляются излишними или дают ошибочное представление, я надеюсь, что создал потенциальную возможность для того, чтобы первое подтвержденное прибытие китайцев в Африку и его значимость для общей истории взаимоотношений с чернокожими в досовременном Китае стали не только известнее, но также ощутимее, чем раньше.

Нет необходимости говорить, что воссоздание саги о встречах между китайцами досовременного периода и разнообразием народов, которых они описывали как чернокожих, в пределах или за пределами Китая, является трудным делом. Любое воссоздание истории, как бы серьезно и увлеченно мы к нему ни подходили, должно также обязательно отражать его запутанность. Я надеюсь, что в представленной здесь попытке мне удалось избежать ловушки, о которой в общих чертах предупреждал где-то в середине прошлого столетия выдающийся востоковед Поль Пеллио (1878–1945), проницательно предположивший, что «распутывая столь запутанный клубок, придется написать целую монографию, добившись крайне неинтересного результата» [Pelliot 1959: 600]. В конечном счете мои старания, отраженные здесь, могут и не продвинуть нас в задаче распутывания как нельзя лучше описанного Пеллио клубка настолько существенно, как бы хотелось в идеале. Тем не менее мне хотя бы повезло избежать в этом деле той постыдной участи, которая по праву настигает того, кто предлагает такие выводы, которые не вызывают никакого интереса.

Глава 1
Из мглы веков

Даже простое предположение о том, что в далеком прошлом в Китае существовали чернокожие, несомненно, поразит многих читателей своей новизной, а может, даже покажется нелепым. Разум непроизвольно сопротивляется этой мысли, и, хотя в наши дни в научном сообществе много внимания уделяется пересмотру и развенчанию мифа об изолированности Древнего мира, сохраняются факторы, которые благоприятствуют тому, чтобы это предположение вызывало стойкое недоверие. Пытаясь доказать существование чернокожих в Древнем Китае, что, на первый взгляд, противоречит здравому смыслу, я, как мне кажется, оказываюсь примерно в той же ситуации, что и Джек Форбс, который в своем недавнем исследовании о том, что древние представители коренного населения Америки гипотетически могли доплывать, пересекая Атлантический океан, до Европы, отмечал: «Наверное, большинству людей никогда не приходилось слышать, что древние американцы могли путешествовать в другие уголки земного шара» [Forbes 2007: 80]. Другими словами, выступление с подобными утверждениями, независимо от того, подкреплены они доказательствами или нет, как минимум сопряжено с риском, — возможно, вполне оправданным, — что они будут восприняты с недоверием.

Хотя в заключительной главе этой книги я, наоборот, покажу, как такое отношение быстро сходит на нет, неприятие, и даже открытая враждебность, которые, как правило, вызывает у современного человека мысль о том, что в глубоком прошлом культуры на удаленных друг от друга материках вступали во взаимодействие, совсем не редкость, а ряд сложившихся представлений, только придают им больше оснований. Рассмотрим это на нашем примере и объясним, почему возможность связей между Китаем и континентальной Африкой в древности вызывает такое недоверие.

Начнем с того, что просто согласимся, что Китай и Африку разделяет громадное расстояние. Даже если этот объективный факт не впечатляет нас в достаточной мере, мы не можем отрицать, что еще до того, как путешествовать по морю стали, используя парус и ориентируясь по компасу, и судоходство стало самым прогрессивным средством передвижения, психологически это расстояние казалось еще более огромным, практически непреодолимым, если представить, что из одной местности в другую нужно было ехать верхом или идти пешком.

Кроме того, что физическое расстояние между Китаем и Африкой в километрах является очевидным и объективным разделителем для всех, особенно для жителей Запада, которым мало что известно об обеих территориях, мы должны учитывать здесь еще и субъективный фактор — ментальное расстояние, возникающее из-за неспособности проникнуть за внешнюю экзотическую оболочку этих мест. Склонность по умолчанию воспринимать Китай и Африку как «экзотику» — то есть как нечто, существующее отдельно от привычного нам опыта, — не только способна плотно изолировать эти местности друг от друга, но также может подавить исследовательскую свободу, принуждая нас без особых раздумий исключить возможность гипотетического взаимодействия между двумя столь различными географическими зонами. Таким образом, излишняя восприимчивость к воздействию экзотики может привести к созданию маскирующей или закрывающей ментальной перегородки, которая возникает между нами и Китаем или Африкой, становясь непреодолимым ментальным барьером, усиливающим обособленность одного места от другого, и делая их взаимно непроницаемыми.

Безусловно, самый ярко выраженный из конспирологических факторов, порождающих недоверие к самой мысли о наличии значительного количества чернокожих в Древнем Китае, носит эмпирический характер. Этот очень простой фактор также трудно распознать, поскольку в его основе лежит наша неспособность удержаться от проецирования современной ситуации на прошлое. Посещая современный Китай, можно заметить, что чернокожие, то есть лица африканского происхождения, представлены там в крайне незначительном отношении в сравнении со всеми остальными расами или национальностями, временно или постоянно проживающими сейчас на территории Китая. Поэтому, основываясь преимущественно на наших наблюдениях о незначительном присутствии или полном отсутствии чернокожих в Китае наших дней, вполне естественно посчитать, что и несколько столетий назад представители черной расы были там столь же редки. Как следствие, оценка прошлого исходя из нынешней действительности приводит нас к такому же заключению относительно достоверности того, что чернокожие когда-либо обитали в Древнем Китае, которое мы с большой вероятностью вывели бы, учитывая обстоятельства, относительно любого народа, практически не появляющегося в каком-либо месте в какой-либо отрезок времени. Мы допускаем, что если сейчас их нет там в заметном количестве, то значит, и раньше быть не могло. Однако, хотя допущения такого рода понятны и просты, прийти к более правильным и интересным заключениям получается тогда, как это часто бывает в истории, когда самые вероятные выводы оказываются ошибочными. В настоящем исследовании как раз и рассматривается пример того, когда перенос современной ситуации в отдаленное прошлое вводит в заблуждение и оказывается ложным.

Также, помимо необходимости подготовиться к тому, чтобы принять лояльное отношение к сложностям и результатам данного исторического процесса, чтобы объяснить присутствие черных в Китае и среди китайцев в древний исторический период, мы должны перестроить и изменить принципиальным образом наше мышление. Два изменения особенно важны. Сначала нам нужно хотя бы смириться с тем, что чернокожие давным-давно вполне могли жить в Китае — то есть временно отказаться от нашего изначального недоверия, и принять как допущение, что больше тысячелетия назад они действительно могли здесь находиться. Затем, и это не менее важно, нам требуется безотлагательно постараться расширить наше представление о том, что понимается под черным цветом кожи с этнологической точки зрения, и что сейчас это понятие онтологически может значительно отличаться от того, как его воспринимали в Древнем Китае.

Конечно, нас здесь в первую очередь интересуют народы африканского происхождения и их связи с китайцами. Однако мы не можем начать наше повествование с таких связей, потому что древние китайцы считали и называли черными многие народы, с которыми им доводилось встречаться. Ставя эту задачу на первый план, мы в то же самое время должны не забывать о том, что в итоге нас интересуют именно китайско-африканские отношения, и как отмечает Франк Дикоттер в своем выдающемся труде о современном расовом самосознании «Расовый дискурс в современном Китае», многие народы *становились* для китайцев черными, даже если из-за незначительности контактов с ними ранее таковыми не считались [Dikötter 1992: 11][1]. Мы узнаём, что китайцы применяли определение «чернокожий» в еще более широком смысле, когда в XII и XIII веках в результате развития мореходства стали чаще вступать во взаимодействие с соседними чужеземными племенами. Представляется весьма правдоподобной гипотеза объединения и расширения понятий, по которой китайцы изначально относили характеристику «черные» в равной степени ко всем без исключения народам с более темным цветом кожи, чем у них. Эту гипотезу впервые выдвинул Поль Пеллио, предположивший, что черный цвет кожи сначала был признаком «индонезийских негритосов», которые, конечно, никак не связаны с «африканскими неграми», а со временем распространился на обе группы без каких-либо различий [Pelliot 1959: 600][2].

Таким образом, во многом вследствие участившихся контактов со все бóльшим количеством народов, с которыми они никогда раньше не сталкивались или сталкивались редко, а также из-за отсутствия знаний о происхождении этих многочисленных на-

---

1 См. также [Pelliot 1959: 600].

2 Также вероятно то, хотя и в меньшей степени, что китайцы считали индонезийских негритосов чернокожими, хотя и отличали их от «африканских негров».

родностей, китайцы стали использовать определение «черные» применительно к народам, проживающим на различных удаленных друг от друга территориях, которые сейчас считаются представителями совершенно разных этнических групп. В документах династии Тан и ранее чамы, народ государства Чампа, называются черными. В более поздних источниках о кхмерах, малайзийцах и малакканцах также говорится как о черных. Чернокожими считались все без исключения народы Цейлона (Шри-Ланки), Малабара и Бенгалии Индийского субконтинента, а также жители Андаманских островов [Dikötter 1992: 12–13]. Определение этих различных групп чужеземцев как чернокожих во многом было необоснованным и субъективным и имело относительный характер. К тому же такое часто происходило в ходе противопоставления, так как, по словам Дикоттера, китайцам с древнейших времен было свойственно считать себя белыми, по крайней мере в сравнении со своими более темнокожими дальними соседями [Ibid.: 10–11][3]. Однако для наших целей самым важным является тот факт, что, когда в более позднее время китайцы встретились с африканцами, ничто не помешало им с легкостью включить последних в эту обобщенную расплывчатую и бессистемно формирующуюся категорию, основным признаком которой являлся черный цвет кожи. Нет необходимости говорить, что их отнесение к этой группе с самого начала было неизбежным и остается таким и по сей день.

География инаковости

Отличительной чертой китайской цивилизации можно считать то, что маркером чужеродности и, следовательно, инаковости, в первую очередь является место происхождения или обитания, а не цвет кожи. В многочисленных упоминаниях о четырех ос-

---

[3] Любопытно, что китайцы стали сами называть себя желтокожими достаточно поздно, к тому же это было во многом навязано им извне, в основном европейцами. См. краткий, но крайне познавательный рассказ о том, как китайцы стали желтыми в [Mungello 1999: 92–94].

новных группах «варваров» (*сы-и*) — И, Ди, Жун и Мань — с которыми китайцы боролись за господство на Великой Китайской равнине (Чжунъюань) в первом тысячелетии до нашей эры, которые встречаются, начиная с таких памятников классической литературы, как «Комментарии Цзо» («*Цзочжуань*») к хронике «Вёсны и осени» («*Чуньцю*») [Yang 1968: 24–28], разграничение между китайцами и варварами проводится прежде всего не по каким-либо явным физическим различиям в наружности или даже в культуре (хотя на основании последней какие-то выводы о различиях, несомненно, делались), но по различию в занимаемой территории. Хотя каждая категория включала множество подгрупп, И, — кроме того, что так чаще всего называли «варваров» вообще [Smith 1996: 7], — со временем стали обозначать исключительно некитайские племена на востоке, Ди — на севере, Жун — на западе и Мань — на востоке.

Между будущими этническими китайцами-ханьцами и их соседями неханьцами, или *фань*, непременно, должны были существовать культурные различия в языке. Но, хотя ученым отчасти и удалось их реконструировать, об этих лингвистических отличиях можно судить крайне приблизительно и во многом основываясь на догадках [Pulleyblank 1983: 411–466]. В противоположность этому мы можем быть уверены, что эти жившие рядом племена занимали разные территории, и их местоположение относительно китайцев, как правило, установлено, но последние тем не менее отделяли их от себя физически. То есть для китайцев с древнейших времен география была, вероятно, главным фактором, влияющим на проведение границы, и — как принцип выделения отличительных признаков другого, — он оставался неизменным и исключительно живучим вплоть до нашего времени. В прошлом, как во многом и сейчас, различение другого было процессом, в ходе которого в первую очередь устанавливалась чужеродность в самом буквальном смысле — то есть объяснялось, что этот конкретный другой, по крайней мере изначально, происходит из иного места.

Однако то, что китайцы придавали сравнительно незначительное внимание цвету кожи, как показателю инородности, кажется поразительным, хотя бы только потому, что сейчас этот признак повсеместно считается чрезвычайно важным. Даже в Новое время различие по цвету кожи оставалось только вторичным признаком инородности, и то, что это длилось так долго, само по себе требует объяснения. Мы можем начать с того, что, по крайней мере в доисторические и в древнейшие исторические времена, цвет кожи различных народов, с которыми сталкивались и сосуществовали китайцы, скорее всего, отличался крайне незначительно. Иначе говоря, будучи во многом ограничены в своих контактах топографическими препятствиями и барьерами, древние китайцы обычно встречали других, которые не слишком разительно отличались от них по природному цвету кожи. Относительная географическая изоляция в сравнении с другими крупнейшими мировыми цивилизациями, а также иные сдерживающие факторы способствовали тому, чтобы эти условия для Китая и его обитателей не менялись в течение длительного времени. Так, то, что с глубокой исторической древности китайцы были знакомы только с народами, не отличающимися от них радикальным образом по цвету кожи, оказывается одним из немногих мифов о «неизменном Китае», чья достоверность доказана.

Тем не менее, как это случилось во всех других сферах межкультурного взаимодействия, китайцы не могли вечно оставаться в изоляции от народов с заметно отличающимся цветом кожи. Первые встречи китайцев с людьми, которых они описывали как черных, часть из которых, вполне вероятно, были африканского происхождения, случились значительно раньше, чем мы могли бы подумать. В исследовании «Звездный плот: Встреча Китая с Африкой», до сих пор исключительном по широте использованного материала, научности подхода и доступности изложения, Филип Сноу явно — хотя и несколько неопределенно — отмечает, что «о темнокожих людях говорили в Китае начиная с IV века» нашей эры [Snow 1988: 16]. Однако не меньшего внимания, чем физическое присутствие чернокожих среди них, заслуживает тот факт, что китайцы предпочли говорить об этих людях, используя не термин, обозначающий цвет, но термин, глубоко укоренившийся в географии — то есть топоним, который изначально и прежде всего обозначает месторасположение, а *не* цвет. Итак, при наличии большого выбора, какой бы термин ни использовался для обозначения других, он всегда отражает иную картину китайского мироустройства, в котором пространственные отношения занимают привилегированное положение относительно зачастую намного более очевидной разницы в цвете кожи.

Хотя мы знаем, что термин *куньлунь* имеет весьма почтенную историю, мы никогда не сможем с точностью определить, когда именно он впервые вошел в употребление в речи китайцев. Однако мы совершенно точно знаем, что этот термин изначально не имел ни малейшего отношения к цвету кожи, не говоря уже чернокожести. *Куньлунь* впервые появляется в литературе в связи с жизнеописанием Му-вана (правил около 976–922 годов до нашей эры), пятого монарха династии Чжоу (около 1050–256 годов до нашей эры), когда рассказывается о том, как он несколько раз посетил — в царской колеснице, запряженной восьмеркой великолепных скакунов, — горную гряду, которая сейчас носит это имя[4]. Куньлуньские горы — как реальное место — это горный массив, который занимает бóльшую часть северо-западной четверти Китая и простирается до Тибета[5]. Эти сведения мы узнаём из «*Му тяньцзы чжуань*» («Жизнеописания сына неба Му»), автор этого источника и точное время его написания неизвестны[6]. Но не менее важным, чем рассказ о якобы имевшем

---

4 Ван Му, предположительно доживший до 105 лет, считается, наварное, одним из важнейших правителей государства Чжоу, поскольку правил в период, считавшийся расцветом его военного могущества. В хрониках говорится, что он лично проехал более чем 56 тысяч миль (9 тысяч километров) на запад Китая.

5 Куньлуньские горы — раскинувшаяся на большой территории горная система, которая простирается примерно на 1000 миль (1610 километров) на восток от Памира вдоль южной границы Синьцзян-Уйгурского автономного района с Тибетом и вторгается в провинцию Цинхай. На северо-востоке Тибета в своей наивысшей точке система достигает высоты 25 340 футов (7724 метра).

6 Ученым не удалось установить, ни кем, ни когда именно был написан этот текст. Однако он был обнаружен в 281 году нашей эры в гробнице Сяна (годы правления: 319–296 до нашей эры), правителя государства Вэй.

место путешествии Му-вана к далеким Куньлуньским горам, является то, что эта горная гряда считается местом обитания Владычицы Запада (Си-ван-му), древнекитайской богини с более древними иностранными корнями, которую заимствовал религиозный даосизм и превратил в богиню бессмертия, правящую в западном рае бессмертных [Knauer 2006: 62–115][7].

В предшествующем кратком описании, конечно, приводится информация, находящаяся на грани легенд и мифов. Тем не менее, исходя из него, мы по крайней мере делаем два недвусмысленных наблюдения о *куньлуне* как о термине. Во-первых, мы видим, что с самого начала *куньлунь* был сугубо географическим понятием, и за столетия до начала нашей эры горы, которые он обозначал, хоть и считались местом сверхъестественным, но были вполне реальны. Во-вторых, на данном этапе из наших комментариев вытекает, что древние китайцы воспринимали *куньлунь* как название какого-то места, — а со временем каких-то *мест*, — которое находилось крайне далеко, если не вообще на границе с чужой территорией. Мы в действительности можем распространить значение *куньлунь* в смысле «далекий» на его значение «чужестранный» достаточно рано в эволюции этого термина, поскольку его различное орфографическое написание — встречающееся в древней литературе по крайней мере в шести вариантах — служит доказательством высокой вероятности его некитайского происхождения в прошлом, хотя китайцы и старались приспособить термин из неродственного языка[8]. Мысли об инородности,

---

[7] Преимущественно анализируя сравнительную иконографию, Кнауэр убедительно возводит прообраз Си-ван-му к изначально безымянной богине-матери неолитической Анатолии (Малой Азии), которая во втором тысячелетии до нашей эры стала Кубабой у хеттов, а затем в первом тысячелетии до нашей эры Кибелой у фригийцев, лидийцев и греков.

[8] Из его современного фонологического статуса как рифмованного бинома можно сделать дальнейшее предположение, что изначально он произносился примерно как krun. Больше об этимологии этого слова см. [Duyvendak 1949: 23], где о его первоначальном значении говорится как о «круглом небесном своде, в котором теряются гигантские Тибетские горы». Любопытно, что Шао Юн (1011–1077), философ периода Сун, в своем произведении «*Хуан-цзи цзин-ши-шу*» («Книга о высших принципах, управляющих миром»)

которые ассоциировались со словом «куньлунь», тем важнее, что, хотя оно никогда не теряло полностью своего исходного значения главным образом как топоним, мы тем не менее сталкиваемся с тем, что со временем в нем накопилось множество дополнительных связей. «Куньлунь» эволюционировал в понятие, под которым понималось множество различных настоящих и вымышленных территорий, находящихся в совершенно разных местах[9]. В общем, в итоге оно утратило непосредственную связь с Куньлуньскими горами и выработало не менее тесные ассоциации с целым рядом других совершенно непохожих друг на друга мест.

Несомненно, важнее всего для наших целей и уместнее всего для хода рассуждений, которыми мы с настоящего момента займемся в связи с *куньлунем*, совершенно очевидные лексикографические изменения, которым термин подвергся, перешагнув рубеж нашей эры, когда изначальное, но крайне расплывчатое геоцентрическое значение его как топонима в итоге уступило место совершенно иному значению. О процессе изменения свидетельствуют китайские источники разнообразных жанров с начала и до середины имперского периода, и при виде столь наглядных доказательств этого явления ученые, например Пеллио, пришли к однозначным выводам: «Достаточно будет сказать, что этим

дает нам беглое описание традиционного представления о Куньлуне как о «своде»: «Что касается нашего объяснения того, как склонился небесный купол неба и стал таким, каким мы видим его сейчас, то это Куньлунь, разделившись на части света, провис, образовав Четыре моря. Если кто-то попытается установить причины этого, то не сможет. Как теперь можно предположить, что Земля, будучи неизменной, квадратной и неподвижной, уподобится Небу, круглому и деятельному?» [Шао 1934: 8A.28b]. Подробнее о характерных для этого необычного мыслителя идеях см. [Wyatt: 2010: 13–37].

9 В традиционных источниках много примеров того, как Куньлунь в качестве топонима явным образом обозначает одновременно и символическое, и реальное место. Так можно сказать, например, о его появлении в трактате периода династии Хань «Хуайнаньцзы», авторство которого приписывалось историческому деятелю, «мудрецу из Хуайнани», жившему предположительно с 179 по 122 год до нашей эры и в анонимном труде «Каталог гор и морей» («Шань хай цзин»). О его появлении в первом произведении см. [Major 1993: 26, 37, 46–48, 143, 150–161]. О его появлении во втором произведении см. [Dorofeeva-Lichtmann 2003: 46, 69].

именем [*куньлуньцы*] китайцы называли чернокожие племена с кудрявыми (или волнистыми) волосами по крайней мере не позднее, чем с [IV века]» [Pelliot 1959: 600]. Жюли Виленски не менее уверенно высказывается по поводу этого поразительного примера изменения лексикографии, когда новое значение термина *куньлунь* вытесняет и занимает место первоначального значения, заявляя: «В источниках IV и V веков термин *куньлуньцы* используется для описания людей с темной кожей» [Wilensky 2002: 5]. Так, несмотря на длительный срок употребления в качестве географического, термин *куньлунь* обрел новое применение к 300-м годам нашей эры, когда китайцы стали связывать его не просто с людьми, но и с целыми народами, которых они противопоставляли себе, прежде всего исходя из цвета их кожи, нежелательного и позорного по культурным нормам.

Впрочем, с позиции современности, несмотря на кардинальное изменение в значении и, возможно, именно из-за обширности области применения, *куньлунь* остается — как и большинство терминов в прошлом и настоящем, указывающих на различие между людьми исключительно на основании цвета их кожи, — на удивление субъективистским и поэтому неточным[10]. Уже даже в новом своем значении, указывающем на такой внешне заметный признак, как сравнительно темный цвет кожи человека, который мы сейчас называем «чернокожестью», с одной стороны, *куньлунь* недвусмысленным образом используется в источниках применительно к непривычно темнокожим китайцам или привычно темнокожим соседним народам, таким как малайзийцы[11]. С дру-

---

[10] Во многих недавних исследованиях в различных областях — от истории до культурной антропологии и от политических наук до философии — уделяется внимание тому, что классификация человечества по цвету кожи не теряет своей актуальности, несмотря на заложенные в ней недостатки. Среди самых последних книга с провокационным названием «По одежке встречают: Расовая принадлежность и цвет кожи в “безрасовую” эру» [Skin Deep 2004].

[11] См. [Duyvendak 1949: 23], где говорится, что «китайцы... использовали это слово [*куньлунь*] в отношении народов, преимущественно малайских, с которыми встречались в самых отдаленных уголках Земли». В [Dikötter 1992: 12] отмечается, что еще в середине VII века слово «куньлунь» употреблялось

гой стороны, *куньлунь* также используется, особенно начиная с источников, непосредственно предшествующим источникам периода династии Сун (960–1279), применительно к темнокожим чужеземцам неопределенного происхождения, независимо от того, были ли они изначально родом из Юго-Восточной Азии или Африки или откуда-то еще[12]. Ясно, что в первом случае употребление термина имело *эндогенный* характер, то есть им обозначались индивиды, входящие в китайский культурный контекст, несмотря на свой непривычно темный цвет кожи, во втором случае употребление термина имело *экзогенный* характер, то есть обращалось внимание на ту же отличительную черту в пигментации кожи, но у индивидов, находящихся на границах или за пределами китайского мироустройства. Но ни в одном из случаев с термином *кунлунь* не возникало никаких ассоциаций, связывающих его с чем-то статичным и фиксированным. С самой древности китайцы относились к тем, кого они называли *куньлуньцами* — включая тех, кто принадлежал к местной культуре, но особенно тех, кто не принадлежал, — со смешанным чувством, в котором соседствовали отвращение и любопытство и больше всего — замутненность понимания. Иначе говоря, в обоих случаях, неважно, о местном жителе или о чужеземце шла речь, термин *куньлунец* был вполне нейтральным, хоть и экзотическим названием, но за столетия в нем накопились отрицательные свойства, и он стал употребляться в исключительно уничижительном смысле, обозначая людей второго сорта, влачащих неполноценное и позорное существование.

У китайцев, очевидно, издревле сложилось представление о существовании чужеземных *куньлуньских* племен. Однако первая волна этих народов, о многочисленности которой можно

в узком смысле применительно к малайзийцам. По моему мнению, к тому времени оно уже охватывало более широкий круг народов, чем считает Дикоттер. Однако маловероятно или, по крайней мере, неизвестно, что в него уже входили африканцы.

12 Подробнее о применении термина *куньлуньцы* к попадавшим в Китай индивидам в этом последнем контексте см. [Шефер 1981: 71–73]. Также см. [Wilensky 2002: 8–9].

утверждать с достоверностью, появилась в самом Китае не раньше, чем где-то между VIII и X веками [Шефер 1981: 71–73]. В источниках сообщается, что сначала эти люди были «преподнесены» китайским императорам при положенном обмене дарами, часто состоявших из экзотических товаров и животных. Только позже они стали известны не столь высокопоставленным, но все равно состоятельным гражданам из простого сословия, поскольку во всех известных примерах эти чужеземные *куньлуньцы* имели несчастье попадать в Китай только как невольники. Официальная «Сун ши» («История династии Сун») в этом вопросе однозначна. В ее шестой главе о внешних связях с «зарубежными странами» (*вайго*) описываются рабы в составе арабского представительства, прибывшего к китайскому двору с территории современного Ирана в 977 году: «...у их слуг были глубоко посаженные глаза и черные тела. Они назывались *куньлуньскими* рабами» [Сун ши 1977: 490.14118][13].

Но даже ввиду столь конкретных и исчерпывающих свидетельств остаются вопросы о настоящей идентичности этих иноземцев с чернокожими, первыми посетившими Китай, — то есть из какого именно места или мест они происходили, а не насколько явно похожи они были по цвету кожи. По вполне веским причинам, не последней из которых является огромная временна́я и культурная пропасть, отделяющая нас от тех событий, нам представляется крайне затруднительным получить ответы на вопросы, *кого* именно китайцы имели в виду, когда писали именно об этих *куньлуньцах* и *в чем* именно в действительности выражалось их рабское состояние. Хотя, занимаясь их

---

[13] Вот как это звучит полностью: «В 977 году посланник (*цяньши*) Пусына, его помощник (*фуши*) Мохэмо [Мохаммад] и делопроизводитель (пануань) Пуло и другие преподнесли [двору] дары из своих земель. У их слуг были глубоко посаженные глаза и черные тела. Они назывались *куньлуньскими* рабами. Императорским указам этим посланникам взамен были пожалованы нарядная одежда на подкладке, утварь и деньги; их слуги получили разноцветную шелковую ткань с изъянами». Несколько другой перевод этого же отрывка можно найти в [Chang 1930: 41]. Общее значение этой работы и уникальность заслуг ее автора рассматриваются в главе 2 этой книги.

изучением, мы и сталкиваемся с исключительно сложными задачами, эти проблемы не кажутся неразрешимыми. Чтобы доказать это и упростить получение ответов на некоторые вопросы, я временно ограничил область своих нынешних изысканий, сведя их к эпохе, представляющей наибольшую важность, а именно среднему имперскому, или просто среднему периоду[14]. Между этим периодом в истории Китая можно провести грубую аналогию с периодом Средневековья (VI–XVI века нашей эры) на Западе, и по времени они тоже примерно совпадают, но в социальном, культурном, интеллектуальном и особенно в коммерческом отношении намного более соответствуют началу западного Нового времени (XVII–XVIII века нашей эры)[15].

Однако, даже когда ответы достижимы, задача осложняется тем, что в наших предприятиях нам практически совсем не помогает ни одна из систем сравнительной истории рабства. Хотя наши знания о том, как китайцы в средний период или последующие эпохи обращали в рабство других китайцев или обитающие рядом некитайские племена, не имевшие отношения к *куньлунцам*, например корейцев, тайцев или иные группы туземного населения, несовершенны, но они значительно превосходят то, что нам известно на данный момент о существовании и судьбе многочисленных чужеземных невольников из очень далеких областей (так называемых *гуйну*, в буквальном переводе «рабы-демоны» или «дьявольские рабы»), попадавших в Китай, чтобы прожить там остаток жизни и умереть [Шефер 1981: 44–45]. Наши мучительные попытки извлечь информацию об одной системе порабощения, используя другую, заходят в тупик, поскольку любая связь между ними представляется в лучшем случае неубедительной, если вообще существующей.

---

14 Более полный анализ появления этого пункта в периодизации в частности и последних тенденций в историографии Китая в общем см. у [Wilkinson 1998: 1–8].

15 Особенно применительно к последнему из этих факторов, указывающему на относительно высокое развитие китайской экономики в сравнении с экономикой европейской даже два века спустя [Hamilton 2006: 100, 121].

Кроме того, мы можем обоснованно допустить, если и не целиком и полностью доказать, их заметное численное неравенство, и этот фактор также явно влияет на скудность наших знаний о том, как в досовременном Китае становились рабами чужеземцы из отдаленных территорий. Нам недоступны даже приблизительные цифры, но нет сомнений, что китайцы за всю свою историю длиной в несколько тысячелетий, — или даже если взять только какой-то ее промежуток, — поработили неисчислимо большее количество своих соплеменников, чем чужеземцев. Эта давняя непрерывная традиция эндогенного рабства — отрезвляющая историческая данность, которая по праву должна отвратить нас от попыток приписать рабству экзогенному какую-то особую губительность.

Однако ничто не может поколебать нашу уверенность в том, что пребывание на китайской земле именно чужеземных и, в частности, этнически черных рабов — то есть вполне вероятно, родом из Африки — является прискорбным, но неопровержимым фактом. Когда жители Запада в целом и особенно граждане США, возможно, из-за нашей собственной печальной связи с рабством чернокожих, узнают о существовании черных невольников в Китае XI века, у них возникает естественное любопытство узнать больше об обстоятельствах, которые их туда привели, а также об условиях, при которых их держали в плену, об их жизни и смерти. Наше любопытство более чем понятно. Не стоит забывать, что, как и любой другой аспект институционального рабства где бы то ни было, обращение китайцами в рабство непохожих на них по культуре народов, неродственного им населения, хотя до сих пор и привлекало крайне незначительное внимание ученых, тем не менее является ключевым компонентом гораздо большей и почти всегда трагической истории торговли людьми как товаром.

Намек на черноту и культурная отсталость

Хотя это и соответствует всецело сложившейся, возможно, еще в достопамятные времена традиции, то, что китайцы, отличая себя от чернокожих в самых ранних свидетельствах о встречах с ними, главенствующее место отводили географии, а не физическим характеристикам, таким как цвет кожи, прямо противоположно тому, как описывали свои первые встречи с ними европейцы эпохи Античности. Как показывает Фрэнк Сноуден в своем выдающемся сочинении «Когда не было расовых предрассудков: Взгляд на чернокожих в древности», цвет кожи сразу же вошел в систему обозначений, которую древние жители Европы применяли к встреченным ими чернокожим. Он пишет: «Греки и римляне, оставившие подробнейшее описание чернокожих, считали цвет кожи африканцев самой примечательной и необычной особенностью» [Snowden 1983: 7]. Однако в самом этом замечании мы можем разглядеть одну независимую переменную, которая, возможно, окажет нам неоценимую помощь в объяснении различий в том, что считалось ключевым при описании разных народов. Народы действительно *были* разными. Чернокожие, попадавшие в мир греков и римлян, были, бесспорно, *африканцами* — преимущественно нубийцами и эфиопами (последнее название происходит от этнонима '*Aithiops*' или '*Aethiops*' на греческом и буквально означает «опаленноликий») из Египта и южных пределов Северо-Западной Африки [Ibid.]. Те же, кто проникал в китайский мир, по крайней мере сначала, без сомнений ими не были. Однако мы не должны на основании этого открытия делать вывод, что цвет кожи как маркер инаковости черных китайцам был совершенно безразличен. Наоборот, для китайцев, как для греков и римлян, если он и не применялся пока к африканцам, с которыми они еще не были знакомы, очень темная или черная кожа в конце концов стала служить неизбежным и незыблемым маркером отличия, и мы должны интуитивно понимать, что это произошло в достаточно глубокой древности.

Но, несмотря на свой допустимый межкультурный статус ярко выраженного показателя инаковости, прямо противоположно тому, что мы обнаруживаем в сочинениях греко-римских основателей европейской цивилизации в последних веках первого тысячелетия до нашей эры [Ibid.], в китайских источниках того же периода документальные свидетельства того, что черный цвет кожи является показателем этнических или расовых различий, если и встречаются, то на удивление редко, и к тому же являются сомнительными. Действительно, поиск первых китайских письменных упоминаний в период до объединения империи (то есть до 221 года до нашей эры), в которых подчеркивается чернота человеческого тела, только подтверждает, что любые упоминания цвета кожи как основного описательного маркера того, что сейчас принято называть термином *этнические* различия, крайне скудны, тем самым укрепляя доводы в пользу того, что бо́льшую часть досовременной истории Китая география как таковая была значительнее цвета кожи. Так или иначе, эти случайные упоминания, хоть и были исключительно редки, тем не менее достойны нашего внимания, поскольку во многом выглядят убедительно и заставляют задуматься.

Впервые в китайской литературе собственно черный человек (*хэйжэнь*) упоминается в известном философском трактате «Мо-цзы», который, как сейчас принято считать, был составлен последователями и учениками Мо Ди (около 480 — около 390 годов до нашей эры), о личности которого мало что известно, но, вполне возможно, он существовал на самом деле, однако запомнился больше под тем же именем, что и дошедшее до наших дней сочинение, чье авторство ему приписывается[16]. Кроме основных первых 30 глав этого фундаментального текста, которые можно приписать первым последователям Мо-цзы, в него входит

---

[16] Считая конфуцианство своим первым и главным противником, Мо-цзы оспаривал ряд его положений и разрабатывал доктрины, некоторые принципы которых, касающиеся человеческих отношений и этики, вступали в прямое противоречие с догматами более старой школы. Несомненно, самая известная из этих доктрин — это понятие «любви к каждому», или «нелицеприятной любви» (*цзянь ай*), провозглашавшее, что всех людей необходимо любить одинаково, не принимая в расчет такой фактор, как родственные узы, которые неизменно отстаивались конфуцианцами в качестве основного, оправдывавший проявление большей «любви» и «заботы» к членам своей семьи, чем, например, к совершенно чужим людям. Хотя философское учение Мо-цзы перестало существовать во время первого политического объединения Китая в конце III века до нашей эры, остатки его идей хоть и в незначительной мере, но продолжали пользоваться влиянием, а в последнее время к их изучению и переводам центральной части его главного текста обращаются все чаще.

более позднее собрание моистских сочинений, датируемое приблизительно 300 годом до нашей эры, написанное, соответственно, уже следующими поколениями приверженцев этого учения [Graham 1978: 4–5][17]. Один из разделов этого более позднего сочинения озаглавлен «Цзин шо» («Пояснения к канону») и посвящен исключительно толкованию не самой распространенной китайской философской традиции логической аргументации для совершенствования логического метода[18]. Текст состоит из связанных между собой, но разделенных парных высказываний: канона (*цзин*), — по сути, это краткие изречения, почти как в катехизисе, — и пояснения к нему (*шо*) — с последующим, обычно более пространным, толкованием[19]. Один из канонов этого текста гласит: «Когда предложения различные, то необходимо выбрать соответствующие [методы]» [Поздние моисты 1973: 74]. Поскольку текст сейчас представлен в таком виде, то сразу после канона мы читаем пояснительный комментарий:

> Выбираю это и отбрасываю то[, что не соответствует требованиям]. Изучаю основания [предложения] и тем устанавливаю его соответствие. Например, среди людей есть темные и есть не темные, я ограничиваю [выбор] темными (*хэйжэнь*). Среди людей есть люди, любящие людей и есть не любящие людей, выберу любящих людей. Среди этого что наиболее соответствует требованиям? [Там же][20].

---

[17] См. также [Graham 1989: 137–169].

[18] Этот раздел состоит из двух глав, 42 и 43, которые находятся между шестью главами (от 40 до 45), составляющих более поздний моистский корпус этого сочинения. Познавательный рассказ о запутанной истории, организации и содержании более позднего моистского корпуса см. у [Hansen 2003: 461–469]. Также см. [Graham 1978: 22–25].

[19] По неизвестным точно причинам первоначальный порядок изложения текста позднего моистского корпуса был нарушен, так что разделы с канонами оказались отделены от разделов с пояснениями и существуют как самостоятельные главы, в каком виде он сейчас и воссоздан. Первое слово каждого пояснения такое же, как у каждого канона, и служит определителем каждой пары. Этот способ сопоставления обнаружили только в начале XX века нашей эры. См. [Graham 1989: 137].

[20] См. также [Graham 1978: 36, 177, 345–346].

Загадка вышеприведенного отрывка и заключается в том, какое значение могли придавать поздние моисты термину «темные (или черные) люди». Что значил этот, столь теперь «нагруженный» смыслами, термин для древнекитайских авторов? *Что* именно или *кого* им обозначали? Многие из нас, поддаваясь западным предубеждениям, исходя из которых мы анализируем этот отрывок, вполне могут предположить, что первое упоминание черного человека в китайских источниках вовсе не имеет отношения к цвету кожи, а, скорее, является чем-то вроде личностной характеристики, и используется таким же образом, как «черное сердце» в английском языке, обозначая человека по натуре злобного и подлого. Пояснения к канону не лишены в полной мере этической составляющей. Однако, учитывая, что их текст является в первую очередь трактатом о логике, вероятность того, что поздние моисты рассматривали термин «черный человек» преимущественно как нравственную концепцию, бесконечно мала. Если бы они так сделали, это бы противоречило общей направленности текста, нарушило пропитывающий его общий дух. Доказательства, заключенные в самом тексте, также опровергают моралистическое истолкование.

Выдвинув своего «черного человека для философского рассуждения», поздние моисты, написавшие разделы с каноном и пояснениями к нему, входящие в «Мо-цзы», безусловно, намеревались особо подчеркнуть цвет кожи. Но мы также можем быть вполне уверены, что в явном противоречии с нынешним восприятием этого понятия, *хэйжэнь* поздних моистов представлял собой *исключительно* эвристический прием, а не был животрепещущим воплощением инаковости. Их «черный человек» во многом походит на знаменитый парадокс о том, что «*белая* лошадь не *лошадь*», о котором они рассуждали наряду со своими противниками из школы номиналистов и диалектиков Хуэй Ши (около 380–305 годов до нашей эры) и Гунсунь Луном (родился в 380 году до нашей эры)[21], и был не более чем гипотетической абстракцией, придуманной

---

[21] Подробное обсуждение вклада этих мыслителей, занимавших промежуточное положение между ранними и поздними моистами, в логический дискурс см. у [Graham 1989: 75–95]. См. также [Hansen 2003: 465–469].

ради рассуждения о всеобщей теории языка для достижения знания. Их главной целью было проиллюстрировать основной принцип своего учения, что любой термин способен «выбирать» только ограниченную часть действительности [Hansen 2003: 464].

Поэтому, с одной стороны, черный человек этих древнекитайских сочинений в полной мере обладает таким свойством, как цвет. Однако, с другой стороны, неважно, подходить к этому с этической или этнологической точки зрения, он полностью лишен такого свойства, как цвет, потому что поздние моисты не видели в нем ни нравственного, метафорического, значения, ни расовых ассоциаций, которые мы автоматически связываем с ним сегодня. Более того, поскольку нельзя с уверенностью сказать, что в столь ранний исторический период уже знали о существовании *по-настоящему* черных людей (то есть африканцев), черный человек поздних моистов был не более, чем местным жителем и по внешности, и по идее. Соответственно, даже если мы без веских на то оснований решимся облечь это новое понятие в материальную форму, ничто не сможет поколебать нашу уверенность в том, что поздние моисты, какое бы значение они ни вкладывали в своего черного человека, никогда не представляли его африканцем из плоти и крови.

Поразительно, как в голову поздним моистам доимперского Китая случайным образом пришла невероятная мысль взять за основу аргументации гипотетическое существование соответствующего сегмента человечества, в самом деле существовавшего на другом конце света. Даже если бы они знали об этом, в их время не было оснований считать, что когда-либо это сопоставление будет иметь значение. Но совпадения между теорией и истиной могут оказаться пророческими, и, мы, как люди современные, зная, что произойдет, понимаем, что нельзя полностью освободить первое упоминание у китайцев черного человека, — пусть даже он и представлял собой абстрактный вымысел, измышление, — от заложенного в него отголоска инаковости. По сути, *хэйжэнь* представлял для тех, кто его придумал, нечто совершенно отличное от них самих. Мы обнаружим, что начиная с этого случая в глубокой древности, как для нас *хэйжэнь* не просто указывает на цвет кожи, так и для китайцев досовременного Китая этот описательный термин не только выражал идею черного цвета кожи, но и имел дополнительные коннотации чего-то позорного. По этим причинам уже с самого первого его возникновения в древности, термин *хэйжэнь* отражал скрытые смыслы, которые в будущем очевидно и неизбежно и в полной мере скажутся на восприятии китайцами чернокожих[22].

Если первое из всех китайских упоминаний о черном человеке или черных людях находится совершенно неожиданно в малопонятной части большого философского труда, то нам не стоит удивляться, что второе поверхностное упоминание столь же случайно обнаруживается в одном из самых значительных мифологических памятников китайской культуры. Любопытно, что оно отстоит от первого не больше, чем на пару столетий, появляясь в самой древней и знаменитой китайской геокосмологической топографии, анонимном трактате «Классика гор и морей» («Шань хай цзин»)[23], «составленном не позднее начала I века до нашей эры» [Dorofeeva-Lichtmann 2003: 35][24]. В этом разностороннем, но своеобразном труде, который, по словам его переводчицы Энн Биррелл, «имеет меньше отношения к географии, чем к космологии и мифогеографии» [Classic 1999: xvi], в 18-м и заключительном таксономическом цзюане «Каталог [земель] внутри морей» (Хай нэй цзин) [Каталог 1977: 126; Classic 1999: xv–xvi, 189] мимоходом

---

[22] Нет нужды говорить, что сейчас *хэйжэнь* — это именно тот термин, которым китайцы называют исключительно людей с африканскими корнями, включая афроамериканцев.

[23] Я сделал здесь выбор в пользу самого распространенного и буквального варианта перевода названия «Шань хай цзин», хотя их существует великое множество и продолжают появляться новые. Например, Ричард Страссберг в своем новом переводе с научными комментариями, посвященными в первую очередь удивительным гибридам человека и животного, населяющим в изобилии страницы трактата, заменил традиционную «классику» на «путеводитель». См. [Strassberg 2002]. (Если переводить буквально с английского языка, то чаще всего название этой книги звучит как «Классика гор и морей», далее здесь используется привычный вариант перевода на русский язык: «Каталог гор и морей». — *Примеч. пер.*)

[24] У Дорофеевой-Лихтман в переводе названия «Шань хай цзин» «классика» заменяется на «список».

упоминается следующее: «И еще есть страна Чернокожих, они тигроголовые, а ноги у них птичьи. В каждой руке они держат по змее и едят их» [Каталог 1977: 127].

Как многие китайские сочинения, которые датируются началом имперского периода или ранее, составленный неизвестным автором «Каталог гор и морей», вероятно, складывался на протяжении нескольких веков до того, как обрел свою настоящую форму. Краткое упоминание о чернокожих людях и другие причины заставляют нас отнестись к появлению этого труда как к событию, заслуживающему внимания во многих отношениях. Как отмечает историк Ричард Смит, текст «Каталог гор и морей» возник из разнообразных разнородных источников исторического, мифологического и пророческого характера, «включая, возможно, греческие, среднеазиатские и индийские легенды» [Smith 1996: 17]. Еще он важен для нашего исследования, поскольку «представляет собой самый древний иллюстрированный рассказ о варварах в Китае» [Ibid.], хотя считать его таковым несколько проблематично, потому что нам неизвестно, содержали ли самые старые издания иллюстрации, и если да, то были ли эти иллюстрации первичны и действительно ли письменный текст, который есть у нас сейчас, обязан им своим возникновением. Принимая во внимание стародавнюю склонность китайцев включать в описание иноземных народов не только реальные факты, но фантастические, крайне важно для наших целей замечание Смита о том, что в причудливых «варварских» народах, перечисленных на страницах «Каталога гор и морей», хотя бы иногда угадываются «действительно существовавшие культурные группы» [Ibid.]. И правда, некоторые племена человекоподобных существ, изображенные в «Каталоге гор и морей», вполне могут совпадать с реальными народами, тогда как многие другие не могут. Главным вопросом для нас, в чем нет никаких сомнений, становится вопрос, что же нам делать с сообществом полулюдей-полуживотных, которых всего один раз назвали чернокожими. Возможно, мы найдем ответ в туманных намеках из только что приведенного примера.

Примечательно, что блистательно появившись в сочинениях поздних моистов предположительно IV века до нашей эры и в «Каталоге гор и морей» не старше II века до нашей эры, черный человек или черные люди как таковые не встречаются нигде во всем корпусе китайской литературы вплоть до начала XVII века нашей эры, меньше чем за полвека до падения династии Мин (1368–1644), удивительно долгий период в почти два тысячелетия после первого упоминания. Безусловно, хоть это и старо как мир и звучит банально, ничто не исключает возможности того, что этот термин употреблялся в устной речи в этом незаполненном промежутке между поздними моистами с последующим «Каталогом гор и морей» и эпохой династии Мин. Однако то, что *хэйжэнь* не встречается ни в одном письменном источнике этого промежуточного периода, выглядит подозрительно, и, ввиду естественной тенденции разговорного языка хоть в какой-то мере отражаться в письменном, и поскольку это происходит относительно поздно, этот пробел придает всем доводам в пользу широкого распространения терминов «черный человек» или «черные люди» крайне сомнительный оттенок. К тому же то, что *хэйжэнь* так долго не появлялся ни в одном тексте имперской эпохи, выглядит еще более странным в свете новых демографических обстоятельств Минского периода, потому что чернокожие африканцы, находящиеся теперь в рабстве и у европейцев, и у арабов, стали привычным, если и не слишком близко знакомым явлением, по крайней мере в прибрежных областях Китая. И именно на фоне этих изменившихся обстоятельств сведения об упоминании черного человека или черных людей Минского периода выглядят столь неожиданными и исключительно странными.

Как ни поразительно, но *хэйжэнь* более позднего времени, который мы встречаем на страницах китайской энциклопедии «Саньцай тухуэй» («Иллюстрированный свод трех начал»), составленной достойным уважения шанхайским ученым и чиновником Ван Ци (период деятельности: 1565–1614 годы) в 1607 году[25], ни в каком отношении не выходит за рамки чистой фантазии, с кото-

[25] Подробнее о жизни и деятельности Ван Ци см. [Sun 1976: 1355–1357]. Достойна отдельного упоминания карта из этого труда Ван Ци, на которой обозначены территории, заселенные китайскими и «варварскими» народами конца империи Мин. См. [Teng 2004: 38–39].

рой мы уже сталкивались в «Каталоге гор и морей». В самом деле, учитывая, что к его появлению времена и обстоятельства изменились, у нас есть все основания считать это последнее упоминание шагом назад или в лучшем случае сознательным вымыслом. Такой образ черного человека противоречит нашим разумным ожиданиям того, что должны были бы породить знания, обогащенные непосредственными контактами с народами, считавшимися чернокожими, теперь даже часто с рабами из Африки. Мы получаем скрытое предупреждение о том, что нам предстоит увидеть благодаря тому, что колофоническое описание и графическое изображение *хэйжэнь* в «Иллюстрированном своде трех начал» появляется не в привычном для такого рода произведений разделе «о человеке» (*жэньши*), но в разделе «о зверях и птицах» (*няошоу*)[26]. Действительно, рисунок с чернокожим человеком эпохи Мин почти буквально, но парадоксальным образом и с бо́льшими, и меньшими подробностями, воспроизводит крайне скупую информацию на ту же тему, полученную нами из «Каталога гор и морей». На сей раз, однако, к тексту прилагается еще и изображение (рис. 1): «Посреди Южного моря, на горе Басуй, обитает черный человек. У него голова тигра, и в обеих руках он держит по змее. Он питается ими» [Саньцай тухуэй 1970: 2256][27].

Взятые вместе, близкие, если и не совсем одинаковые, примеры из «Каталога гор и морей» и «Иллюстрированного свода трех начал» показывают, с каким удивительным постоянством один тот же термин воспринимают, понимают и истолковывают на протяжении времени. Мы видим, что в двух совершенно разных

---

[26] В период династии Мин такое деление на категории с незначительными расхождениями прочно установилось среди заголовков, количество которых обычно варьировалось от 20 до 30, наиболее типичных для жанра энциклопедий (*лэйшу*). См. [Wilkinson 1998: 555, 560–561].

[27] Для тех, кто будет искать его в стандартном для китайских изданий «Саньцай тухуэй» переплете, этот рисунок находится в четвертой из шести глав раздела, посвященного фауне, на 33-й (лицевой для китайцев, но оборотной для людей западной культуры) странице. Южное море мы обычно называем Южно-Китайским морем. Даже если гора Басуй — реальное, а не мифическое место, о ее местонахождении ничего неизвестно.

Рис. 1. Черный человек из «Саньцай тухуэй».
[Саньцай тухуэй 1970: 2256]

исторических контекстах, разделенных почти 20 столетиями, практически ничего не изменилось. С одной стороны, первое упоминание черного человека в корпусе поздних моистов формирует терминологию, но никак не концепцию для упоминаний в обоих более поздних и более энциклопедических текстах[28]. С другой стороны, мы можем иронично отметить, что тем не менее *хэйжэнь* как термин берется за основу во всех трех текстологических контекстах, чтобы вызвать к жизни мысленные сущности, которые мы сегодня отнесли бы к исключительно воображаемым. Но для тех, кто воображал их в досовременном Китае, *хэйжэнь* служили своего рода колдовским приемом, катализатором вызывания духов, который использовался, чтобы представить и обозначить нечто, что, как верили, существует где-то далеко на краю цивилизованного мира, пусть его даже никто лично не встречал, и поэтому его существование в природе недоказуемо.

Но, как бы то ни было, между этими тремя примерами есть принципиально важное различие. Мы должны признать, что черный человек поздних моистов доимперского периода безвреден и вообще не более чем условный шифр, а черного человека или черных людей «Каталога гор и морей» и «Иллюстрированного свода трех начал» можно воспринимать только как злобного фантастического призрака. В последних случаях, особенно сталкиваясь с сохранившимся графическим изображением, нам трудно отрицать, что в нем заложена скрытая злонамеренная инаковость. К тому же, хотя его описание предельно сжато («птичьи ноги» из более ранней версии не упоминаются и никак не передаются в рисунке — возможно, это свидетельствует об эволюции взглядов?), дискурс отчуждения, которым наполнил Ван Ци «Иллюстрированный свод трех начал», громогласно заявляет об общеизвестном. Согласно давно сложившейся в Китае традиции отчуждения от неместного населения, обсуждавшейся выше, эта подпись, вне сомнений, характеризует *хэйжэнь* исходя

---

[28] Подробнее об «энциклопедическом и систематизирующем» характере первого из них см. [Sterckx 2002: 36–37].

из его географической удаленности («Посреди Южного моря, на горе Басуй»). Более того, также следуя обычаю, подчеркивается его культурная несостоятельность («В обеих руках он держит по змее. Он питается ими»).

Представляет интерес то, что по энциклопедическому описанию нелепого черного человека из «Иллюстрированного свода трех начал», хоть и явно представляющего собой пережиток прошлого, можно судить о том, что китайцы позднего периода династии Мин никак не идентифицировали и не связывали термин *хэйжэнь* с каким-либо из народов, с которым они начинали все теснее и теснее общаться, — народом, который они по сути, пусть и не по названию, считали чернокожим. Следовательно, нам стоит серьезно усомниться в том, что китайцы позднего периода династии Мин вообще рассматривали своего черного человека как *человека* в стандартном смысле этого слова. Китаист Рул Стеркс отмечал, что у китайцев на протяжении веков сложилась тенденция «изображать варваров, вместе с животными населяющих страницы экзотических бестиариев на периферии китайского культурного эпицентра, похожими на животных и по нраву» [Sterckx 2002: 159]. Однако, если судить о его внешнем облике по рисунку из «Иллюстрированного свода трех начал», минский черный человек *внешне* походил на зверя не меньше, чем на человека, что, возможно, означало, что среда его обитания находилась еще *дальше* периферии этого эпицентра. Особенно учитывая достаточно поздний исторический контекст, которому, как следует ожидать, сопутствовало приобретение китайцами знаний о настоящих черных людях, минский черный человек в большей мере, чем его прообраз из «Каталога гор и морей», был *животным*, чем *человеком*, и мы для наглядности легко можем заменить эти существительные и местоимения во всем описании. Сделав это, мы мысленно представим образ, лишенный каких бы то ни было человеческих черт как в контексте поздней истории Китая, так и в нашем современном западном контексте: «Посреди Южного моря, на горе Басуй, обитает черное *животное*, похожее на человека. У этого *животного* голова тигра, и в обеих лапах *оно* держит по змее. *Оно* питается ими». Сделав эту замену, мы воссоздали исторического чернокожего человека, который существенно ближе к реальности, как ее воспринимали китайцы досовременной эпохи, черного человека, не только чуждого китайцам в географическом и культурном плане, но также во всех отношениях отделенного от всего человечества в целом непреодолимой пропастью.

Обреченные на неволю

Так, мы не находим в китайских письменных источниках никаких сохранившихся свидетельств, подтверждающих, что до Нового времени термин *хэйжэнь* хоть когда-либо использовался непосредственно для обозначения чернокожих людей, не говоря уже о том, чтобы он явным образом применялся к африканцам. Однако задолго до начала XVII века в китайском сознании уже твердо сформировалось мнение о том, что черному цвету кожи сопутствует полная неспособность достичь хоть какого-то уровня цивилизации и культуры. Точно так же в представлении китайцев укоренилась связь о сопутствующей черному цвету кожи дикости, или даже свирепости нрава. Любопытно, что и в «Каталоге гор и морей», и в «Иллюстрированном свода трех начал» сам цвет кожи, хоть и приписывается на словах и вытекает из контекста, но остается неизученным. И мы никак не можем согласиться, что тигриная голова *хэйжэня* не будоражила воображение. Тигриная голова на так или иначе человекоподобном теле по любым критериям является самым устрашающим символом свирепости, какой только можно представить, а тем более увидеть. К тому же, даже если в действительности их тогда и не называли именем *хэйжэнь*, чернокожие люди — иначе, *куньлуньцы* — должны были показаться тем все еще немногим китайцам Минского периода, которым довелось их встретить, не только чужаками, но еще и устрашающим, во многом как тигр, олицетворением агрессивности [Ibid.: 102–103].

В значительном большинстве сообщений о контактах между китайцами и чередой народов, которых они вместе называли *куньлуньцами*, витает ощущение угрозы. Исходящая от *куньлунь-*

цев опасность, иногда просто подспудная, а иногда ясно выраженная, действительно единой нитью пронизывает большинство рассказов. Страх, который испытывают китайцы, пусть даже скрытый, часто сопровождает их взаимоотношения с *куньлуньцами*, и подтверждения этому в сохранившихся исторических документах обнаруживаются достаточно часто, так что нельзя закрыть на них глаза. Из этих источников мы узнаём, что статус китайско-*куньлуньских* отношений колебался в максимально возможных пределах, характеризующих взаимодействие: от готовности к общению до настороженности и явной враждебности. Самое древнее событие из разряда последних, поразительная запись о котором уже цитировалась во введении, впервые официально задокументировано в «Старой истории Тан» и датировано 684 годом нашей эры[29]. Речь идет о смерти, о чем уже говорилось, в том году губернатора Гуанчжоу Лу Юаньжуя, к которому, видимо, и при жизни, и после относились с некоторым пренебрежением, так что даже о смерти его впервые рассказывается не как о самостоятельном событии, но мимоходом в биографии преемника на его посту[30]. Из этой краткой и ничем не приукрашенной записи мы узнаём о том, что «Территория Гуанчжоу граничит с Южным морем. Каждый год *куньлуньские* купцы

---

[29] Ван Гунву отмечает важность этого года в истории династии Тан, поясняя, что этот год отмечен печально известным захватом власти У Чжао, единственной женщины в Китае, которой удалось взойти на императорский престол, а также первым с 622 года восстанием под предводительством недовольного этим вельможи Ли, или Сю Цзинъе, которое началось в нижнем течении реки Янцзы (там, где между городами Янчжоу, Шэнчжоу (современный Нанкин) и Жуньчжоу сформировался торговый треугольник). См. [Wang Gungwu 1958: 75]. См. также [Wang Gungwu 1998: 73].

[30] В «Старой истории Тан» сообщается, что «Когда [императрица У] собиралась совершить дворцовый переворот, правителем Гуанчжоу был назначен Фанцин». См. [Цзю Тан шу 1979: 89.2897]. Учитывая, что к пятому месяцу 684 года императрица обладала уже полнотой власти, мы можем предположить, что освобождение Лу Юаньжуя от исполнения обязанностей губернатора Гуанчжоу было уже запланировано по крайней мере за два месяца до его унизительной смерти, когда он еще находился в должности. См. [Rothschild 2007: 85].

приплывают на [своих] кораблях, нагруженных ценными товарами, чтобы торговать с китайцами. Предыдущий правитель пытался обманом лишить их товара, один из *куньлуньцев*, спрятав нож, выступил вперед и убил его» [Цзю Тан шу 1979: 89.2897][31].

Хотя в этом пересказе описание происшествия звучит обыденно, вскоре убийство Лу Юаньжуя привлекло массовый интерес. Кроме того, несмотря на то что прошло несколько веков, его бесславный конец продолжал обращать на себя внимание и был зафиксирован опять в знаменитой летописи «Цзы чжи тун цзянь» («Помогающее в управлении всепронизывающее зерцало») Сыма Гуана (1019–1086), без сомнений, выдающемся историческом труде, созданном во времена династии Сун[32]. То, что Сыма сохранил этот эпизод в одной из самых известных авторских историй Китая через 400 лет после того, как он произошел, служит доказательством того, что интерес к нему, как к источнику, вызывающему болезненное непристойное влечение, не угасал. Его более красочное изложение событий также наводит нас на мысль об их символической важности. Прежде всего, мы должны запомнить, как умер Лу Юаньжуй, то есть от чьих рук он принял смерть, а также о ее сомнительном разрешении:

> Осенью, в день *уу* (*моуу*) седьмого месяца [24 августа по западному стилю], правитель Гуанчжоу, Лу Юуаньжуй, был убит *куньлуньцем*. Юаньжуй был глуп и труслив, а его подчиненные жадны и вероломны. Когда приходили купеческие корабли, они постоянно занимались вымогательством, отбирая у иноземных купцов всю прибыль, а те жаловались Юаньжую. Юаньжуй [в конце концов] решил положить этому конец и велел заковать [иноземных купцов] в шейные колодки в наказание за их жалобы.
> [Поступок Юаньжуя] возмутил этих купцов до такой степени, что бывший среди них *куньлунец* вошел к Юаньжую с мечом, спрятав его в рукаве. А потом убил Юаньжуя и больше десяти человек из его окружения и скрылся. Никто

[31] См. также [Синь Тан шу 1976: 116.4223]. Также см. перевод на английский язык в [Wang Gungwu 1958: 75; Wang Gungwu 1998: 73].

[32] Подробнее об актуальности этого труда и его автора см. [Wyatt 2003: 574–576].

> [из присутствующих] не осмелился подойти к *куньлуньцу* [и помешать его бегству]. Убийца сел на корабль и отплыл в море, корабль попытались преследовать, но не догнали [Сыма 1973: 203.6420][33].

Убийство Лу Юаньжуя показательно со многих сторон. Из двух процитированных выше по очереди сообщений о смерти злополучного правителя Гуанчжоу, занимавшегося вымогательством, мы можем извлечь массу информации о природе и особенностях китайско-*куньлуньских* отношений в переломный исторический период между династиями Тан и Сун. Часть информации, которую нам удается раскопать, касается фактов, но изрядная ее доля еще и характеризует общие тенденции. Опираясь на факты, мы узнаём, что *куньлуньцами* тогда, вероятнее всего, называли малайцев, или, если подойти к вопросу иначе, можно почти с полной уверенностью сказать, что точно *не* африканцев. Это подтверждается тем, что китайцы, по крайней мере начиная с VII века нашей эры, вели на побережье Южно-Китайского моря постоянную процветающую морскую торговлю с народами, которых они называли *куньлуньцами.* Расширение торговли, которому способствовало устранение алчных чиновников, таких как Лу Юаньжуй, привело к тому, что *куньлуньцы* и их соседи яванцы осмелели настолько, что в 767 году совершали устрашающие набеги вплоть до северного побережья Вьетнама исключительно с целью, как отмечает исследователь диаспоры Южно-Китайского моря (Наньян) Ван Гунву, установления своего «торгового превосходства» в этом районе [Wang Gungwu 1958: 81–82; Wang Gungwu 1998: 76].

Высокая вероятность малайской национальности первых *куньлуньцев* и расположения их владений на территории Великой Малайзии дополнительно подтверждается заметкой, датируемой периодом династии Юань (1279–1368) и приложенной к комментарию к «Помогающему в управлении всепронизывающему зерцалу» его издателем Ху Саньсином (1230–1302), в которой

---

33 См. также переводы на английский язык в [Wang Gungwu 1958: 76; Wang Gungwu 1998: 73].

явно говорится о местонахождении Куньлуньго, легендарного Куньлуньского царства, или, лучше скажем так, даются весьма расплывчатые указания о том, как туда попасть. Нам сообщается:

> Куньлуньское царство расположено к югу от Линьи (Чампы); [чтобы добраться до него] надо пройти по морю за Цзяочжи (Тонкин, современный Ханой), и пути будет не меньше 300 дней. Как правило, когда пишут Куньлунь, то имеют в виду то же [место], что и Поломэнь [Брахман?] (ранее он занимал все западное побережье Индии от Кулама на юге до устья реки Инд на севере) [Сыма 1973: 203.6420].

Запись в «Истории династии Сун» примерно того же времени и в общих чертах совпадает с заданным Ху Саньсином направлением, в котором надо двигаться, чтобы найти землю под названием Куньлунь, правда, в качестве основного ориентира здесь используется царство Шэпого (Ява): «Ява находится в Южном море. С востока в эту страну надо плыть месяц по морю. Затем, если плыть на веслах еще полмесяца, окажешься в Куньлуньго» [Сун ши 1977: 489.14091].

Точности этих «указаний», даже если мы готовы считать их таковыми, явно не придается особого значения, и трудно определить, какое из двух направлений вызывает больше сомнений. Если строго следовать, например, тому, о котором говорится во втором примере, то совершенно невероятным образом, как отмечает исследователь Чжан Синлан (1888–1951), — на которого мы будем часто опираться в последующих рассуждениях, — Куньлунго «окажется ничем иным, как Таиландом (Сяньлого)» [Чжан 1962: 51]. Несмотря на неправдоподобие, эти «указания» из юаньских источников хотя бы дают нам понять, что китайцы эпох Тан и Сун считали, что жители Куньлуня, с которыми они периодически взаимодействовали и вступали в торговые взаимоотношения, происходят из какой-то общей для них области не только далеко на юге, но еще и на западе, то есть из какого-то неопределенного места, удаленного от Китая, что не исключает его близость к еще более дальним западным пределам, к которым относится, кстати, и восточное побережье Африки.

Историк Фэн Чэнцзюнь (1885–1946), почти семь столетий спустя в своем эпохальном труде «Чжунго Наньян цзяотун ши» («История торговых путей Южно-Китайского моря») предлагает нам лишь немногим более точные критерии, чем Ху Саньсин, утверждая:

> С древнейших времен о Куньлуньском царстве говорилось как о некой единой области, граничившей с различными странами: на севере оно простиралось до Аннама (Чжаньчэна), на юге — до Явы (Чжуавы), на западе — до Малайзии (Малайбаньдао) и на востоке — до Борнео (Полочжоу). Его крайняя оконечность достигает восточного побережья Африки. Мы можем считать все это пространство территорией Куньлуня [Фэн 1937: 51].

Из-за бескрайности своей огромной территории Куньлунь Фэн Чэнцзюня определяется весьма поверхностно. Но протяженность границ, о которых говорит Фэн, согласуется с высказанным ранее мнением, что *куньлунь* следует рассматривать как потенциальное географическое название множества мест, начиная от одноименного горного хребта в Тибете и заканчивая значительной частью целого океана (карта 1)[34]. Кроме того, по описанию Фэна мы также можем предположить, что на протяжении истории существовало много разных Куньлуньских «царств», находившихся в разных местах в зависимости от того, о каком временном промежутке шла речь. Такое понимание дает нам достаточно оснований полагать, что Куньлуньское царство, особо упомянутое комментаторами «Помогающего в управлении всепронизывающего зерцала», такими как Ху Саньсин, хотя уже не было таким близким, как окруженные сушей горы Тибета, но и не находилось столь далеко от самого Китая, как побережье Восточной Африки. Подобные рассуждения только укрепляют вполне разумную точку зрения, что первые народы, за которыми у китайцев периодов Тан и Сун закрепилось название *куньлуньцы*, были практически все без исключения, особенно на самых дальних западных окраинах, малазийцами.

---

[34] См. [Ptak 2004: глава 5, с. 417, глава 6, с. 22].

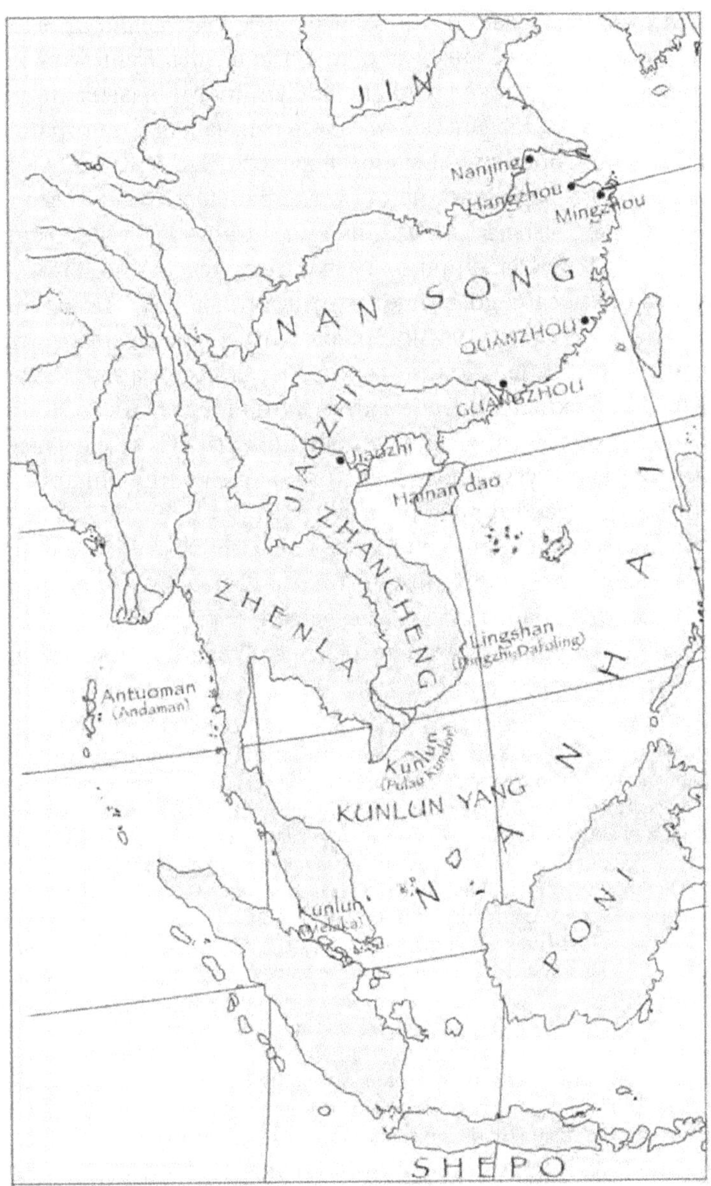

Карта 1. Территория Южно-Китайского моря, около 1225 года. По материалам из [Chau 1911]

К тому же мы, к счастью, не зависим исключительно от одних только указаний Ху Саньсина о том, где искать Куньлуньское царство, которое в текстах периода Сун иногда называли еще Куньлуньшань — суффикс *-шань* здесь означал, как ни странно, «остров», а не «гора» в привычном переводе. Чжао Жугуа (1170–1231), живший, вероятно, на столетие раньше Ху, но всего на полвека позже Сымы, в своей книге «Чжу фань чжи» («Описание иноземных стран») лаконично отмечает, что, «следуя по морю [из Шэпо], за полмесяца достигают страны Куньлунь» [Чжао 1969: 1.10b][35]. У нас нет необходимости сразу отвергать расплывчатые указания Ху Саньсина, но некоторые обстоятельства заставляют отнестись с должным доверием к тем, которые дает Чжао Жугуа. Из генеалогических записей «Истории династии Сун» мы узнаём о том, что Чжао Жугуа происходит из боковой ветви династического императорского рода [Сун ши 1977: 231.7498, 233.7672][36]. Но из всех его современников только у знаменитого библиографа Сунского периода Чэнь Чжэньсуня (около 1211–1249) мы находим какие-то, хоть и крайне скудные, сведения о жизни Чжао Жугуа, Чэнь сообщает лишь то, что «находясь в должности инспектора

---

[35] См. [Chau 1911: 50, 76, 275]. (Русский перевод см. в [Чжао 2018: 123]. — *Примеч. пер.*) То, что Хирт и Рокхилл перевели крайне необходимый для историка труд Чжао Жугуа, бесценно само по себе, но их работа также часто изобилует логическими ошибками и неверными истолкованиями. Например, остров Яву и его население действительно какое-то время называли Шэпо, и Хирт и Рокхилл решили, исходя из весьма приблизительных указаний Чжао на время пути, что Куньлунь, скорее всего, это остров Пулау-Кундур, сейчас принадлежащий Малайзии, в Южно-Китайском море между Сингапуром и Вьетнамом. См. [Ptak 2004: глава 5, с. 416, 417; глава 6, с. 6, 21, 22; глава 7, с. 107, 120; глава 8, с. 167]. На фоне длительных сомнений в однозначном установлении местоположения Куньлуня такое определение кажется излишне точным, хотя оно и было поддержано с такой же уверенностью в последующем исследовании по периоду династии Мин, см. [Tsai 2001: 205]. Кстати, даже если согласиться с выводами Хирта и Рокхилла, они почему-то ошибочно утверждают, что плыть надо на «запад», несмотря на очевидность того, что Куньлунь от Шэпо находится на севере (см. карту 1).

[36] См. также [Chau 1911: 35]. Чжао Жугуа был потомком императора Тай-цзуна (годы правления 976–997) в восьмом поколении через Чжао Юаньфэня (умер в 1004 году), принца Шан, младшего брата императора Чжэнь-цзуна (годы правления: 997–1022), третьего императора династии Сун.

морской торговли в провинции Фуцзянь, Чжао Жугуа записывал [названия и описания] различных иноземных стран и товаров, которые из них поставлялись» [Чэнь 1987: 268][37]. Несмотря на краткость этой записи, посвященной достойной внимания библиотеке рода Чжао, из составленного Чэнем выдающегося труда «Чжичжай шулу цзети» («Каталога книг Кабинета Чжи с пояснительными заметками») мы можем предположить, что Чжао Жугуа, занимавшему официальную должность комиссара Управления морской торговли (*шибоши*)[38] в крупном порту Цюаньчжоу, с большой долей вероятности приходилось часто общаться и с иностранными, и с китайскими торговцами. Так что мы можем полагать, что ту информацию, которую он излагает в своей книге о таких отдаленных местах, как Цейлон (Силань) или современная Шри-Ланка, Малабар (Наньпи), побережье Сомали (Чжунли), Миср или Египет (Усили) и Сицилия (Сыцзялие), он услышал собственными ушами.

Высоко оценивая общее значение работы Чжао Жугуа как первоисточника, антрополог Уильям Лесса отмечал, что «Описание иноземных стран» «настолько конкретно и подробно, что мы невольно осознаём масштабы взаимоотношений Китая с заморскими странами» [Lessa 1968: 121–122]. Историк Джон Чаффи с еще большим жаром превозносит труд Чжао и называет его «рассказом исключительной важности о том, что знали китайцы в XIII веке об азиатском, африканском и даже средиземноморском побережье, с описанием, во-первых, стран и культур, и, во-вторых, разнообразных товаров, ввозимых в Китай» [Chaffee 1999: 239]. Другие дошедшие до нас тексты, в том числе несколько более ранний «Гуйхай юй хэн чжи» («Описания гор и лесов у Южного моря»), написанный Фань Чэн-да (1126–1193) в 1175 го-

---

[37] См. также [Chau 1911: 35].

[38] С этой должностью, которая была впервые введена в 763 году в Гуанчжоу, а при династии Сун в какой-то момент подверглась незначительному изменению в названии инспектора Управления морской торговли (*шибо тицзюй*), мы еще не раз встретимся при тех же обстоятельствах в следующей главе. См. [Hucker 1985: 428]. Я преимущественно руководствуюсь этим словарем при переводе должностей и учреждений, встречающихся в этой книге.

ду, и «Лин вай дай да» («Заметки о землях за горами»), написанные Чжоу Цюй-фэем (*цзиньши* с 1163 года) в 1178 году, вдаваясь в детали с разной степенью подробности, перечисляют заморские страны периода поздней, или Южной, династии Сун (1127–1279), в частности на самой южной оконечности империи, а также различные территории, сейчас уже неизвестные, расположенные в морях к югу от материкового Китая[39]. Но и китайские ученые более позднего времени, и современные западные ученые сходятся в мнении о том, что никому не удалось превзойти завершенное Чжао Жугуа в 1226 году «Описание иноземных стран», так что Чаффи в заключение пишет, что оно «расширило знания китайской образованной элиты о заграничных территориях и объектах, и продолжает оставаться самым бесценным источником сведений по истории морской торговли» [Ibid.: 239][40].

Из источников, в которых упоминается Куньлунь, нам важно понять не только где это далекое место находилось, но и какую идею оно выражало, то есть, что в него вкладывали китайцы эпохи династии Тан и тем более династии Сун, которые наблюдали *куньлуньцев* уже не совсем издалека. Чтобы получить ответы

---

[39] В 1166–1167 годах Фань Чэн-да начал службу в должности правителя центральной провинции Цзинчжоу, входившей в губернию Гуаннань, как она тогда называлась, сейчас это округ Гуйлинь провинции Гуаньси. (Полное название Гуаньси — Чжуанский автономный район. — *Примеч. пер.*) В 1175 году Фаня перевели из Гуанняня на территорию современной провинции Сычуань, по дороге к новому месту службы он внимательно изучал и записывал все увиденное во время пути, что потом и вылилось в его книгу. Книга изначально состояла из трех частей, но до наших дней сохранилась только первая часть «Описания гор и лесов у Южного моря». Она разделена на 13 тематических рубрик: скалы и пещеры, металлы и камни, благовония, вина, утварь, птицы, животные, насекомые и рыбы, цветы, травы и деревья, разнообразные описания, варвары *мань*. См. [Фань 2003: i]. Любопытно, что Чжоу Цюй-фэй, особенно в описании народов, которые тоже называет мань, а также обычаев и товаров туземного населения южных и юго-западных районов, например современного Гуйчжоу, во многом опирается на сочинение Фань Чэн-да, часто заимствуя оттуда слово в слово большие фрагменты текста. См. [Вельгус 1987а: 6–7].

[40] Сравнительный анализ достоинств трех сочинений и их авторов см. [Ptak 2004: глава 5, с. 410–412].

на эти вопросы, нам следует вернуться, несмотря на расплывчатые географические координаты, к рассказам о том, как ханьский чиновник Лу Юаньжуй и его ближайшее окружение были жестоко убиты напавшим на них одиночкой из *Куньлуня*. В них мы найдем не только факты, но информацию намного большего значения, поскольку все вместе они существенно расширяют наше представление о взглядах жителей досовременного Китая на *куньлуньцев*. Судя по всему, мы можем быть уверены, что китайцы, имевшие дело с *куньлуньцами* в эти первые века установления контактов, вне всякого сомнения, относились к ним с настороженностью, одновременно свысока и с опаской, с презрением и страхом, независимо от того, кем они в большинстве своем их считали по национальности и этническому составу. Между первыми сообщениями об убийстве Лу Юаньжуя в конце VII века и его подробным изложением Сыма Гуаном для грядущих поколений в конце XI века разные люди успели добавить в противоречивую историческую хронику дополнительные материалы о *куньлуньцах* самого любопытного свойства. Но эти материалы столь же затемняют смысл, сколько его проясняют, поскольку их характер только подкрепляет давно сложившееся представление о дикости *куньлуньцев*, и тем самым только делает более ощутимой угрозу, которую они представляют для китайцев. Вот так, например, пишет знаменитый буддийский лексикограф Хуэй-линь (737–820) в своем фундаментальном труде «Ицецзин иньи» («Произношение и значение всего буддийского канона»), используя вариантную форму привычного для них названия наравне с термином, которым китайцы обозначали вообще всех *варваров*: «Иногда в разговорной речи их также называют *гулунями*. Это варварские народы (*ижэнь*) больших и малых островов Южного моря» [Хуэй-линь 1970: 6 81.44][41].

Но хотя все эти однотипные рассказы о смерти Лу Юаньжуя только подтверждают наши догадки и предположения, они глубоко интересны именно тем, о чем в них умалчивается, и это как раз имеет тесное отношение к нашим текущим рассуждениям. Несмотря на очевидное стремление внушить, что *куньлуньцы* не достой-

---

[41] Другой вариант перевода см. у [Шефер 1981: 71].

ны ни малейшего уважения, ни в одном из рассказов нет упоминания об их цвете кожи. С одной стороны, цвет кожи — неизменно темный или черный — для любого человека того времени, которого, как кровожадного убийцу Лу Юаньжуя и его спутников, считали *куньлуньцем*, вполне мог подразумеваться как нечто само собой разумеющееся, и поэтому просто не требовал никаких явных пояснений. Но, с другой стороны, возможно и то, по крайней мере как это отражено в официальных и полуофициальных хрониках, что откровенная *чужеродность* преступника играла в сознании досовременных китайцев еще бóльшую роль для характеристики его внешности, чем *цвет* играет сегодня для нас. В прошлом в этих конкретных записях чужеродность как отличительный признак вполне могла просто перекрывать внешность. Однако мы достаточно быстро находим доказательства обратного в тех же рассказах о *куньлуньцах*, контакты с которыми становились все более частыми за столетия, разделявшие начало правления династии Тан и династию Сун, где наглядно показан цвет их кожи и связанное с ним ощущение опасности. Для подтверждения этого нам достаточно лишь вернуться к оставшейся части наблюдений Хуэйлиня:

> Они ничем не прикрывают свои совершенно черные голые тела. Они умеют приручать и укрощать диких зверей, носорогов, слонов и им подобных. Они бывают разных рас и племен: так есть среди них сэнци, туми, гутаны, гэме (кхмеры) и прочие. Все это простые и неразвитые народы. Они живут, не следуя правилам морали и справедливости. Добывая пропитание, они грабят и воруют, им нравится разгрызать на кусочки и проглатывать людей, как *лоча (ракшасы)* или злобные призраки. Языки этих народов не такие, как у разных [других] иноземцев, и звучат противоестественно. В воде они чувствуют себя превосходно, могут провести там целый день и не погибнуть [Там же][42].

---

[42] Другой вариант перевода см. у [Шефер 1981: 71–72]. Первая группа гулуней из перечисленных Хуэй-линем — сэнци — фонетически очень близка к тому термину, который скоро станет общим для всех выходцев из Африки, особенно с экваториальной части ее восточного побережья. См. [Там же: 71–73]. См. также главу 2. Однако, комментируя тот же самый отрывок, Фэн Чэн-

Как лингвист, Хуэй-линь должен был бы прежде всего интересоваться местом *куньлуня* в лексиконе китайцев, и, действительно, раздел в его словаре, одном из самых первых и значительных из составленных в Китае, так и озаглавлен — «Куньлуньский язык» (*куньлунь юй*). Такое внимание не должно нас удивлять, поскольку в древности, как и сейчас, языковые различия, особенно то, насколько чужой язык казался непонятным по сравнению с собственным, являлись главными факторами, определявшими границу между цивилизованным и нецивилизованным миром. И Китай здесь не исключение, несходство языков вместе с рядом других специфических показателей очень долго служило маркером различия. Как отмечал историк и филолог Му-чжоу Пу, и как будет скоро показано, «когда люди задаются вопросом о культурных различиях между китайцами и варварами, различия в языке и образе жизни, включая особенности питания и одежду, кажется, привлекают внимание в первую очередь» [Poo 2005: 122].

Неизвестно, доводилось ли Хуэй-линю лично общаться с разными племенами *куньлуньцев*, которые он описывает, но его описание этих «варварских народов» как будто бы в их родной среде обитания, если и не представляет собой полный вымысел, то уж точно не является рассказом из первых уст. Тем не менее благодаря этому Хуэй-линь явно выходит далеко за рамки изначально заданной чисто лингвистической проблематики и затрагивает все критерии, которые Му-чжоу Пу относит к нормативным показателям отличий в китайском контексте, и поэтому мы можем расценивать его деятельность как первые шаги зарождающейся этнографии. Конечно, по нашим современным меркам предпринятая Хуэй-линем попытка этнографии *куньлуньцев* является откровенно грубой и предвзятой. Хотя мы не можем спорить, что она, вероятно, совпадала с господствующей в его

цзюнь замечает: «Хотя мы пока не знаем, какие именно народы имелись в виду под “туми” и “гутанами”, эти названия должны обозначать чернокожие народы с курчавыми волосами из южных морей. Поскольку в главе 197 “Старой истории Тан” приводится следующая запись о Чампе: “К югу от Чампы всех чернокожих и курчавых называют куньлунцами”». См. [Фэн 1937: 51; Цзю Тан шу 1979: 197.5270].

время точкой зрения. Иначе говоря, мы вряд ли можем ожидать, что его описание *куньлуньцев* могло принципиально отличаться от того, что хотела прочитать его потенциальная аудитория. В ходе длительных научных дискуссий, как ни странно, было признано, что для раннего периода династии Тан характерно космополитическое мировоззрение, то есть терпимое отношение к народам всех национальностей. Однако слова Хуэй-линя показывают нам пределы этой предполагаемой толерантности взглядов. Очевидно, что терпимое отношение в начале периода династии Тан распространялось только на те народы, у которых китайцы находили хотя бы подобие культуры, и оно никогда не простиралось на те отдельные виды чужеземцев, которых они относили к дикарям, людоедам или чернокожим.

Рассматривая краткую словарную статью Хуэй-линя с позиций этнографии, мы видим в первую очередь отношение китайцев к *куньлуньцам*, а не сам народ в их описании. Мы узнаём, что хотя бы некоторым китайцам было известно о существовании разных групп или «племен» *куньлуньцев*, что, учитывая важность для китайцев географических оснований при определении инаковости, вовсе не предполагает, что те обязательно занимали или происходили из одной и той же местности. Несмотря на то что говорится, что «они простые и неразвитые народы», в примечании Хуэй-линя сквозит подспудный страх, возникающий при одном только виде голого черного тела *куньлуньца*, который, без сомнений, еще больше усиливался у его читателей-современников, когда он дополняет характеристику леденящей кровь фразой, что «им нравится разгрызать на кусочки и проглатывать людей, как *лоча (ракшасы)* или злобные призраки». Также мы обнаруживаем, что некоторые свойства *куньлуньцев*, безусловно, вызывали у китайцев восхищение или, наверное, лучше сказать, некоторого рода преувеличенное изумление; сюда относится их общепризнанное умение укрощать диких животных и способность чувствовать себя в воде почти как рыба. Но откровеннее всего в описании различных племен *куньлуньцев* чувствуется отвращение. Даже если считать его описание одним из самых благожелательных (а по тем временам оно таким и было), мы не можем ни пропустить, ни преуменьшить степень неприязни, с которой он говорит о варварских обычаях *куньлуньцев*, которые, — с точки зрения китайцев, — даже не заслуживали того, чтобы считаться обычаями. Мы можем только прийти к выводу, что Хуэй-линь, в силу обстоятельств, как бесчисленное количество китайцев до и после него, ощущал, что не может сделать ничего другого, кроме как отправить *куньлуньцев* на самую низшую ступень развития человечества. Смесь страха и отвращения, которую Хуэй-линь чувствовал только при мысли об их присутствии, которая не в последнюю очередь возникала от того, что они были черными, — а именно об этом их качестве он говорит первым, — вероятно, не оставляла ему иного выбора.

В досовременном мире, частью которого был танский Китай, при угрозе нападения другого было в порядке вещей подчиниться более сильной стороне, согласившись на обращение в рабство. С древнейших времен при угрозе со стороны другого допускалось покорить его. Как тонко подметил Франк Дикоттер, последовательные рассуждения, обосновывающие дискриминационную теорию, которая приравнивает всех *чернокожих* к *рабам*, появились в китайской истории сравнительно рано, возможно, даже слишком стремительно, тогда как в европейской исторической ситуации мы сталкиваемся по крайней мере с одним поразительным объяснением как раз позднего возникновения этого равенства, которое кажется нам универсальным[43]. Проследить, почему у китайцев досовременного периода черный цвет кожи так тесно ассоциировался с рабством и почему это произошло так рано, несложно. Обратить в рабство темнокожих чужаков с окраины известного им мира, с которыми — если считать замечания Хуэй-

[43] Редакторы книги «Перечитывая Черную легенду: религиозные и расовые различия в империях эпохи Возрождения» Маргарет Гриэр, Вальтер Миньоло и Морин Киллиган в предисловии к ней утверждают, что «дискриминация по цвету кожи», которая оправдывала рабство, возникла как следствие «крайне выгодной трансатлантической торговли рабами», и что до этого времени, несмотря на то что рабство существовало, по крайней мере в Европе, с древнейших времен, раньше оно «никак не связывалось с цветом кожи» [Rereading 2007: 2].

линя репрезентативными, — их ничего не роднило в этническом плане, китайцам было проще и требовало меньше затрат, чем постоянно вести против них боевые действия. Работорговля была также предпочтительнее и менее затратна, чем война, потому что сами китайцы, по сути, ею не занимались. Начиная с VIII века, когда африканец стал выступать в роли другого, наверное, уже не реже, чем порабощенный малакканец или кхмер, нелегкий труд по поставкам большей части этих рабов лег преимущественно на плечи арабов. А обращать в рабство иноземцев любого рода, не будем говорить о *куньлуньцах*, было намного менее опасным и рискованным делом — с точки зрения закона, морали и прочего — чем других китайцев. Действительно, нельзя не признать, что в представлении многих китайцев того времени идея обратить в рабов непокорных в действительности или только с виду иноземцев была крайне привлекательна, и, что весьма любопытно и забавно, к внешним атрибутам ограничения физической свободы обратился даже злосчастный губернатор Лу Юаньжуй. Мы почти не сомневаемся, что он полагал, что заковать непокорных иноземных купцов в кандалы наилучшее и безопаснейшее решение возникшей у него проблемы. Но мы также можем отметить, что он сам совершил оплошность, применив силу и опрометчиво пригрозив связать своих возмущенных гостей, что предопределило его судьбу в большей мере, чем все остальное им сделанное или сказанное.

Если приведенные выше обоснования строятся в первую очередь на практических соображениях, то — прежде чем двигаться дальше — нам следует наконец задуматься о том, что именно побудило китайцев превратить *куньлуньцев* в рабов, что, вероятно, превосходит все остальное по важности. Опасаясь *куньлуньцев*, китайцы стали порабощать их и со временем вошли во вкус, и то, что обращение в рабство приобрело статус почти инстинктивной реакции борьбы с угрозой, способствовало сохранению этой практики длительное время. С древнейших времен китайцы, как и другие народы, находящиеся в сходном положении относительно друг друга, явно рассматривали порабощение как наилучший способ взаимодействия и налаживания сосуществования на одной территории с теми, кого не причисляли к своему роду. А заодно они восстанавливали космический порядок и равновесие в противостоянии с вторгающейся в их мир злонамеренной силой, — принижая и устанавливая правила для другого, который обычно находился под контролем и в узде благодаря тому, что физически был на далеком расстоянии. В этой связи весьма показателен отрывок из «этнографии» Хуэй-линя, в котором он рассказывает об умении *куньлуньцев* «приручать и укрощать диких зверей, носорогов, слонов и им подобных». Если посмотреть с другой стороны, то «приручить и укротить» — это именно то, что китайцы стремились сделать с *куньлуньцами*. В самом широком смысле эти же мотивы вполне укладывались в китайскую модель ведения дел не только с *куньлуньцами*, но и со всеми разновидностями другого, поскольку, если иноземца, незнакомца (любопытно, что в китайском языке похожий термин *кэжэнь* может также означать «гость»), нельзя изгнать или держать где-нибудь подальше, то его необходимо контролировать. А порабощение, конечно, непревзойденный инструмент контроля.

Заметное отставание в культурном развитии у всех *куньлуньцев*, независимо от племени, только способствовало планам китайцев по их порабощению и лишний раз укрепляло моральную легитимность этой практики как благотворно действующей на порабощенных, во многом так же, как тезис о «бремени белого человека» оправдывал самые чудовищные проявления империализма британцев Викторианской эпохи, поработивших в XIX веке миллионы цветных людей по всему миру. Другими словами, культурная отсталость *куньлуньца* подготовила почву для того, чтобы он подчинился тем, кто не был отсталым, и это подчинение казалось более чем уместным. Конечно, китайцы, вероятно, отдавали себе отчет, что разные *куньлуньские* племена, с которыми они сталкивались, достигли разных ступеней культурного развития. Но они мыслили привычными стереотипами, сводя на нет различия и выделяя общее, — это та же самая якобы изжившая себя модель взаимоотношений, всегда разжигавшая вражду и ненависть по отношению к другому. В целом китайцы считали, что культурная пропасть между ними и любым из *куньлуньцев* настолько непреодолима, что различия между последними не стоило вообще принимать во внимание. Глядя на первобытных *куньлуньцев*, они видели только отсутствие культуры, и поэтому судили о них исключительно по общим для них внешним признакам, игнорируя случайные различия, например, не противопоставляя волнистые волосы кудрявым или курчавым. Этим общим внешним признаком, присущим в той или иной степени всем из них, был черный цвет их кожи.

Успешное порабощение китайцами *куньлуньцев*, похоже, не ослабило их стремление продолжать в том же духе. В первой половине XVI века китайские купцы, торговавшие с новейшими представителями иноземцев — на сей раз с европейцами, португальцами и испанцами, — использовали *куньлуньцев* из Малакки не только как чернорабочих, но и при случае как посредников-переводчиков. Более того, те же европейцы ко второй половине того же столетия постепенно, но в уже бо́льших количествах проникая в империю, не упустили возможность обзавестись рабами, взяв своих хозяев-китайцев как своеобразный образец для подражания. Приведем в качестве наглядного примера итальянца Маттео Риччи (1552–1610)[44], первого и самого известного из иезуитов в Китае. До того, как ему удалось в совершенстве овладеть китайским, местные чернокожие (малайцы?) работали у него переводчиками, а чернокожие, привезенные издалека (африканцы?), слугами, — то есть до того, как он в итоге был вынужден перейти на общение исключительно с китайцами, потому что и выучил язык, и осознал, как пишет об этом историк Джонатан Спенс, что «эти чернокожие пугают китайцев» [Spence 1984: 209]. Это замечание Спенса вдвойне показательно. С одной стороны, в нем говорится о том, что чернокожие — мы полагаем, что здесь, скорее всего, речь идет о малайцах — в китайском обществе конца XVI века были вполне обычным явлением, так

---

[44] Теснее всех из первых иезуитов с Китаем связано имя Маттео Риччи, ставшего предметом многочисленных научных исследований. Среди последних — [Kim 2004]. Краткую биографию Риччи и исчерпывающую библиографию см. у [Ibid.: 150–159, 275–314]. Также см. [Brockey 2007], где признается выдающаяся роль Риччи, но всего лишь как одного из игроков в команде единомышленников.

что по их поводу не требовались особые пояснения в литературных источниках. Однако, с другой стороны, в нем говорится, что одновременно в Китае существовали чернокожие, привезенные из Африки, иначе с какой стати местному населению «пугаться» их? Иначе говоря, единственное логическое объяснение страху, который возникал у китайцев, с которыми общался Риччи, при виде людей, которые, казалось бы, к этому времени должны были быть хорошо им знакомы, это то, что в действительности они вовсе не были так уж хорошо им знакомы, вовсе не были *куньлуньцами* привычного рода, а казались, наоборот, существами скорее фантастическими, чем реальными.

Итак, к началу нового времени представления китайцев о чернокожих оставались весьма ограниченными. В конце концов, можно аргументировано поспорить с тем, что в китайском контексте черный цвет кожи, как утверждает Дикоттер, «всегда был символическим выражением рабства» [Dikötter 1992]. К тому же другие исследователи, например Рэймонд Доусон, считали, что для китайцев главными критериями, отличавшими цивилизованных людей от варваров, были не социальная или политическая организация, не религия или раса, но культурные достижения [Dawson 1981: 16]. Эта идея звучит более чем убедительно, но только применительно к взаимоотношениям китайцев с народами, например, даже с привычными *куньлуньцами* предположительно малайской национальности, внешне не так кардинально отличающимися от них, когда же мы распространяем ее на будущие встречи китайцев с африканцами, то она становится менее убедительной. Однако, несмотря на споры, факт остается фактом: к моменту, когда китайцы действительно вступили в контакт и по-настоящему познакомились с африканскими народами, уже длительный период времени и практически без изменений черный цвет кожи для них ясно и определенно отождествлялся — «был символическим выражением», как писал Дикоттер, — с рабским состоянием. Как ни печально, так будет продолжаться веками, и пережитки этого мы можем наблюдать даже сейчас.

Глава 2
Рабы Гуанчжоу[1]

Ранее город Гуанчжоу на юго-восточном побережье уже появлялся в нашем повествовании как одно из важнейших мест на карте, поскольку он служит очевидным связующим звеном, с помощью которого мы не только больше узнаём о «чернокожих» в досовременном Китае, но и лучше понимаем их положение в системе китайского института рабства. Далее последует пересказ и анализ единственного — если не считать официальных исторических сочинений — документального источника среди немногочисленных доступных свидетельств, который дает веские основания предполагать, что *внутри* средневекового Китая были представлены в значительных количествах те, кого мы по традиции называем расово или этнически черными рабами[2]. Как прозаично заметил Мартин Уилбур,

---

[1] Эта глава впервые была представлена на панельной дискуссии «Чернокожие в Азии: с 1000 года до настоящего времени» на первой международной конференции «Чернокожие и азиаты: встречи через пространство и время» в апреле 2002 года в Бостонском университете. Доработанный вариант был представлен на панельной дискуссии «Периферийный ‘Другой’: национальные образы в массовой литературе» на 38-м Международном конгрессе по медиевистике в мае 2003 года в Университете Западного Мичигана.

[2] Еще только в одном масштабном средневековом памятнике говорится о живущих в Китае расовых или этнических черных рабах, но это собрание художественных произведений, и самый показательный пример из него — пространная новелла неизвестного автора «*Куньлуньский* раб» («*Куньлуньну*»), которая входит в сборник новелл «*Тайпин гуанцзи*» («Обширные записки эпохи Тайпин»), датированный 978 годом. См. анализ этой новеллы у Жюли Виленски в [Wilensky 2002: 9–13]. Любопытно, что Виленски предпочитает считать главного героя новеллы *куньлуньцем* только в ограниченном смысле — то есть он, конечно, иноземец, но по этническому происхождению скорее из Юго-Восточной Азии, чем из Африки.

> иноземные рабы пользовались популярностью среди космополитически настроенных высших слоев общества периода [династии Тан]... Темнокожие [*куньлуньские*] рабы, без сомнения, негроидной расы, были очень популярны, упоминания о них восходят к IV и V векам. Во времена [Тан] некоторые [*куньлуньские*] рабы вполне могли быть африканскими чернокожими, привезенными арабскими торговцами [Wilbur 1967: 92–93].

Из рассказа об удивительном существовании и подневольном положении рабов африканского происхождения, как их описывает Уилбур, мы узнаём об их жизни в последующую эпоху династии Сун. Они селились, скорее, отдельными группами побольше или поменьше, а не настоящими колониями, и не были рассредоточены по территории всего Китая, но преимущественно собрались в одном месте, которое к тому времени превратилось в густонаселенный прибрежный район Гуанчжоу. Это место, если на Западе о нем и слышали, то — до совсем недавнего времени — скорее как о Кантоне, так своеобразно исказилось его название в эпоху империализма (рис 2)[3]. Записи, о которых я говорю и на которых основывается это подробное описание, — самый древний и содержательный из неофициальных источников, о которых мне известно, — называются «Пинчжоу кэ тань» («Беседы в Пинчжоу о достойных вещах»), сравнительно небольшой труд в трех китайских свитках или тетрадях, которые называются *цзюани* и исполняют роль глав[4]. Их автором был ученый и мелкий чи-

---

[3] Немногие места сыграли более заметную роль в формировании западных исторических представлений о Китае, чем Гуанчжоу. Хотя Гуанчжоу и появился на историческом горизонте много позже, чем другие великие города прошлого, но к VIII веку он уже стал крупнейшим морским портом Китая. См. [Roberts 2006: 67].

[4] Нам приходится причислять «Беседы в Пинчжоу» к многочисленной категории китайских средневековых сочинений *бицзи*, в буквальном переводе «вслед за кистью», то есть записки о разном или заметки по случаю. Но мы быстро понимаем, что «Беседы в Пинчжоу» выделяются на общем фоне запутанной и сложной историей своего происхождения. В выдержке (*тияо*) из «Сыку цюаньшу» («Полного собрания книг из четырех хранилищ»), которая приводится в предисловии к книге, написано:

новник периода династии Сун по имени Чжу Юй (1075? — после 1119)[5].

Собираясь максимально использовать этот текст, чье содержание, несомненно, бесценно, одновременно я вынужден выступить с предварительным предостережением. Даже тщательно изучив и проанализировав «Беседы в Пинчжоу о достойных вещах», нам не удастся нарисовать полную картину жизни черных рабов Гуанчжоу в XI веке, которая бы удовлетворила нас целиком, и всем, кто рассчитывает, что описание, полученное благодаря этому источнику, даст возможность сделать однозначные и убедительные выводы, суждено испытать откровенное разочарование. Напротив, это описание не будет ни точным, ни исчерпывающим; глубина и детализация, которую мы, живущие в современном мире, хотели бы

В сборнике «Беседы в Пинчжоу о достойных вещах» три главы. Их автор, Чжу Юй, жил во времена [династии] Сун. Юй, второе имя У-хо, был родом из Учэна. В «Вэнь сянь тун као» («Исследования древних текстов и их традиций») сообщается, что эта книга состояла из трех глав. Но когда Цзо Гуй [? — после 1274 года] включил ее в «Бай чуань сюэ хай» («Кладезь премудрости»), а Чэнь Цзижу [1558–1639] — в «Мицзи[мохай]» («[Чернильный океан] выдающихся книг»), в ней оказалось чуть больше 50 разделов, которых едва хватало на одну главу. Тао Цзунъи [период расцвета творчества — 1360 год] включил в «Шо фу» («Пространство изречений») еще более краткую версию, так что, вероятно, текст был утрачен. Извлекая фрагменты из [других] сочинений, [Цзо] Гуй и другие восполнили [значительную часть] текста. Но даже объединив все эти фрагменты вместе, трех глав получить не удалось. Только в «Юнлэ дадянь» («Энциклопедия Юнлэ») удалось установить, какие отрывки связаны [с книгой]; собрав и отредактировав их, ученые наконец смогли восстановить «Беседы в Пинчжоу о достойных вещах» в трех главах. Они тщательно подбирали отрывки и расставляли их по темам, чтобы вернуть книге ее прежний вид. Хотя все еще остаются утраченные части и самые мелкие фрагменты вряд ли уцелели, текст теперь практически восстановлен. См. [Пинчжоу 1921: 1]. (См. перевод части этого же отрывка на русский у И. А. Алимова [Чжу Юй 2009: 605]. — *Примеч. пер.*) Учэн находился на севере современной провинции Чжэцзян. Краткую информацию об истории происхождения и значении этого сочинения см. также в [Chau 1911: 16–17; Duyvendak 1949: 17, 18, 19–20, 23–24].

[5] Авторы жанра *бицзи* («вслед за кистью») обычно предваряли свои сочинения преамбулой (*сюй*), где, помимо прочего, рассуждали о том, что побудило их к написанию своего труда. Однако Чжу Юй такой преамбулы не оставил, или же она не сохранилась.

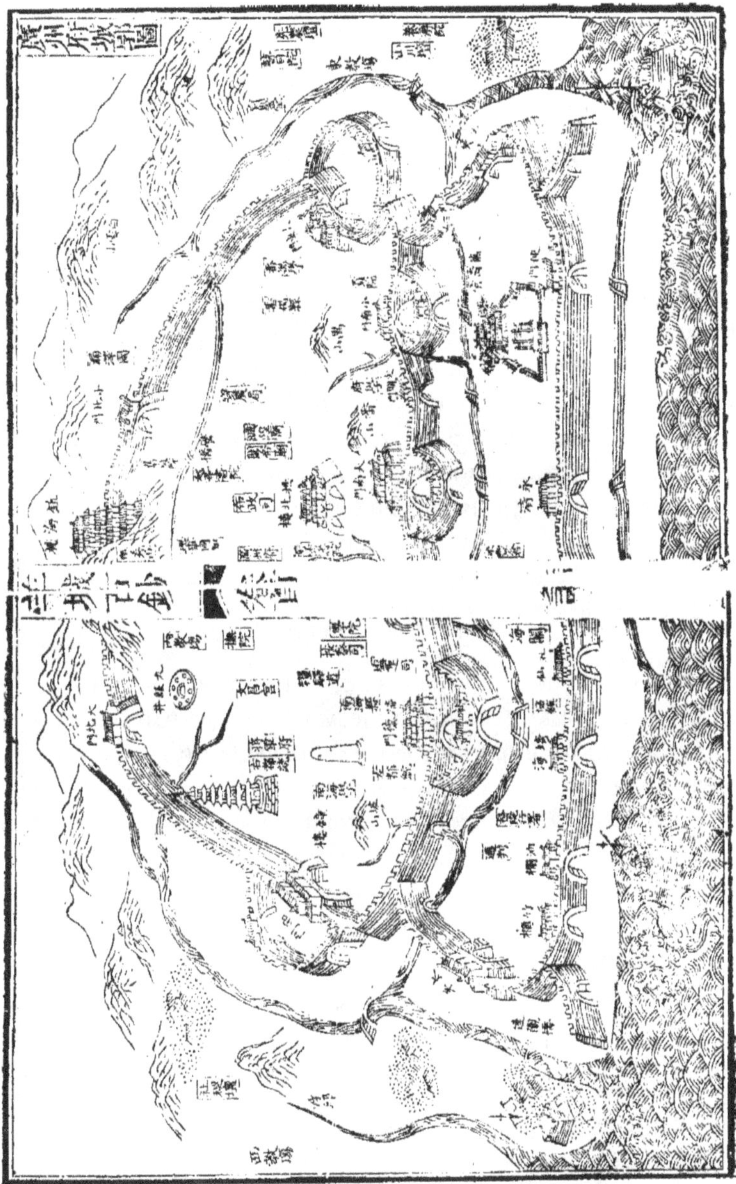

Рис. 2. Карта Гуанчжоу и окрестностей из «Янчэн гучао» [Янчэн 1969: 65–66]

получить и привыкли ожидать, просто недостижима; итоговое изображение вряд ли окажется чем-то бо́льшим, чем обрывочной и хрупкой аллюзией. Итак, с одной стороны, я склонен обнародовать это описание, но меня раздирают и сдерживают опасения и неуверенность в его конечной ценности. По моим оценкам, данное описание окажется еще одним классическим примером тех столь часто случающихся и столь досадных открытий, которые вызывают у историка, наверное, больше вопросов, чем дают ответов. Однако, с другой стороны, если мы хотим узнать хоть чуть-чуть больше о малоизвестных пересечениях в прошлом в корне отличающихся друг от друга культур — особенно таких, как Азия и Африка, которые традиционно считались совершенно непохожими друг на друга, — то описание чернокожих рабов Китая, представленное в «Беседах в Пинжоу о достойных вещах», заслуживает большего внимания, чем ему уделялось до сих пор, поскольку в нем точно присутствуют вещи, достойные того, чтобы о них рассказали.

О тексте и его контексте

О самом Чжу Юе, авторе «Бесед в Пинчжоу о достойных вещах», мы знаем крайне мало, несмотря на то что он занимал выгодное положение для того, чтобы выдвинуться и достичь успеха на государственном поприще в Сунский период. Хотя известно, что он был родом из района современной прибрежной части провинции Чжэцзян, выходцами из которого начиная с середины Сунского периода были многие государственные чиновники, не сохранилось никаких сведений о том, что Чжу Юй когда-либо занимал официальную должность. Исходя из этого, мы вынуждены заключить, что он никогда не получал повышения по службе — ни по линии государственных экзаменов, ни по рекомендации[6]. Итак, в случае с Чжу Юем один из

[6] Нам следует быть аккуратнее, чтобы не спутать нашего Чжу Юя с его современником, которого звали точно так же. Согласно Хунаньскому справочнику конца династии Цин [Хунань 1995: 99; Цзиньши 20.17b], был еще один Чжу Юй (второе имя Чжунвэнь), период его активности пришелся на 1070–1080-е годы, родом он был из Даляна (на самом севере современной

самых надежных способов получить доскональную информацию о жизни даже относительно незначительных деятелей Сунского периода — то есть о карьере любой длительности на официальном посту, — оказывается для нас недоступен.

Однако недостаток знаний об авторе «Бесед в Пинчжоу о достойных вещах» как о самостоятельной личности некритичен, поскольку с избытком окупается тем, что мы знаем о карьере, занятиях и жизненном опыте отца Чжу Юя, выдающегося и многоопытного государственного чиновника Чжу Фу (1048 — после 1102)[7]. Кроме того, современный ученый Ли Вэйго в предисловии (*цяньянь*) к изданию критического текста «Бесед в Пинчжоу о достойных вещах» 1986 года делится результатами своих исследований и знакомит нас с неоценимыми подробностями об истории семьи Чжу Юя и о его месте в семейной генеалоги. Мы узнаём, что у Чжу Юя

Шаньси около Тяньчжэня внутри Великой Китайской стены), и как-то его отправили служить в Линлин (на самом юге современной провинции Хунань) в исключительно почетной должности коменданта (*вэй*). Подробнее о должности коменданта см. [Hucker 1985: 564].

7 Непосредственно из «Бесед в Пинчжоу о достойных вещах» мы узнаём, например, о том, что Чжу Фу получил в 1073 году столь желанную ученую степень — «представленного ученого» (*цзиньши*), — сдав сложнейшие государственные экзамены, о чем Чжу Юй пишет: «Сын Неба сначала хотел присудить ему первое место, но под влиянием фаворитов отдал батюшке лишь второе» [Чжу Юй 2009: 653]. В биографии Чжу Фу в официальной сунской истории подтверждается исключительность достижений Чжу Фу, но просто отмечается, что он «был одним из трех лучших, сдавших экзамен» [Сун ши 1977: 347.11004]. См. также в [Пинчжоу 1921: 1] приложенный краткий обзор «Бесед в Пинчжоу о достойных вещах» из «Полного собрания книг из четырех хранилищ», в котором так описывается его профессиональная карьера: «Отцом [Чжу] Юя был [Чжу] Фу. В правление под девизом Юаньфэн (1078–1085) служил помощником в Палате диаграммы дракона (*чжи лунту гэ*), при этом успешно управлял несколькими областями, такими как Лайчжоу и Жуньчжоу. В период правления под девизом Шаошэн (1094–1097) отправился по приказу послом в [государство] Ляо. Кроме того, позже был главнокомандующим в Гуанчжоу (*шуай*)». Лайчжоу занимала большую территорию, лежащую в основании восточной выступающей части полуострова Шаньдун, с административным центром в современном районе Е. Жуньчжоу находилась поблизости от современного Чжэньцзяна на юге провинции Цзянсу.

> деда звали Чжу Линь (годы деятельности: около 1025–1090), он занимал должность помощника директора дворцовой библиотеки (*бичэн*), кроме других сочинений написал «Записи о частной жизни в хронике вёсен и осеней» (*«Чуньцю сыцзи»*) и «Записи о зарубежных странах в хронике вёсен и осеней» (*«Чуньцю вайцзи»*).
> [Его] отца звали Чжу Фу, второе имя Синчжун. В детстве Чжу Юй жил с семьей матери Ху в Чанчжоу. Позже он переехал с отцом на его новое место службы в Кайфын, а затем в области Лай и Жунь. В начале правления под девизом Чуннин (1102–1107) они приехали в Гуанчжоу, а незадолго до этого ездили на Южное море (Наньхай), чтобы встретиться с Су Ши [1036–1101][8].

Посещение Су Ши произошло где-то между 1097 и 1100 годами. То, что Чжу Фу находился в настолько близких отношениях с Су, наверное, одним из самых одаренных литераторов своих дней, чтобы навестить его у Южно-Китайского моря, не только дает нам представление о широте социальных и интеллектуальных связей старшего Чжу, но и говорит о его политическом мужестве, так как Су в то время, проиграв в фракционной борьбе за власть, был во второй и последний раз выслан от двора и из столицы на далекий остров Хайнань (*Хайнань дао*)[9]. Хайнань был жаркой и эпидемически неблагоприятной зоной, населенной преимуще-

---

8 Чжу Линь тоже служил какое-то время помощником (*чэн*) при дворе императорских развлечений (*гуанлу сы*). Он был учеником великого конфуцианского ученого Ху Юаня (993–1059), сочинения, которые ему здесь приписываются, — комментарии или рассуждения о знаменитейшем классическом сочинении древности хрониках «Вёсны и осени», предположительно состоявшие из более чем 200 разделов (*пянь*) — сейчас утрачены. Чанчжоу входит в район Уцзин наших дней поблизости от современного Чанчжоу на юго-востоке провинции Цзянсу. Кайфын на севере провинции Хэнань до 1126 года назывался Бяньляном, или Бяньцзином, и был столицей империи Сун. Подробнее об историческом и коммерческом значении области Жунь см. примечание 32 к главе 1. Су Ши был одним из самых просвещенных интеллектуалов Сунского периода. Краткую информацию о нем см. в [De-Blasi 2003: 586].

9 Подробнее о том, чем занимался Су Ши во время ссылки на Хайнань, см. у [Egan 1994: 213–221].

ственно туземцами, и представлял собой, как и сейчас, самую южную окраину китайского мира. Особенно в Сунский период, когда борьба придворных фракций была наиболее интенсивной, посещение того, кто потерпел в ней поражение и был отправлен победителями в изгнание в столь дальнее и неблагоприятное место, было равнозначно громогласному заявлению, и это предполагает, что Чжу Фу не был слишком сильно озабочен продвижением по карьерной лестнице.

В отличие от карьеры отца, о «карьере» Чжу Юя, если ее можно так называть, весьма необычной по нормам его времени, следует судить совсем иначе. Будучи уже взрослым человеком 20 с лишним лет, младший Чжу явно проводил много времени (если не все), добровольно следуя буквально по пятам за своим выдающимся отцом повсюду, куда на протяжении многих лет его забрасывало по долгу службы. По этому отрывку можно судить и о положении, которого достиг через отца и Чжу Юй, поддерживая вовсе не мимолетное знакомство с великим Су Ши. Однако сохраняется стойкое ощущение, что Чжу Юй был включен в этот избранный круг общения только благодаря дружбе своего отца с прославленным литератором.

В самом деле, не кажется, что Чжу Юй пытался сам создать себе имя или добиться положения в обществе. Для того времени это, несомненно, был необычный путь, но тем не менее можно придумать правдоподобные объяснения тому, почему он его выбрал[10]. Но, вне зависимости от отсутствия достоверных обоснований, самое важное для нас — то, что мы готовимся увидеть «сотрудничество» между отцом и сыном в работе над содержанием «Бесед в Пинчжоу о достойных вещах». Родственные связи двух Чжу сильно повлияют на наше понимание и оценку текста, написанного Чжу Юем. Это очень важно, потому что, если утвер-

---

[10] Представляется весьма вероятным, учитывая его родословную, что Чжу Юй должен был бы пытаться сдать государственные экзамены, но нет никаких убедительных доказательств этого. Напрашиваются выводы, что или у его семьи были материальные возможности без проблем позволить ему их не сдавать, или, по крайней мере, его родственники и домочадцы могли позволить ему не делать карьеру.

ждения ученых прошлого действительно верны, наблюдения, встречи и впечатления, на которых строится бóльшая часть (если не всё) повествования книги, преимущественно принадлежат отцу Чжу Фу, а сын Чжу Юй только пересказывает их, изредка, возможно, что-то отбрасывая, а что-то приукрашивая [Пинчжоу 1921: 1][11].

Изучение внутренней хронологии «Бесед в Пинчжоу о достойных вещах» также подтверждает вывод о том, что основная роль Чжу Юя на протяжении всей книги заключалась в том, что он постоянно занимался просопопеей и говорил голосом Чжу Фу, пытаясь вернуть жизнь взглядам и наблюдениям его отца, скорее всего, уже умершего, поскольку общепринятой датой завершения книги считается 1119 год. Ученые вычислили эту дату, в основном исходя из того, что все события, — и из ряда вон выходящие, и совсем обыкновенные, — изложенные в книге Чжу Юя, произошли между 1056 и 1118 годами [Вельгус 1987б: 7–8]. Но есть также веские причины предполагать, что материалы, касающиеся Гуанчжоу, были собраны несколько ранее, где-то в конце XI века. Это, скорее всего, так, потому что Чжу Юй явно упоминает 1086 и 1099 годы в связи с этим городом [Hirth 1969: 133], последний год особенно близок к тому времени, когда Чжу Фу находился там на службе. Таким образом, мы получаем еще одно разумное объяснение положения, которое занимал Чжу Юй относительно Чжу Фу, — как сын высокопоставленного чиновника, автор в основном выступал вполне сознательно и намеренно в роли писца и рассказчика о намного более богатом жизненном опыте своего отца, сам при этом оставаясь в тени.

Кроме изучения вопросов, связанных с авторством и структурой, прежде чем всерьез приступить к самому произведению, мне

---

[11] На волнующий всех вопрос, послужили ли опыт и впечатления, полученные Чжу Фу в Гунчжоу, в какой-то мере источником повествования, которое Чжу Фу вставляет в «Беседы в Пинчжоу», мнение издателей «Четырех разделов» четко и однозначно — они прямо заявляют: «Так, в своей книге Юй описывает многое из того, что видел его отец. Поэтому он рассказывает об иностранном квартале и торговых кораблях в таких подробностях, и то, что он изучает, — это [часть] истории династии Сун».

бы хотелось сказать пару слов в обоснование моего перевода названия книги «Беседы в Пинчжоу о достойных вещах» («*Пинчжоу кэ тань*»). Мы по праву можем задуматься над заглавием, поскольку оно раскрывает — наверное, намного в большей степени, чем это обычно бывает с подобными западными сборниками — замысел автора. Название местности в заглавии, Пинчжоу, — это деревушка в районе, или округе, Хуанчжоу, где поселился Чжу Юй, в 40 милях к востоку от современной области Ухань в восточной части провинции Хубэй[12]. Первый элемент составного термина *кэ тань* — глагольное *кэ*, обычно означает «допустимый», «позволительный», «представительный» или «приемлемый» — конкретно в этом примере получает дополнительный оттенок долженствования. Следовательно, в более широком смысле, подразумеваются разговоры, которые, ввиду их актуальности или особого развлекательного характера, достойны того, чтобы их вели и, учитывая то, что в них идет речь о вопросах, которые почти необходимо обсуждать, которые даже ощущали непреодолимое желание вести. Составной термин *кэ тань*, таким образом, подразумевает, что бóльшая часть материалов книги была, вероятно, получена из жизненных наблюдений и из вторых рук. Нам не нужно ни секунды сомневаться, что бóльшую часть материалов Чжу Юй записал, несомненно, опираясь на собственные наблюдения. Однако мы также можем с достаточной степенью уверенности предположить, что о многом в тех разделах книги, где Чжу Юй мимоходом упоминает об иноземных рабах, — а именно, в пространных эпизодах с запутанным описанием таможенных правил, торгового мореходства и, возможно, иностранной общины в Гуанчжоу, — он узнал через посредника, общаясь, в устной или письменной форме, со своим отцом Чжу

---

[12] Деревня Пинчжоу была восхитительным примером выдуманного пространства, изначально и собственностью одного лица, и деревней с множеством жителей. В [Ли 1989: 1] говорится: «На склоне лет [Чжу Юй] решил поселиться в Хуангане в Хубэе и, купив поместье у семьи Дин из Хуангана, назвал его Пинчжоу, а себя стал называть “старым огородником из Пинчжоу” (“*Пинчжоу лао по*”), и озаглавил книгу, которую написал, “Беседы в Пинчжоу о достойных вещах”».

Фу, который по долгу службы был намного лучше осведомлен и опытен в этих делах[13].

Младший Чжу даже мог усвоить значительную часть сложных материалов о мореходстве, которые ему, вероятно, приходилось записывать под диктовку старшего Чжу. Если он действительно писал под диктовку, то и обычай, и правила сыновней почтительности требовали, чтобы любая публикация в будущем этих совместных записей была возможна, в какой-то неопределенной мере, с согласия или одобрения отца — по крайней мере, пока старший Чжу был еще жив, а может, даже и после его смерти. Так, хотя в моем английском переводе это опущено, мы все равно не можем мысленно ни совсем проигнорировать, ни обойтись без этого элемента в китайском заголовке, означающего «допустимость» и «позволительность». Он косвенным образом предполагает, что при выборе содержательных компонентов книги существовали некоторые требования. Таким образом, выходит, что в конечном счете содержание книги Чжу Юя не только не ускользнуло от влияния Чжу Фу, но и не могло избежать его одобрения.

Морская торговля представляет для нас самый животрепещущий интерес, поскольку имеет непосредственное отношение к вопросу рабства, но ею ни в коем случае не исчерпываются темы, затронутые Чжу Юем в «Беседах в Пинчжоу о достойных вещах». Несмотря на то что в ней перечисляются, как в летописи, основные вехи профессионального пути Чжу Фу, а также люди, сыгравшие более значительную роль на политической арене,

---

[13] Из этого не следует, что сын и автор текста Чжу Юй не бывали в Гуанчжоу. Наоборот, бессчетное количество раз в «Беседах в Пинчжоу о достойных вещах» Чжу Юй делится собственным опытом из первых рук, и это сразу понятно. Но Чжу Юй сообщает очень мало информации о своем пребывании в Гуанчжоу, так что она не поддается датировке и не достигает того уровня детализации, как информация об отце. Типичный пример этому мы находим в его словах из «*Пинчжоу кэ тань*» [Чжу Юй 1921: 2.4b]: «Когда я был в Гуанчжоу, я попал на пир в честь военных». Хирт [Hirth 1969: 133], кстати, допускает, что Чжу Юй «сам никогда не жил в Кантоне [Гуанчжоу]». С моей точки зрения, подобное заявление или является сильным преувеличением, или просто ошибочно.

с которыми ему довелось пересекаться, эта первая глава, или *цзюань*, во многом представляет своеобразный выборочный обзор, основанный на пристрастиях Чжу Юя, той политики, которая проводилась в XI веке при сунском дворе[14]. Вторая глава имеет решающее значение для поставленной цели, поскольку в ней содержатся все упоминания об иностранных рабах. Однако, помимо своей важности в этом отношении, в ней также в изобилии представлена информация о мореплавании (в том числе и технологическая), а также много нигде больше не встречающихся и потому бесценных этнографических данных[15]. Совсем другой характер имеет и третья, она же последняя, глава, которая состоит главным образом из дидактических размышлений об известных событиях из жизни выдающихся личностей. Также в нее включены краткие заметки об удивительных явлениях, предсказания и толкования вещих снов[16].

Но мы все равно все внимание уделим ключевой для нашего исследования второй главе, на которой и строятся наши рассуждения, а начинается она следующим образом:

> Издревле в Гуанчжоуском управлении Шибосы существовала должность *тицзюй шибоши*, находившаяся в подчинении у [местного] генерал-губернатора. Во времена основателя династии эта должность называлась *шибоши*. Шибосы существовали в приморских областях — в Цюаньчжоу, что в провинции Фуцзянь, в Минчжоу и Ханчжоу, что в Лянчжэ.

---

14 Особенно активно политические преобразования происходили в правление императоров Шэнь-цзуна (годы правления: 1067–1085) и Жэнь-цзуна (годы правления: 1022–1063).

15 Несомненно, среди этих фрагментов информации бросается в глаза самое раннее упоминание об использовании морского компаса, изобретенного китайцами. Как пишет Чжу Юй [Чжу Юй 2009: 628]: «Капитан корабля сведущ в географии, ночью он наблюдает звезды, днем — солнце, в непогоду ориентируется по компасу...» В китайском компасе специальная игла указывает на юг. См. об этой отсылке как о первом упоминании изобретения в [Hirth 1969: 133–134].

16 Например, в последней записи второй главы Чжу Юй [Чжу Юй 2009: 644] в подробностях рассказывает об убитой кем-то двухголовой змее.

> В начале годов Чун-нин (1102–1107) в этих трех провинциях были учреждены должности чиновников *тицзюй шибо-ши.* Самым процветающим портом был Гуанчжоу. Когда кто-нибудь из чиновников начинал обирать [купцов], торговцы переходили в другое место, так что эти три провинции знавали времена и расцвета, и упадка. Потом императорский двор объединил цюаньчжоуское и гуанчжоуское Шибосы и перевел оба в Гуанчжоу. Не все торговцы сочли это удобным [Чжу Юй 2009: 625; Чжу Юй 1921: 2.1][17].

Этот отрывок показателен в первую очередь тем, как явно в нем подчеркивается главенствующая роль Гуанчжоу как центра морской торговли на юго-восточном побережье Китая — это положение столица провинции занимала еще с периода династии Хань (202 год до нашей эры — 220 год нашей эры) [Roberts 2006: 30]. Такое положение еще больше укрепилось после того, как в 971 году город был официально объявлен открытым для международной торговли [Guy 1986: 13; Heng 2008: 27]. Однако следует отметить, что вплоть до IX века, а в некоторых аспектах — и после него, многие считали Гуанчжоу культурно отсталой территорией. По крайней мере, в официальных кругах отмечали его культурные особенности, связывая их с тем, что он находился, как и находится сейчас, на самой дальней прибрежной оконечности Китайской империи. Тем не менее исходя из описания Чжу Юя то, что к началу XII века Гуанчжоу получил полное признание хотя бы в сфере международной торговли как морской центр империи, не вызывает никаких сомнений.

Прежде чем наконец обратиться к обещанным первичным свидетельствам об иноземных рабах, не помешает отметить, что в связи с превращением региона в многолюдный и процветающий торговый центр в Гуанчжоу образовалась община иноземцев, которые *не* были рабами. Эдвард Шефер так высказался

---

[17] Управление морской торговли (*шибо тицзюй,* или просто *шибосы*) было учреждено в Гуанчжоу в 971 году для надзора и регулирования всей морской торговли. Оно занималось сбором таможенных пошлин и охраной береговой линии, чтобы помешать ввозу контрабандных товаров. См. [Hucker 1985: 428].

о том духе, который, должно быть, царил в этом пестром и красочном городе: «Но среди всех городов Юга, в которые стекались иноземные торговцы, не было города более процветающего, чем Гуанчжоу — крупный порт, называвшийся у арабов Ханфу, а у индийцев — Чина» [Шефер 1981: 30]. Среди его населения были также представлены местные некитайские племена варваров-маней — белых (западных) и красных (восточных). Состав иноземного сообщества в те времена был также впечатляюще разнообразен, включая персов, малайцев и сингалезцев, которые вместе с другими чужеземцами насчитывали десятки тысяч человек, и это при общей численности населения Гуанчжоу примерно в 200 тысяч [Там же: 30–31][18]. По причинам, которые станут абсолютно очевидны в дальнейшем, описание того, как жили в Гуанчжоу эти иноземцы, которые не были рабами, значительно прояснит и позволит приблизиться к пониманию того, в каких условиях могли жить иноземцы-рабы. В самом пространном из неофициальных сочинений, где описывается, вероятно, самое большое скопление мирных иноземцев, которое знал Китай до того времени, Чжу Юй рисует нам потрясающую картину, благодаря которой, несмотря на ее преимущественно публицистический характер, у нас складывается представление о его личных ценностях на фоне общей моральной культуры его времени.

Наверное, не стоит удивляться тому, что Чжу Юй начинает с описания разрешенного императорским указом иноземного квартала Гуанчжоу, или, точнее, поселения к югу от Жемчужной реки (Чжу хэ) за пределами основного города, где исключительно в теории предписывалось селиться иноземным купцам. Но считается, что в Гуанчжоу они пользовались некоторым правом экстерриториальности [Там же: 30], и, согласно Джону Чаффи, самые богатые слои многочисленного мусульманского населения часто на деле избегали даже появляться в этом квартале [Chaffee 2006: 407]. Однако многим повезло меньше, и, что вскрывается при последующем описании наказаний, которые

---

[18] Также см. [Roberts 2006: 67].

накладывались на нарушителей китайского законодательства, Чжу Юй, возможно неосознанно, показывает со всей очевидностью, что смысл таких поселений для китайских властей заключался в том, что их было удобно контролировать:

> В гуанчжоуском «чужеземном квартале» живут все прибывающие из заморских стран. Из их же числа назначается над ними начальник. Начальник этот заведует в квартале делами управления, особо следит за тем, чтобы чужеземные торговцы платили дань. Для этого у него в подчинении есть чиновники-иностранцы. Одежда, обувь, памятные дощечки у этих чиновников такие же, как и у жителей Поднебесной. Если в чужеземном квартале совершается преступление, то приглашают следователя из Гуанчжоу — и преступника высылают из квартала. Провинившегося привязывают к деревянной лестнице и бьют тростниковыми палками — от пяток до макушки. Тростниковые палки ломаются после третьего удара. Чужеземцы не носят штаны и чулки, сидят прямо на земле. Удары по ягодицам для них болезненны, а вот ударов по спине они не боятся. Если же преступление серьезное, то дело разбирают в Гуанчжоу [Чжу Юй 2009: 629–630; Чжу Юй 1921: 2.3a–b][19].

Тот факт, что по крайней мере некоторые иностранцы подвергались жестоким физическим наказаниям, описанным тут, не должен нас удивлять, потому что, как заметил Дерек Хенг, «развитие и разнообразный характер китайской морской торговли в XI веке привели к появлению иерархии внутри иностранного сообщества... зависевшей в основном от масштабов коммерческой деятельности разных групп» [Heng 2008: 28]. Мера такого наказания, которому подвергался иноземец, несомненно, напрямую зависела от его положения внутри этой иерархии, и мы можем допустить, что находившиеся в самом низу ее или близко к нему были намного меньше защищены, чем находившиеся сверху. Более того, стоит вернуться опять к стремлению все контроли-

---

19 См. также варианты перевода этого фрагмента на английский язык в [Chau 1911: 17; Heng 2008: 28].

ровать, значение которого вряд ли можно преувеличить. Озабоченность китайцев тем, чтобы контролировать живущих среди них иностранцев, и то, до чего они дошли за столетия общения с иностранцами, чтобы сохранить этот контроль, ограничивая свободу их передвижений *по* Китаю, а тем самым и свободу действий, — одна из вечных тем в истории отношений Китая с другими странами[20]. Что касается ее актуальности для рассматриваемого нами вопроса, то достаточно сказать, что китайцы не особенно огорчались из-за того, что им приходилось регулярно расследовать и приводить в исполнение приговоры преступникам из свободных иностранцев в Гуанчжоу XI века, как описывалось выше, рассчитывая, что бо́льшая часть этого бремени ляжет на плечи начальника из числа иноземцев, а не на китайские власти[21]. Если так обращались со свободными иностранцами, то нам не составит труда представить, какое наказание могло ожидать иноземного *раба*, совершившего даже совершенно незначительное нарушение.

Разобравшись с тем, где проживает иноземное торговое сообщество и что происходит с его членами, если они нарушают закон, Чжу Юй далее переходит к любопытному сравнению непохожих привычек в потреблении пищи:

> Иноземцы одеваются иначе, чем китайцы, но едим и пьем мы одно и то же. Иногда, правда, они говорят, что их почившие предки поклонялись Гаутаме [Будде] и дали обет не есть свинины, поэтому с тех пор они не едят свинину, вот и все.

---

[20] Чаша терпения, с которым Запад принимал китайскую одержимость контролем — особенно после 1759 года и именно в Гуанчжоу, — переполнилась и вылилась в первое крупное военное столкновение между Великобританией и Китаем, произошедшее в середине XIX века. Общие сведения о причинах контроля за передвижениями и деятельностью иностранцев в конце XVIII века см. у [Roberts 2006: 162–164]. См. также занимательную зарисовку о том, как ограничивали одни только перемещения британцев в Гуанчжоу [Gelber 2004: 3].

[21] Судопроизводство находилось в ведении самих иноземцев, что было даже закономерно ввиду разделения, поддерживаемого между ними и местным населением. См. [Heng 2008: 33].

> Еще иногда они говорят: «Если тебе нужно есть [мясо], ты должен убить его сам». Говоря так, они имеют в виду, что убить и съесть — это деяния. Так, сейчас есть иноземцы, которые не будут есть, если сами не зарезали его, ни одно из шести домашних животных — лошадь, корову, овцу, курицу, собаку или свинью. Однако, если это рыба или пресноводная черепаха, не беспокоясь была ли она жива или [уже] мертва [до того, как ее приготовили], они все равно ее съедят [Чжу Юй 1921: 2.3b][22].

Приведенное выше наблюдение Чжу Юя об общем сходстве привычек в потреблении пищи у сравнительно развитых культур XI века, несмотря на явную его значимость, кажется, не имеет прямого отношения к интересующим нас сейчас иноземным рабам. Однако, как и в случае с предыдущей темой наказаний, проблема пищи играет еще более важную и решающую роль при определении характера взаимодействия китайского рабовладельца и иноземного (причем черного) раба.

Завершая рассуждения о сообществе свободных купцов-иноземцев в Гуанчжоу, Чжу Юй знакомит нас с другими аспектами потребления, возможно, раскрывающими его — или, скорее, его отца Чжу Фу — страсть к коммерции. Его столь пристальное внимание к этим сторонам потребления, пусть и косвенным образом, но наводит на размышления о том, что в Китае издавна, хотя об этом и не было принято распространяться, получение государственной должности тесно связывалось с обретением баснословных богатств[23]. Как бы то ни было, к периоду династии

---

22 См. вариант перевода на английский язык у [Heng 2008: 28–29].

23 Один из глубоко укоренившихся парадоксов мнимой китайской меритократии заключается в том, что взяточничество в какой-то мере считалось нормой и привилегией правительственных чиновников. Оно было не просто допустимо, но и ожидаемо, с ним приходилось только смиряться. Единственное, что всегда вызывало вопросы, — то, соизмерялся ли размер взятки с рангом чиновника, то есть должны ли они были соответствовать друг другу. То же самое, но на другом примере, рассматривает Леон Стоувер [Stover 1974: 215], проницательно подмечая, что если исторически на Западе «богатство — источник власти», то в Китае «власть — источник богатства».

Сун эта связь уже прочно установилась в народном сознании, превратившись в нечто большее, чем неявное допущение. Иными словами, если ты преуспел в получении ранга и должности, ожидалось, что ты непременно накопишь и богатства, — или по крайней мере будешь знать им цену, поскольку богатство тогда уже точно рассматривалось как нечто сопутствующее таким достижениям. Чжу Юй знал толк в богатстве и особенно в предметах роскоши, так что он со знанием дела написал:

> Иноземцы постоянно носят украшения с драгоценными камнями на руках и пальцах. Они сделаны из золота или серебра, по ним можно судить о [сравнительной] бедности или богатстве, а называются они перстнями. Можно встретить простого человека, который все равно знает им цену. За одно кольцо можно выручить 100 золотых монет. Больше всего ценится [из камней] тигровый глаз. Еще есть нефрит — яркие, сверкающие, с мерцающим блеском — они выглядят как живые. Но, присмотревшись к ним, замечаешь, что больше ничем они не отличаются [от наших]. Так и непонятно, почему иноземцы носят их на одежде. Но есть еще трущийся [*мосо*] камень. Это лекарственный камень, он служит противоядием от яда змей и насекомых. Иноземцы носят его как перстень и при ядовитом укусе сосут его, и так сразу излечиваются. Этот камень способен сохранить жизнь [Там же][24].

Когда читаешь «Беседы в Пинчжоу о достойных вещах», очень часто самые удивительные откровения обнаруживаешь в какой-то брошенной мимоходом фразе. Вот и в этом примере мы замечаем, что Чжу Юй говорит о перстнях, как будто это какое-то новшество. Видимо, в период династии Сун перстни как ювелирные украшения в Китае или были еще неизвестны, или еще не получили широкого распространения. И еще: Чжу Юй не сообщает подробной информации о том, какой именно лекарственный камень он имеет в виду, и не дает указаний о его применении — достаточно ли было для лечебного эффекта взять его в рот,

---

[24] См. вариант перевода на английский язык части эти фрагмента у [Heng 2008: 29].

просто погладить рукой или же его непосредственно втирали в кожу, чтобы обеззаразить рану. Каким бы ни был этот камень в действительности, Чжу Юй явно восхищался его свойствами, и то, что он говорит о нем меньше, чем мог бы сказать, — своего рода способ выразить уважение перед его чудесными целебными силами.

В столь же уклончивой и сжатой манере как бы случайно и мимоходом Чжу Юй впервые упоминает в «Беседах в Пинчжоу» и об иноземных рабах — действительно, это второстепенная деталь в контексте основного описания порядка, царившего на китайских торговых судах. Однако перед этим упоминанием, возможно, сознательно пытаясь подчеркнуть связь с уже сказанным ранее, Чжу Юй возвращается к уже известным темам — в первую очередь к теме контроля, смешанной с непосредственной угрозой наказания:

> Порядок таков: на больших кораблях, берущих на борт несколько сотен человек, и на маленьких, где 100 с небольшим человек, из самых богатых купцов назначают начальника, его заместителя и помощников. Шибосы выдает начальнику письменное разрешение палками приводить спутников к повиновению и описывать добро тех, кто умер [в пути].
> Купцы говорят, что если судно большое и людей на нем много, тогда еще можно идти в плавание — за морями много разбойников, и они хватают каждого, кто не является гостем их страны. Если корабль приплывет в Чжаньчэн или, сбившись с пути, по ошибке окажется в Чжэньла, то все товары [там] отбирают, а самих путников вяжут веревками и продают, при этом приговаривая: «Вы здесь не появляйтесь!» Да еще в странах за морями хотя и не взимают торговых пошлин, но все равно требуют, как они это называют, «приносить дары» и отбирают [эти дары], невзирая на то, много [на судне] товаров или мало. Поэтому плавать на маленьких судах невыгодно.
> Суда имеют в длину несколько десятков чжанов. Торговцы делят товары на малые части и раздают своим людям. Те хранят товары, а ночью спят на них. Среди товаров много фарфоровых изделий, маленькие уложены в большие, так что и пустого места нет.

> В море [путники] опасаются не шторма, а только сесть на мель. Коли, как говорят, «приблизиться к мелководью», потом уже корабль с мели не снять. Если вдруг открывается течь и ликвидировать ее не удается, то посылают рабов *гуйну* с ножами заделать пробоину снаружи. Гуйну превосходно плавают и видят в воде совершенно отчетливо [Чжу Юй 2009: 627–628; Чжу Юй 1921: 2.2a–b][25].

---

[25] Другой вариант перевода на английский язык только первого абзаца этого достаточно длинного отрывка см. у [Shiba 1970: 15]. Еще один вариант перевода на английский язык только последнего абзаца см. у [Chau 1911: 31–32]. Также см. [Ma 1970: 304], где Миллс, ссылаясь на то, что среди купцов было принято тянуть жребий, кому спать поверх своего товара, полагает, что сначала у больших китайских джонок, которые стали строить в XII веке, не было того большого количества кают (от 50 до 100), появившихся впоследствии. Всего за один XII век в империи Сун развитие технологий судостроения достигло высокого уровня. Однако не настолько высокого, чтобы сравняться с арабами. В качестве доказательства нам стоит только процитировать замечательные наблюдения Чжао Жугуа в начале XIII века, который пишет в «*Чжу фань чжи*» об «огромных военных кораблях» (*цзюйцзянь*) страны, которую китайцы называли Муланьпи — это Мурабит, империя берберов на северо-западе Африки и южной части Пиренейского полуострова, с которой китайцы впервые столкнулись при династии Альморавидов. Чжао отмечает, что «одно судно может вместить несколько тысяч человек. На судне есть питейные, едальные ряды и ткацкие станки» [Чжао 2018: 159; Чжао 1969: 1.30]. См. также вариант перевода на английский язык [Chau 1911: 142]. Точно так же, еще раньше, в конце XII века, Чжоу Цюйфэй в «*Лин вай дай да*» подтверждает превосходство огромных кораблей Мурабита, заявляя, что «Те, кто говорят о размерах судов, не могут ничего сравнить [с судами] из Муланьпи» [Чжоу 1872: 3.4; Чжоу 2001: 149], и далее восклицает: «Переплывающие Южное море и направляющиеся на юг суда напоминают огромные дома. Паруса — как парящие в небе облака. Мачты длиной в несколько чжанов. На одном судне — несколько сот человек, нагружено продовольствия на целый год. На них откармливают свиней, гонят вино» [Чжоу 1872: 3.4; Чжоу 2001: 204]. Конечно, вызывает недоумение, что члены команды мурабитского корабля, которые как будто бы должны быть мусульманами, занимаются разведением свиней — здесь Чжоу Цюйфэй, скорее всего, что-то неверно понял. У Чжао Жугуа подобных утверждений мы не встречаем. Оба автора, однако, сообщают, что иностранцы, управляющиеся с этими огромными судами, занимались производством вина и, предположительно, пили его. Варианты перевода на английский язык цитат из Чжоу Цюфэя см. у [Levathes 1994: 44; Pearson 2003: 69]. В обоих переводах, что спорно, подразумевается, что это китайские, а не арабские корабли.

С одной стороны, то, что Чжу Юй использует термин *гуйну* («иноземный раб» или, возможно, «раб-демон», «дьявольский раб») применительно к описываемым им людям, весьма знаменательно, поскольку мои исследования показывают, что это не просто locus classicus, или первый пример употребления этого названия, но также, как ни странно, единственный пример во всей традиционной письменной литературе [Дай кан-ва дзитэн 1989–1990: 12:680]. Однако, с другой стороны, в основном упоминание об иноземных рабах у Чжу Юя звучит совершенно обыденно, как будто он пребывает в полной уверенности во всеобщем понимании того, о чем он говорит. Несомненно, рабы, чье существование считалось чем-то само собой разумеющимся, для Чжу Юя как автора и для его современников-торговцев были лишь общественным ресурсом, к которому можно было прибегнуть в затруднительном положении. Исходя из вышеприведенного отрывка и не имея других, более подробных, свидетельств, у современных читателей может только сложиться впечатление, что рабы использовались исключительно для того, чтобы, применяя свои таланты в подводном плавании, защищать добро их китайских владельцев, избавляя их от опасностей морских путешествий. Для нас внезапно появляющиеся и начинающие действовать рабы, о которых кратко, по-журналистски упоминает Чжу Юй, возникают из ниоткуда. Но для Чжу Юя, как и для владельцев рабов, которые находятся в центре его повествования, такого вопроса, как происхождение рабов, не возникало. Мы можем предположить, что его не возникало, поскольку всем китайцам того времени и так был известен на него ответ, или он настолько их не волновал, что у них не было нужды ни думать об этом, ни говорить. Однако вполне понятно и закономерно, что современного западного наблюдателя, который спустя больше чем тысячелетие стремится вникнуть и разобраться, откуда взялось это неожиданное упоминание в старинном китайском тексте, при попытке воссоздать контекст, в котором Чжу Юй обронил свою удивительную фразу, прежде всего будет волновать вопрос происхождения. То есть, иначе говоря, кем *были* эти рабы?

К счастью для наших поисков ответа на этот животрепещущий вопрос, Чжу Юй, вероятно, из простого любопытства, которое с давних пор толкает китайцев на то, чтобы записывать все, связанное с экзотическим, странным или чудесным [Шефер 1981: 54–63], еще раз — один-единственный раз — возвращается к этой теме. Благодаря его дополнительному наблюдению мы узнаём существенные этнографические подробности. Но, что намного важнее этнографических данных, в самом его конце Чжу Юй дает нам пусть не точный и определенный ответ на наш запрос, но хотя бы туманный намек на то направление, в котором нам следует вести наши изыскания. В следующем фрагменте той же главы перед тем, чтобы больше никогда не обращаться к этой теме, он пишет:

> В богатых домах Гуанчжоу многие держат *гуйну* — дьявольских рабов. Сила их необычайна, и они могут поднять несколько сот *цзиней*. Язык и чувства их непостижимы, нрава они простодушного, не убегают. Их еще называют дикарями (*эжэнь*). Кожа у них черная, как тушь, губы красные, зубы белые, волосы курчавые (*цюань*) и рыжие. Они бывают обоего пола, а родина их находится в горах за морем. Едят мясо животных.
>
> Когда *гуйну* берут в дом, то кормят пищей, приготовленной на огне, и у них после этого несколько дней — лишь жидкие испражнения. Это называют — «сменить кишки» (*хуаньчан*). После кое-кто из *гуйну* умирает, а тех, которые выживут, можно держать в доме. *Гуйну*, долго живущие среди людей, обретают способность понимать человеческую речь, но сами говорить не умеют.
>
> А есть еще дикари, [живущие] неподалеку от моря, так они плавают в воде с открытыми глазами. Их называют *куньлуньну* — *куньлуньские* рабы [Чжу Юй 2009: 631; Чжу Юй 1921: 2.4][26].

---

[26] Варианты перевода этого отрывка целиком на английский язык см. у [Chau 1911: 31–32; Chang 1930: 41; Duyvendak 1949: 23–24]. Вариант перевода его части см. в [Dikötter 1992: 9]. Во времена династии Сун, как и в недавнем прошлом, *цзинь* (или *катти*, 16 китайских унций) примерно равнялся 600 граммам. Термин *цюань*, который переводится здесь как «курчавый», обозначается другим китайским иероглифом, и это совсем не тот *цюань*,

Можно предположить, что так называемые *куньлуньские* рабы, занимавшиеся починкой судов, были очень важны для поддержания их на плаву, так что те даже получили их имя. Как отметил историк Леонард Андайя: «В основном корабли, на которых перевозились товары в Китай и из него, по-китайски назывались *куньлунь бо,* или “куньлуньские корабли”» [Andaya 2008: 51][27]. Но каким бы ни было необходимым их присутствие, налицо было их губительное отсутствие. За исключением тех случаев, когда им не приходилось спешить на помощь, жизненно важные спасители китайских морских кораблей были практически невидимы, лишь ненароком промелькнув в повествовании Чжу Юя.

Несмотря на их невидимость, у нас все-таки есть способ выяснить в ходе умозрительных рассуждений, кем были *куньлуньцы* и как они могли попасть в Китай, отталкиваясь от того немногого, что нам известно на данный момент об их занятиях. Принципиально важно, что и в последнем, и в предпоследнем из приведенных выше отрывков с одинаковой концовкой, где упоминаются люди с ножами, которые чинят корабли, чаще всего говорится и подчеркивается то, что *куньлуньцы* были умелыми моряками и искусны во всем, что связано с водой, прекрасно ныряли и плавали (ранее описанная их способность поднимать тяжести вовсе необязательно оторвана от работы в море или на верфи). Несколько неверно истолковав имеющиеся свидетельства и явно преувеличивая, историк Жунбан Ло (1912–1981) выдвинул маловероятное заявление, что на китайских судах, современных Чжу Юю, в отличие от менее роскошных арабских, предоставлялось «обслуживание негритянских стюардов», под которыми он, видимо, понимал африканскую домашнюю прислугу, в том числе и официантов [Lo 1955: 500][28]. Однако, несмотря на неправдопо-

---

который становится частым предметом обсуждения в главе 3. (Предложение «Едят мясо животных» в переводе автора звучит «Они едят сырую пищу», где отдельно подчеркивается прилагательное «сырой», которое позже используется в рассуждениях. — *Примеч. пер.*)

[27] См. также [Wang Gungwu 1958: 60; Wang Gungwu 1998: 53].

[28] Также см. [Dikötter 1992: 16].

добие такого утверждения, мы вполне обоснованно можем предположить, что такие рабы действительно служили на борту китайских, а также арабских кораблей, как своего рода подкласс, а после — особенно если дело касалось арабов, — при необходимости или ради выгоды от них могли избавиться, сбыв с рук в Гуанчжоу, Цюаньчжоу или другом китайском порту, куда следовал корабль. Эта теория в некоторой степени помогает нам «объединить» две категории рабов, которые описывает Чжу Юй, потому что «дикари», поднимающие *цзини*, могут ничем не отличаться в плане расы или национальности от тех, кто обладает талантами пловца, которые больше ценились хозяевами, — просто их нашли (то есть захватили) на разных территориях. Иначе говоря, и для китайцев, и для арабов эти «еще дикари», возможно, были лучшими из лучших, той разновидностью *куньлуньцев*, которая расценивалась как самая подходящая для мореплавания. Этой гипотезой также можно объяснить, почему нигде в китайских источниках за тот же период не говорится прямо о каких-либо местных рынках рабов, городах или местах на территории Китая, где их покупали или продавали[29].

Кроме того, в более позднем тексте XIII века мы наталкиваемся на одно-единственное исключительно провокационное, но удивительно немногословное и несодержательное свидетельство, косвенно подтверждающее, что от *куньлуньских* рабов могли избавляться, а также о том, что китайцы не идентифицировали их отдельно от их западно-азиатских и/или арабских хозяев. Описывая порт Цюаньчжоу, брата-близнеца Гуанчжоу, в «*Фан юй шэн лань*» («Путеводитель по живописным местам») его составитель Чжу Му (? — после 1246) пишет:

---

[29] Отсутствие каких-либо упоминаний о местных рабовладельческих рынках или местах, где продавались и покупались рабы наравне с другими товарами, бросается в глаза. Для сравнения и понимания загадочно сошлемся на показатели, которые приводит Андрэ Винк, оценивая количество рабов, которое арабы вывозили из Африки и ввозили в общеазиатский регион. По его оценкам, в период с 850 по 1000 год арабские работорговцы вывозили «через Красное море и Индийский океан в исламскую Азию и Индию» почти десять тысяч чернокожих рабов в год. См. [Wink 1991: 14].

> Многочисленные иноземцы здесь всего двух видов, *черные и белые*, и все они останавливаются в Цюаньчжоу, который и прозывается “портом иноземцев”. Каждый год они приплывают по морю на больших кораблях, нагруженных слоновой костью, носорожьими [рогами], черепашьими панцирями, жемчугом, кристаллами, агатом, редкими благовониями и черным перцем [Чжу Му 2003: 12.208].

Но что же мы можем сказать о действительной этнической принадлежности этих рабов из Гуанчжоу, описанных ранее Чжу Юем? Возникают две совершенно разные возможности. В демографическом составе иностранного населения в Гуанчжоу к началу XII века произошли важные изменения. Как убедительно доказал Дерек Хенг, если раньше среди иностранцев Гуанчжоу отмечалось значительное преобладание арабов и в чуть меньшей мере индийцев, то теперь самыми многочисленными стали выходцы из Юго-Восточной Азии [Heng 2008: 29]. Эта перемена, возможно, связана с тем, что сложившаяся община арабов даши перенаправила свои интересы и переместила деятельность в Цюаньчжоу, тем самым позволив группам разношерстного населения из Юго-Восточной Азии, таким как чамы, шривиджайцы (суматранцы), яванцы и, конечно же, различные малайцы, занять и заполнить освободившееся пространство [Ibid.: 29–30]. В свете такого развития событий и в связи с тем, что китайцы, находясь с ними рядом, точно должны были быть уже давно знакомы с этими восточноазиатскими народами, у нас возникают сложности, когда мы пытаемся примириться с описанием, приведенным выше, которое — по всем параметрам — предлагает нам изображение абсолютно незнакомого и чужого пришельца. Мы должны задаться вопросом, могут ли те народы, которых описывает Чжу Юй, быть теми же самыми, из которых состояло иностранное сообщество Гуанчжоу, с которым китайцы имели долгую историю отношений и вели торговлю. Стал бы Чжу Юй описывать эти народы как неожиданно непонятные? Представляется маловероятным. Все это приводит нас ко второй очевидной возможности. Коротко говоря, *куньлуньцы*, которых выше описывает Чжу Юй, — возможно, и те и другие, но, скорее, все же первые, неквалифицированные работники и обладатели неестественной силы, а не вторые, чувствующие себя как рыба в воде «дикари» — были из Африки. Таким образом, мы можем объяснить их появление в Китае или тем, что от них избавлялись арабы как от вероятных излишков в ходе своей масштабной процветающей торговли рабами из Восточной Африки, или тем, что их приобрели и намеренно привезли туда именно в качестве товара.

Кроме того, исходя из нашего прочтения исключительно изобразительных наблюдений Чжу Юя, мы видим еще одну менее умозрительную стратегию исследования, которая заставляет нас попробовать выяснить, чем занимались эти *куньлуньские* рабы после того, как — неважно, каким образом, — обосновались в Гуанчжоу. Такой подход к задаче подразумевает, что нам придется разобраться с неприятным, но решаемым вопросом, кто именно мог ими владеть. Нам следует серьезно отнестись к предположению, выдвинутому Филиппом Сноу, которое заключается в том, что владеть черными рабами, описанными в этом отрывке, могли не только богатые китайцы, но и богатые арабы, проживавшие в то время в Гуанчжоу [Snow 1988: 18]. Далее, исходя из допущения, что владельцами могли быть арабы, мы с полным основанием можем предположить, что *куньлуньцы* также могли находиться и дальше на севере в Цюаньчжоу, потому что преуспевающее мусульманское население и его влияние были еще заметнее в этом городе, который к началу XII века уже занял место Гуанчжоу как главного порта морской торговли и, цитируя Чаффи, процветал, став «со своим населением в сотни тысяч самым важным портом мира» [Chaffee 2006: 399][30].

Однако, преимущественно по двум причинам, подавляющее количество доказательств свидетельствует против сделанного ранее заключения. Во-первых, мы уже ознакомились с подробно описанным Чжу Юем поселением иноземцев, ограниченной территорией, где теоретически были обязаны находиться *все* инозем-

---

[30] В последнее время вышло немало научных публикаций о Цюаньчжоу и о его значении как центра торговли. См. [Guy 1986: 13–25, 32, 35, 46, 71]. См. также исследования, вошедшие в [Emporium 2001].

цы Гуанчжоу, но практически — только *большинство* из них[31]. Такое пространственное ограничение, конечно, не препятствует тому, что проживавшие на этой территории не могли быть богаты или иметь рабов. Но проживание таких рабовладельцев в пределах поселения подрывает следующее утверждение Сноу о том, что рабы встречались практически повсюду, что «китайцы Кантона [Гуанчжоу] должны были видеть их ежедневно» [Snow 1988: 18], потому что, как убедительно доказывал Хенг, как не было строгого запрета на их общение, так не было и реального «процесса интеграции» между китайцами и иноземными общинами Гуанчжоу[32]. По словам Хенга, общение если и происходило, то крайне редко — «не выходя за границы округа», поскольку иноземцам не разрешалось выезжать или торговать за этими границами, и обыденная жизнь иноземцев, «включая еду, отдых, религиозную деятельность и судебные разбирательства, только возбуждала любопытство представителей китайской интеллигенции» [Heng 2008: 33].

Во-вторых, внутреннее построение высказывания Чжу Юя чисто с лингвистической точки зрения противоречит интерпретации Сноу, в основном из-за того, каким образом говорится о национальной принадлежности рабовладельцев. Прежде всего, арабы, конечно, сами были иностранцами в Гуанчжоу, и если бы на самом деле основными владельцами рабов были они, Чжу Юй почти

---

[31] Любопытно, что территориальные притеснения явно продолжались и в середине XVIII века получили известность в форме Кантонской системы (1857–1842), когда китайские власти во главе с маньчжурской династией Цин (1644–1842) обязали все китайское сообщество европейских купцов (кроме русских) подчиняться протоколу взаимодействия и правилам, ограничивающим места их пребывания. Подробное исследование о первых десятилетиях системы после ее образования см. у [Hevia 1995]. Крайне познавательное исследование системы через изображение личности конкретного китайца, который, будучи генерал-губернатором, надзирал за ней в последние десятилетия ее функционирования, см. у [Wei 2006: 135–163]. Система прекратила свое существование после поражения, которое потерпел Китай от Великобритании в Первой опиумной войне 1839–1842 годов.

[32] Гипотеза Хенга о разрыве между китайцами и иноземными общинами Гуанчжоу откровенно расходится с мнением Чаффи, утверждающего, что в общении между двумя группами наблюдалась определенная динамика и тенденции к интеграции. См. [Chaffee 2006: 406–407].

наверняка описал бы их таким образом, чтобы обозначить их как *арабских* (или, по крайней мере, *иностранных*) богачей — хотя бы ради того, чтобы отличить их от тех богатых китайцев, которые владели рабами. Напротив, в отрывке иноземное происхождение подчеркивается исключительно у рабов, тогда как их владельцы обозначены совершенно нейтральным описательным термином *Гуанчжун фужэнь*. По этой и другим причинам я убежден, что указанные выше рабы принадлежали преимущественно китайцам, а не арабам, или, по крайней мере, их большинство принадлежало китайцам, и никак иначе.

Однако, несмотря на важность вопроса о хозяевах черных рабов Гуанчжоу, сам факт наличия рабов важнее, и Чжу Юй своим «последним словом» о них создает очевидный и однозначный зрительный образ бесспорной этнографической живописности. Тем не менее с точки зрения раннего исторического межкультурного взаимодействия отсылка Чжу Юя к обычной для китайцев «смене кишок» у рабов — одновременно и крайне наглядная, и потрясающе символичная — выделяется особенно сильно. Идея «сменить кишки» полностью отражает концепцию китайского культурного империализма. Более того, как концепция понятие «смены кишок» удивительно многогранно[33], поскольку его изучение помогает нам установить связи и найти точки соприкосновения между повседневными и супралокальными аспектами существования черных рабов в Китае.

Сначала мы можем и должны отметить, что бесчисленные тысячи лет китайцы, как очень немногие другие народы мира, полагали, что вся пища для человеческого употребления должна быть тщательно приготовлена[34]. Цитируя наблюдение физического антрополога Ричарда Рэнгема, мы все являемся эволюцио-

---

[33] Любопытно, что идея «смены кишок» находит свое выражение в некоторых представлениях о диетических омовениях, которые сохраняются даже сейчас в мусульманских сообществах Центральной Азии, юго-запада и юго-востока Китая при вступлении в брак неверующих (особенно женщин) с верующими мусульманами.

[34] См. [Леви-Стросс 1999: 319–320]. См. также [Zheng 2005: 37–38].

нировавшими «вареноедами»[35]. Более того, даже в наши дни еда — опять-таки практически всегда в полностью приготовленном виде — продолжает оставаться непременным показателем культуры. Как и национальный письменный язык Китая, национальная кухня — несмотря на ее региональное разнообразие — существует под единым обозначением, на которое все китайцы ханьской национальности могут указать как на нечто характерное и отличительное для их культуры. Как глубоко подметил антрополог Сидней У. Минц, говоря о человечестве в целом, «то, что мы готовим пищу, наиболее явно отличает нас от других животных» [Mintz 2002: xiii]. Однако тот же Минц говорит, что верно и обратное: когда речь заходит о разграничении социальных групп, приготовление пищи остается не менее значимым фактором, чем любые иные, по которым мы отличаем себя от других [Ibid.: xiii–xiv]. Поэтому мы можем допустить, что китайцы также ощущали определенную гордость за своеобразие, а заодно и превосходство своих кулинарных пристрастий уже в Сунский период, — период, примечательный ростом изолированности, вызванным поисками местных и тем самым подлинных оснований аутентичной, но, вероятно, мифологизированной китайской культуры. Вне зависимости от того, действительно ли они привыкли употреблять только сырую пищу, само собой разумеется, черным рабам, находящимся в неволе у жителей Гуанчжоу XI века, пришлось познакомиться с *китайскими* пищевыми традициями, а может, и перенять их, но никак не наоборот. Кроме того, такое знакомство подразумевает, что рабы могли приспособиться к новым нормам питания, что могло быть обусловлено как стремлением к банальному выживанию, так и принуждением со стороны их китайских хозяев, прямым или косвенным.

Кроме того, нам необходимо учитывать скрытую, но важнейшую связь между едой и процессами аккультурации, особенно в случае с Китаем; это та область китайского культурного империализма, которую можно назвать китайско-конфуцианским

---

[35] Цит. по: [Lambert 2004: 55].

универсализмом — идеологическим мировоззрением, наиболее близким, но не полностью тождественным зрелой версии конфуцианства, сформировавшейся к периоду династии Сун. Одним из элементов китайско-конфуцианского универсализма, который теснее всего связан с конфуцианством в его классическом виде, является глубокое убеждение в том, что китайская культура обладает неисчерпаемыми возможностями «обращать» или «воздействовать на» менее развитые культуры некитайских народов, с которыми ей довелось соприкоснуться. Придерживавшиеся таких взглядов конфуцианцы считали, что возможность оказаться под воздействием китайской культуры должна была казаться настолько заманчивой тем, кого она еще не коснулась, что ей было невозможно сопротивляться.

Очевидно, что идеи благотворного воздействия, лежащие в основе китайско-конфуцианского универсализма, прямо противоречат идеям географического детерминизма, который, по утверждению Франка Дикоттера, был характерной особенностью развития конфуцианского учения об инь и ян в период династии Хань [Dikötter 1992: 7–8]. Применение их в случае с черными рабами Гуанчжоу, таким образом, выявляет глубокое противоречие в интерпретации конфуцианской традиции, порождая вопросы о том, какая парадигма считалась более уместной в то время. В отличие от географического детерминизма, парадигма китайско-конфуцианского универсализма препятствовала развитию представлений о полной неисправимости всех народов, находящихся вне досягаемости китайской культуры. Действительно, согласно ее идеалам благотворного воздействия, великим носителем китайской культуры был не кто иной, как конфуцианский высоконравственный человек — *цзюньцзы*, который силой своей добродетели легко мог вывести любое из различных окружающих некитайских племен из их варварского состояния, просто прожив среди них некоторое время[36]. Как утверждает

---

[36] Один из самых интересных аспектов парадигмы китайского универсализма — это степень, в которой она всецело является продуктом относительной расовой обособленности древнекитайского общества. Как отмечает Доусон

Доусон, такая «возвышенная теория лежит в основе конфуцианского отношения к варварам. Это лишь вопрос времени, когда китайский мир поглотит всех преобразующей силой своей конфуцианской добродетели» [Dawson 1981: 70]. Как ни странно это может показаться, этот новоявленный обычай «смены кишок» — «пресуществления кишечника», «трансформации внутренностей» или «изменения нутра», как пожелаете, — на который ссылается Чжу Юй, есть не что иное, как конкретизированная и в то же время искаженная или даже извращенная интернализация — основанная на практических реалиях, всегда сопутствующих рабовладению, — этого основного древнекитайского идеала.

В этом процессе «телесного как культурного» воздействия, упоминание о том, что рабов «можно держать в доме»[37], также имеет значение. В китайском оригинале используется термин *сюй*, который переводится здесь как «держать», буквально также означает «растить, или разводить, или выращивать», таким же образом, как выращивать хлеб, разводить скот или растить детей. Действительно, весь короткий рассказ Чжу Юя пропитан каким-то подспудным ощущением животного начала. И правда, как поспешил обратить на это внимание Дёйвендак, даже пол рабов, мужской и женский, в отрывке обозначается терминами, которые традиционно связаны у китайцев с животным или, конкретнее, со скотом [Duyvendak 1949: 24][38]. Благодаря этому животному элементу возникают некоторые любопытные межкультурные и межвременные связи. В своем увлекательном исследовании «Знак зверя: животное начало и угнетение человека» философ Марк Робертс, подробно описывая возмутительное влияние

[Dawson 1981: 70], поскольку между китайцами и окружающими их народами не наблюдалось «четко выраженных расовых различий в физическом облике», китайцы считали отличия между собой и варварами «скорее культурными, чем расовыми».

[37] В авторском переводе на английский язык используются термины «социализировать», «социализация». — *Примеч. пер.*

[38] Использованные конкретные термины — это самка (*пинь*) и самец (*му*).

теории оправдания рабства, которой в ее классическом виде придерживался Аристотель (384–322 годы до нашей эры), отметил, что «ничтожный раб может во многих отношениях ничем не отличаться от домашнего животного; Аристотель считает, что по природе для того, чтобы выполнить свое назначение, раб или рабыня должны вверить себя заботам и подчиняться своему хозяину, как это происходит с домашним животным или курами на птичьем дворе» [Roberts 2008: 62–63]. Далее Робертс утверждает: «Эта мысль, хотя и явно предвзятая, сохранилась в западном представлении о положении раба» [Ibid.: 63]. Мы могли бы добавить на основании данных из приведенного выше отрывка, что нет смысла считать, что это понятие ограничивается исключительно Западом. Кажется, что его полностью можно отнести и к Китаю XI века, где оно служит, здесь мы воспользуемся выводами Робертса, «способом оправдания обращения людей в рабство — то есть подтверждает их полную зависимость от своих господ — но также и сдерживает жестокость, с которой с незапамятных времен обходились с рабами» [Ibid.].

Возможно, пример, о котором свидетельствует Чжу Юй, порывает с аристотелевской парадигмой еще одним, не менее эссенциалистским образом. Из него нам становится совершенно ясно, что богатые граждане Гуанчжоу, которые обзавелись этими иноземными рабами, скорее всего, считали, — пусть и подсознательно, — что на них можно *благотворно воздействовать* — в том смысле, что можно *повысить уровень их культуры*, просто продолжая содержать их в доме, но, как одновременно указывается, лишь в незначительной мере.

Несомненно, автором одного из самых ясных высказываний о благотворном влиянии носителя этой нравственной парадигмы считается Учитель Кун (Кун-цзы), или Конфуций (551–479 годы до нашей эры). Он следующим образом выражает эту фундаментальную идею в одной из своих лаконичных реплик в «Суждениях и беседах» («Лунь юй»), знаменитом сборнике приписываемых ему изречений: «Учитель хотел поселиться среди варваров. Кто-то сказал: “Как можно? Ведь там грубые нравы!” Учитель ответил: “Там, где поселится благородный муж, должны исчезнуть грубые нравы!”» [Лунь юй 2004: 189][39]. Та же мысль о способностях конфуцианского благородного мужа изменять своим благотворным влиянием культуру всех народов, менее цивилизованных, чем он сам, передается в следующем отрывке из «Суждений и бесед», который на этот раз представляет собой диалог между Конфуцием и его собеседником, учеником по имени Цзы-чжан:

> Цзы Чжан спросил о правильном поведении. Учитель ответил: «В речах будь искренним и правдивым, в поступках — честным и уважительным, и даже если отправят тебя в страну варваров, веди себя именно так. А если в речах нет искренности и правдивости, в поступках нет честности и уважительности, то допустимо ли такое даже в родных краях, родной общине? Ты должен видеть [мысленно эти принципы] перед глазами, когда стоишь, и видеть их словно записанными на дышле, когда сидишь в повозке. Только тогда освоишь принципы правильного поведения». Цзы Чжан записал эти слова на своем поясе [Там же: 216][40].

---

39 Как это бывает с каждым из всех 497 фрагментов, составляющих «Суждения и беседы» Конфуция, существуют расхождения в том, как правильно переводить и, соответственно, интерпретировать этот отрывок. Выдающийся переводчик Д. Ч. Лау решил перевести последнюю строку отрывка обобщенно и приблизительно: «Учитель сказал: “Если благородный муж поселится среди них, о каком невежестве может быть речь?”» См. [Confucius 1979: 98]. Для сравнения, Чичун Хуан, в своем осознанно «буквальном» переводе, предлагает ранее отсылку к Ся, что уже достаточно конкретно, и использует историческое прошедшее время: «Учитель сказал: “Здесь жил благородный муж. Разве могут они быть скверными?”» Роль «благородного мужа» Хуан отводит знатному вельможе XII века по имени Цзи или Цзи-цзы из династии Шан (около 1750 — около 1050 годов до нашей эры). См. [Confucius 1997: 104]. Му-чжоу Пу [Poo 2005: 126] заменяет «невежество» и «скверный» на «грубость». (В авторском переводе с китайского [Лунь юй 1989: 5.9.6b] эта фраза звучит так: «Учитель сказал: “Если среди них поселится благородный муж, то разве после этого останется в них что-то нецивилизованное?”». — *Примеч. пер.*)

40 Цзы-чжан — второе имя не самого известного из учеников Конфуция Чжуаньсунь Ши (в переводе автора с китайского о стране варваров говорится подробнее — «Мань [племена юга] и Май [племена севера]» [Там же: 8.15.2b–3], отсюда и следующий комментарий. — *Примеч. пер.*). Джеймс Легг считает, что Май — это то же самое что Ди, нецивилизованные племена севера [Legge 1960: 295–296].

Конечно, во всем классическом каноне, связанном с конфуцианством, и особенно в таком произведении, как «Лунь юй», занимающем в нем центральное место, мы видим, как постоянно подчеркивается и подтверждается культурное превосходство будущих ханьцев над всеми различными окружавшими их и часто представлявшими для них угрозу племенами. «Учитель сказал: “Если даже у [варваров] И и Ди есть свои правители, им никогда не сравниться со всеми Ся, лишенными правителей”» [Там же: 164][41]. Так, учитывая, что явные примеры подобного рода и ранее встречались повсеместно в классической литературе, пусть даже в тесной связи с наглядными описаниями проявлений человеческой физиологии и образами из области разведения растений, животных и человека, становится ясно, что мотивы применения таких методов, как «смена кишок» диетическими средствами, и содействия более широкому процессу социализации, «жизни среди людей», в гораздо более поздний Сунский период не противоречили прошлому. Мы можем и должны видеть за этими мотивами еще более масштабную просветительскую программу китайских рабовладельцев. Возможно, не стоит заходить так далеко, чтобы называть их методы ритуальными актами, но нет никаких сомнений в том, какую конечную цель они преследовали. Китайские рабовладельцы явно стремились, пусть неосознанно и никогда не заявляя об этом открыто, преодолеть дикость рабов, великодушно воздействуя на них высоконравственной китайской культурой, несущей блага цивилизации и откровенно культурно-империалистические представления. Рабов предполагалось вывести из естественного для них дикого состояния, силой навязав другую культуру; убежденность рабовладельцев в том, что возвысить их можно только до относительно низкого

---

[41] Ся названы «китайскими государствами» и отнесены к ним, так как известно о самоидентификации китайцев в доимперский период с одноименной легендарной династией, которую принято датировать с 2205 до 1766 года до нашей эры (в авторском переводе с китайского: «Учитель сказал: “И и Ди с правителями все равно будут хуже, чем государства Ся (китайские государства) без правителей”» [Лунь юй 1989: 2.3.2]. — *Примеч. пер.*).

уровня, не подрывала и не противоречила субъективной уверенности в необходимости этого процесса.

Поскольку тезис о китаизации — то есть успешном распространении господства китайской культуры на все или на большинство соседних народов — заслуживает внимания, мы должны быть готовы и склонны признать превосходство универсализма над географическим детерминизмом как нормативной парадигмой для межкультурного взаимодействия, на которой преимущественно основывалось позднее конфуцианство. Однако в итоге самое большее, что мы можем предположить, исходя из фактов, — это то, что обе противоположные точки зрения продолжали сосуществовать в своего рода динамическом и неразрешимом противоречии. Хотя представление о том, что несчастные за пределами китайской цивилизации могут измениться, усвоив показательные элементы культуры этнических ханьцев, можно считать общепринятым, универсализм не был универсальным мировоззрением. «Не все китайцы придерживались такой точки зрения», — кратко характеризует ситуацию Ричард Смит, были и такие, кто «считал, что судьба предопределяется биологией и географией» [Smith 1996: 8]. Однако было бы явным преувеличением полагать, что эти взаимоисключающие идеи привели к расколу среди последователей конфуцианства. Напрашивается гораздо более убедительный вывод о том, что люди могли быть (и были) по очереди и даже параллельно приверженцами и универсализма, и географического детерминизма, и что фактически оба убеждения были для них в равной степени справедливыми. Действительно, если судить по приведенному отрывку, нет никаких признаков того, что универсализм когда-либо угрожал вытеснить географический детерминизм. С одной стороны, Чжу Юй считает, что рабов можно социализировать — «держать в доме», — пусть даже только до определенной степени, с другой стороны, они «сами говорить [по-человечески] не умеют». То есть они могли, вероятно, достичь получеловеческого состояния, но обретение полноценной человечности было им в принципе недоступно [Dikötter 1992: 10]. В суждениях Чжу Юя и подобных ему нет никаких признаков того, что к Сунскому периоду географический детерминизм существенно сдал позиции и уступил универсализму.

Более того, на фоне очевидного в рассматриваемом описании черных рабов Гуанчжоу дискурса инаковости особенно выделяется указание на то, что они ели сырую, неприготовленную пищу. С самых древних времен китайцы вкладывали в понятие «сырое» множество расплывчатых, но странным образом связанных ассоциаций. Среди самых безобидных — ассоциации с простой незрелостью, неопытностью или невежественностью, то есть все то, что на Западе подразумевают, называя какого-то человека «зеленым»[42]. Однако, особенно в классическом противопоставлении «сырого и вареного» (*шэншу*), термин «сырой», несомненно, означает, как в буквальном, так и в абстрактном смысле, «необработанный», и, таким образом, он с самого начала стал очень точной метафорой для другого. Если термин «сырой» применяли в отношении людей, что часто случалось начиная с императорской эпохи, то обычно в значении не ханьский или не китайский, то есть «варварский» в самом крайнем и чистейшем его виде[43].

---

[42] Любопытно, что выдвинутая здесь идея о том, что «пересаженным» на новое место иноземным рабам для повышения жизнеспособности необходимо время на то, чтобы привыкнуть к новым условиям существования, может иметь межкультурное и межвременное значение в рамках общего дискурса о рабстве. См. [Smallwood 2007: 193–194], где Стефани Смолвуд в ходе своего исследования о том, как становились товаром западно-африканские рабы конца XVII — начала XVIII века, кратко касается важного, но малоизученного аспекта рабовладения, как «закаливание» или акклиматизация (seasoning). Подробнее о «закаливании», которому подвергались африканские рабы Нового Света на Ямайке, см. [Byrd 2008: 57–85].

[43] Locus classicus, первое употребление термина *шэншу* — 13-я глава даосского философского труда «Чжуан-цзы», когда критически настроенный собеседник упрекает мудреца древности Лао-цзы: «У вас предостаточно и сырого, и вареного, а вы все накапливаете, не умея сдержать себя» [Чжуан-цзы 1995: 142]. См. [Наньхуа 1936: 5.13.21b; Чжуанцзы 1973: 5.13.17; Цянь 1985: 109]. Крайне любопытное исследование о странных превращениях этого термина в стандарт классификации, которую китайцы стали применять к различным некитайским народам, см. у [Fiskesjö 1999: 139–168]. Подробнее о том, как древние китайцы связывали употребление сырой пищи с варварством, см.

Кроме того, у нас есть веские основания критически отнестись к тому, что Чжу Юй почти патерналистски насмешливым тоном упоминает о том, что черные рабы употребляли только сырую пищу, и подвергнуть достоверность этого факта сомнению. Многие исследования последних лет подрывают это утверждение. Как развивает свою мысль о человеческом питании Рэнгем, «мы эволюционировали и стали есть приготовленную пищу». Если мы подкрепим это утверждение имеющимися доказательствами того, что огонь использовался людьми в Китае и, возможно, даже в Южной Европе не менее 400 тысяч лет назад, а в Африке не менее полумиллиона лет назад[44], то крайне маловероятно, что даже до того, как их перевезли в Гуанчжоу и обратили в рабство, в рацион питания этих чернокожих в начале второго тысячелетия нашей эры вообще не входила приготовленная пища, на которую перешло уже все человечество в целом. Таким образом, мы не можем легко принять мысль о том, что черные рабы воспринимали приготовленную еду как нечто концептуально чуждое им, и, возможно, нам и не следует этого делать. Гораздо более приемлемым представляется то, что китайская кухня и приготовление пищи *на китайский манер*, безусловно, были для них непривычны. Также правдоподобно, что могли ходить слухи о том, что до того, как рабов захватили в их родной среде обитания или как раз в процессе, кто-то видел, или ему могло показаться, что он видел, что бóльшую часть пищи они потребляют в сыром виде — сама мысль об этом в силу обычаев была чуждой и отвратительной для китайцев. Можно расценивать, что приписывание таких свойств, особенно если все это специально придумали те, кто обратил их в рабство, было рассчитано на полную дегуманизацию — или, правильнее сказать, анимализацию — рабов и тем

у [Diamond 1999: 331–332]. О том, как эта концепция сырого и вареного сохранялась в более поздние времена, а также о ее влиянии на маньчжуро-китайское колониальные взаимоотношения с соседними местными народами, см. у [Teng 2004: 122–148].

44 О Китае см. [Trager 1995: 1]. О Южной Европе см. [Lambert 2004: 55]. Об Африке см. [Jones 2007: 78].

самым не допущение их освобождения в новых для них китайских условиях. Нам вряд ли нужно напоминать, что в этот период мировой истории, задолго до того, как частые трансконтинентальные контакты стали обычным явлением, люди были готовы принимать на веру или хотя бы прислушиваться даже к самым предвзятым и нелепым рассказам о незнакомых им народах. Не обошли стороной эти откровенно человеконенавистнические заблуждения и китайцев.

По этим причинам я пришел к убеждению, что нам не следует воспринимать слова Чжу Юя о том, что чернокожие употребляют «сырую пищу» буквально, и что нам нужно найти запрятанный в них гораздо более глубокий и тонкий социальный смысл, чем они производят при первом впечатлении. Если исходить из того, что человек на самом деле «есть» — неважно, в какой мере — то, что он ест, Чжу Юй вполне мог обронить свое замечание для достижения определенного воздействия. Ведь для Чжу Юя и его современников употребление сырой пищи было показателем такого рода дикости, которая дальше всего находилась от «китайскости». Этот образ сохраняет похожее воздействие на китайцев и по сей день, поскольку обычно, за исключением фруктов и соков, среди всех разновидностей китайской кухни в нее не входит почти ничего, что едят сырым; пожалуй, никакие другие народы не превзойдут китайцев в строгости соблюдения этой кулинарной нормы. Таким образом, даже если не считать слова Чжу Юя о том, что рабы едят сырую пищу, правдивыми, в них кроется не только простое искажение фактов. Благодаря им предельная инаковость становится неотъемлемым свойством черных рабов и тем самым приводит к мысли о том, как далеки они — по крайней мере до того, как «сменили кишки», — от всего, что связано с китайской культурой.

Однако, возвращаясь к заявленной в этой главе цели, когда Чжу Юй говорит об иноземных рабах Гуанчжоу, что «кожа у них черная, как тушь», эти слова чуть ли не выпрыгивают со страницы, добиваясь нашего всецелого внимания и требуя самых исчерпывающих объяснений, которые мы только можем дать. «Черный, как тушь» — казалось бы, нельзя дать более точного и однозначного определения, но, как ни странно, именно с этого явного определения чернокожести наш поиск наиболее вероятной национальной принадлежности иноземных рабов Гуанчжоу только начинается.

Один цвет, много мест

Основная проблема единственного указания Чжу Юя на черный цвет кожи в «Беседах в Пинчжоу о достойных вещах» заключается в том, что его потенциальная этнографическая конкретность сильно подрывается его этнологической несостоятельностью. То, что я говорю об этом в таких выражениях, заслуживает подробного объяснения. Как отмечала историк Джоанна Уэйли-Коэн, китайцы исторически часто использовали обозначение «черный» по отношению к рабам малайского происхождения [Waley-Cohen 1999: 25][45]. Это также подтверждает Андайя, заявляя, что «китайский буддийский паломник Ицзин, посетивший Шривиджаю и Малайю в конце VII века, различал *куньлуньцев*, которых описывал как темнокожих и кудрявых, от более светлых жителей других стран Юго-Восточной Азии» [Andaya 2008: 51]. Эти наблюдения, в сущности, хорошо документированы данными из первоисточников, и нам не нужно заглядывать дальше «Старой истории Тан» — источника, который первым оповещает нас о бесславном конце губернатора Гуанчжоу Лу Юаньжуя — чтобы найти этому подтверждение: «К югу от Чампы [восточное побережье современного Вьетнама] на юг у всех курчавые волосы (*цюаньфа*) и черное тело (*хэйшэнь*), и всех их мы называем *куньлуньцами*» [Цзю Тан шу 1979: 197.5270][46]. Ввиду столь неопровержимых доказательств возникает вопрос: когда Чжу Юй и его современники указывали на черный цвет кожи, было

[45] См. также [Davis 2006: 50].

[46] Примечательно, что коренное население Чампы весьма активно занималось морской торговлей, и то, что их цвет кожи укладывался в представление китайцев о черном цвете, может указывать на то место, откуда был родом убийца Лу Юаньжуя, а также дает основания предположить — ориентировочно, — куда он мог сбежать.

ли это осознанным обозначением расовых различий — как мы привыкли думать и что использовали в рассуждениях[47] — или просто зрительной способностью различать цвет кожи. Также возникает вопрос о том, в какой мере эти основания для установления различий — раса и цвет кожи — вообще признавались в то время и в том месте в досовременном мире.

Независимо от этих вопросов мы можем быть вполне уверены, что китайцы, применяя термин «черный» к малайцам и, вероят-

---

[47] Понятие расы и возможность его использования как культурной категории, конечно, подвергается все большему сомнению со стороны ученых, и как наука оно уже прекратило существовать. Многие физические антропологи сейчас выделяют столько же физических различий между членами, входящими в состав того, что традиционно считается одной расой, сколько и между членами различных рас. Биологи-эволюционисты, начиная с покойного Стивена Джея Гулда в его авторитетном сочинении «Ложное измерение человека» [Gould 1996], все чаще приходят к выводу, что физические различия никоим образом не свидетельствуют об обязательном наличии различий генетических и что, вопреки распространенному мнению, существует только одна раса. Таким образом, достижения современной науки подорвали всю концепцию расы как ненаучную и субъективную. Однако как концепция понятие расы оказалось особенно устойчивым к тому ряду общепринятых аргументов, которые, например, перевели представления о гендере из области эссенциализма в область социального конструктивизма. Возможно, именно из-за того, что в ее основе лежит генетика наследования, раса и продолжает существовать как категория, которую подавляющее большинство человечества упорно воспринимает как реальную. Возможно, мы просто слишком долго жили с верой в истинность расовых различий, принимая их как нечто очевидное и позволяя себе руководствоваться ими как объективной реальностью, чтобы вот так взять и сразу отказаться от их, несмотря на то что они часто приводили к ужасающим формам предрассудков и дискриминации. У нас нет оснований предполагать, что древние китайцы были более ограниченны в своей приверженности к концепции расы, чем мы. Однако мы не можем ожидать, что они были более свободны от нее, чем мы. Подчас увлекательнейшие примеры того, как специалисты в области обществознания и эволюционной биологии пытались превратить устаревшую, по мнению многих, биологическую интерпретацию расы в социальный конструкт, см. в последней главе книги Майкла Бэнтона «Расовые теории» [Banton 1998], коллективной монографии «Понятие расы в естественных и социальных науках» целиком [Concept of Race 1997] и первой главе книги Джозефа Грейвза «Миф о расе: почему мы делаем вид, что в Америке существуют расы?» [Graves 2005].

но, к широкому кругу других этнических групп, не рассчитывали, что его будут воспринимать как расовый маркер или, возможно, даже как маркер различия в цвете кожи, а, скорее, хотели показать стереотипное морально-эстетическое пренебрежение, основанное на ощутимых *культурных различиях*. Так, в случае с малайцами китайцы, вероятно, стремились выразить этим термином отвращение, которое испытывали к разнице в культуре, а также к безобразному внешнему виду малайцев, которых они считали низшими существами. Аналогичным образом, но, видимо, уделяя равное внимание и моральной, и физической стороне основания для культурных различий, жителей индианизированного государства Чампа называли в литературных источниках не только черными, но еще часто и *голыми*, скорее всего, указывая так на их безнравственность, поскольку их одежда не соответствовала китайским нормам приличия [Waley-Cohen 1999: 25][48].

Помимо этого, здесь, как и везде, мы не можем позволить себе игнорировать одну из главных проблем — проблему интерпретации, которая затрудняет понимание того, что засвидетельствовал Чжу Юй в «Беседах в Пинчжоу о достойных вещах». Несмотря на то что она хорошо заметна и в этом, и во многих других примерах, мы не знаем, является ли опыт, лежащий в основе повествования, прямым или косвенным, — то есть воспоминаниями сына Чжу Юя или отца Чжу Фу. В тексте — что нормально для литературного китайского языка — это обычно не оговаривается и, соответственно, не проясняет этот вопрос. Таким

---

[48] Заметная иностранцу связь между наготой и нескромностью и, следовательно, безнравственностью, имеет в Китае вековую историю и во многом повлияла на китайское эстетическое восприятие. Как писал Майкл Салливан в «Наследии китайского искусства», «китайский художник, если только не следовал слепо привозным образцам, никогда не стремился придать убедительность человеческой фигуре. Это отражает глубоко укоренившееся в китайском искусстве предубеждение перед обнаженной натурой, где, как во Фландрии или Северной Германии, голыми изображались почти только одни несчастные фигуры проклятых, подвергающихся наказанию в аду. В буддийском искусстве Китай был готов принять многое из того, что было чуждо его образу самовыражения, но этом отношении его неприятие было полным» [Sullivan 1964: 221].

образом, в подобных этому рассказах о черных рабах Гуанчжоу, где нам точно известна личность рассказчика (Чжу Юя), но не личность конкретного наблюдателя (Чжу Фу или Чжу Юя), всегда присутствует угроза вторичности. Постоянно сохраняется вероятность того, что Чжу Юй как рассказчик, по сути, записал событие, непосредственным свидетелем которого он никогда не был, и таким образом описал — неважно, насколько красочно, — людей, которых он никогда на самом деле не видел.

Кроме сложностей, вызванных вопросом о значении, которое придавалось черному цвету кожи, и вопросом об аутентичности повествования, мы должны избежать еще одной последней потенциальной ловушки и не запутаться, что особенно актуально, когда речь заходит о черных рабах Гуанчжоу, в том, что, хотя все малайцы потенциально могли были *куньлуньцами*, не все *куньлуньцы* были малайцами. Поэтому в поисках приемлемого ответа на вопрос о реальной этнической принадлежности именно этих черных рабов, описанных Чжу Юем, мы вынуждены не по своей воле использовать какую-то другую переменную, кроме цвета кожи; цвет кожи, хотя без него и не обойтись, сам по себе не является достаточным параметром для нашего исследования, и, используя только одну эту переменную, нам не прийти к однозначным результатам. Итак, расширяя диапазон исследования, мы воспользуемся тем фактом, что Чжу Юй применил к пленным рабам определитель *куньлунь*, и нам лучше всего подойдет интерпретация этого определителя в его первоначальном значении как названия места, и мы воспользуемся им как ориентиром в наших дальнейших исследованиях. В процессе нам придется отвлечься от проблем содержания меланина на проблемы географии, сменить направление наших поисков того, кем были черные рабы, на поиски их географического происхождения. Только найдя решение второго вопроса, мы получим неопровержимый ответ на первый.

Нам надо настроиться на то, что нам придется переориентироваться и перенаправить наше исследование в новое русло на самом фундаментальном уровне. Поскольку мы собираемся рассматривать место происхождения как составляющую культурной идентичности, спрашивать, *откуда* взялись эти рабы, равносильно вопросу, *кем* они были. К тому же мало кто из нас сегодня будет оспаривать тот факт, что — учитывая, что в прошлом технологии не позволяли так легко путешествовать по миру, — в XI веке место, без сомнения, играло существенно бóльшую роль в определении культурной идентичности, чем сейчас. Для наших предков, которые мало путешествовали по сравнению с большинством из нас, место просто в намного большей мере определяло культуру и, как следствие, этническую принадлежность. Следовательно, наша самая насущная потребность в определении по крайней мере одной из двух категорий «иноземных рабов», о которых говорит Чжу Юй, — это найти местонахождение Куньлуня. Где же *было* это место?

В попытке ограничить географические варианты Куньлуня, который — несмотря на свою неопределенность — в этом контексте, бесспорно, является названием места, мы, конечно, можем обратиться к тому, откуда происходит само слово, но сразу же обнаруживаем, что Куньлунь — это название для многих мест[49]. При этом, чтобы избежать возможной путаницы, нам придется снова подчеркнуть сделанное ранее замечание, что черный цвет кожи не является полностью нерелевантным в наших поисках. Нам будет лучше всего вычленить и кратко рассмотреть самое первое упоминание Куньлуня, которое мы можем найти, где он выступает в роли прилагательного, означающего «черный».

Куньлунь как обозначение черного цвета кожи впервые появляется в достаточно раннем источнике, «*Цзиньшу*» («История династии Цзинь»), официальной исторической хронике династии, охватывающей период с 265 по 420 год нашей эры[50]. В этой хронике в жизнеописании (*ле чжуань*) императрицы Ли («*Сяо У Вэнь*

---

[49] Как уже говорилось в главе 1, наше понимание Куньлуня как топонима усложняется тем, что этим словом на протяжении долгого времени назывались вымышленные места. Столь же обескураживает тот факт, что одновременно Куньлунь обозначал множество существующих мест. Подробнее о связанных с этим трудностях см. [Wilensky 2002: 32–36, 42].

[50] Цзинь была одной из ключевых династий периода «Троецарствия и Шести династий», когда Китай был ввергнут в эпоху многовековой политической розни и раздробленности.

Ли Тайхоу») мы встречаем следующий замечательно показательный отрывок:

> Когда будущая императрица Ли из династии Цзинь впервые вошла во дворец как наложница, она работала в ткацкой мастерской. Она была высокого роста, с *темной* кожей, [другие] наложницы называли ее Куньлунь [или *куньлунь*]. Встревоженные этим, министры называли ее [вместо этого] «драгоценной»... и впоследствии она родила императора Сяо У [годы правления 373–396] [Синьцзяо 1990: 32.981].

Термином «темный» я здесь перевожу с китайского ту же графему — *хэй*, — которую, как правило, переводят в современной речи как «черный». Но в этом случае я решил перевести это слово как «темный», поскольку составители этой китайской хроники явно не вкладывали в этот термин концептуального значения, то есть не стремились обозначить через черный цвет кожи что-то совершенно не китайское в этническом смысле. Тем не менее нельзя оспорить тот факт, что китайцы еще в IV веке нашей эры уже использовали *куньлунь* для обозначения всех без исключения оттенков темного цвета кожи, который в их глазах был почти черным. Мы знаем об этом, потому что впоследствии слово *куньлунь* для обозначения чернокожих людей часто встречается в литературе последующей династии Тан [Snow 1988: 17, 18, 19, 108]. Однако, как ни парадоксально, несмотря на частоту его употребления, это никак не помогает нам определить конкретное расположение Куньлуня как места происхождения черных людей, или *куньлуньцев*. Действительно, ученые так и не достигли какого-либо прогресса в этом предприятии до начала XX века, и по сей день оно так и остается сложным и крайне спекулятивным занятием по постановке научной гипотезы, причем почти не опираясь на факты, ввиду их почти полного отсутствия.

Но к счастью, одному очень талантливому ученому это оказалось по силам, и он внес большой вклад в развитие нашего сегодняшнего понимания того, где могла бы находиться таинственная родина *куньлуньских* рабов, выполнив бóльшую часть необходимых для этого изысканий. Чжан Синлан полностью посвятил свою увлекательнейшую статью «Ввоз негритянских рабов в Китай при династии Тан (618–907 годы нашей эры)», написанную в 1930 году, но все еще не потерявшую актуальность, задаче обнаружения наиболее вероятной родины *куньлуньских* рабов[51]. Придерживаясь в основном лексикографического и экзегетического подхода к проблеме, Чжан Синлан опирался на обширный набор первоисточников. В процессе этой работы он также успешно исключил несколько повторяющихся, но ошибочных вариантов. Например, в ходе убедительных рассуждений он пришел к заключению, что, хотя *куньлуньских* рабов чаще всего обращали в рабство и поставляли китайцам арабы — несомненно, следуя через Малаккский пролив и окружающие его острова — они *не* были (как часто предполагалось) уроженцами какой-либо части Аравии [Chang 1930: 43–44][52].

Данные, указывающие на истинное место происхождения *куньлуньских* рабов, разнообразны и обширны, но наиболее убедительны с лингвистической точки зрения. Чжан Синлан искусно связал два разных, независимо встречающихся похожих по звучанию термина, *Сэнчжи* и *Цэнци*, первый из которых появляется в официальном письменном источнике периода династии Тан, а второй — в неофициальном письменном источнике периода династии Сун, с латинизированным арабским термином *Зиндж* (также *Зендж*, *Занзи*, *Занги* или *Занджи* у Дёйвендака) [Ibid.: 41, 42][53], который встречается в трактате начала VI века «Хри-

---

[51] Чжан Синлан считает, что своими впечатляющими успехами в этом предприятии он обязан интересу и рассуждениям на эту тему со стороны его выдающихся предшественников, в частности таких известных ученых, как Гу Яньу (1613–1682) и Сюй Цзиюй (1795–1873). Кроме других своих талантов, оба они были блестящими, хотя и непрофессиональными географами. См. [Chang 1930: 39].

[52] Джозеф Харрис, хотя и занимался изучением значительно более позднего периода XIX века, пишет, что арабы Омана активно торговали рабами из Африки в Азии начиная по крайней мере с XIII века. См. [Harris 1971: 5–6]. См. также [Davis 2003: 8].

[53] *Сэнчжи* появляется сам по себе в «Новой истории Тан», где говорится: «В 813 году из страны Хэлин [Калинга или современная Ява] прислали [как дань] четырех рабов Сэнчжи» [Синь Тан шу 1976: 222B.6302]. См. также [Шефер 1981: 145]. *Цэнци* появляется сам по себе в «*Лин вай дай да*» («За-

стианская топография», написанном предположительно христианским несторианским автором Козьмой (расцвет творчества около 535–547)[54]. На этой основе, а также привлекая прочные дополнительные свидетельства, Чжан убедительно установил, что основным местом происхождения *куньлунских* рабов родом

метках о землях за горами»), где говорится: «А еще на морском острове много диких людей. Тело словно [покрыто] черным лаком, курчавые волосы. Заманивая едой, их ловят. Перевозят тысячами и десятками тысяч. Продают [их] как рабов иноземцам» [Чжоу 1872: 3.6; Чжоу 2001: 151]. См. также варианты перевода [Beachey 1976: 4; Netolitzky 1977: 49]. Всего через полстолетия после Чжоу Цюфэя, в первой четверти XIII века, Чжао Жугуа в «*Чжу фань чжи*», упоминая составной топоним *Куньлунь цэнци,* почти дословно повторяет приведенный выше отрывок из более древнего сочинения [Чжао 2018: 163]. Однако Чжао добавляет три дополнительные детали географического и этнографического характера, которых нет у Чжоу. Во-первых, сразу после фразы о том, что дикари черны, как лак, Чжао называет их волосы «курчавыми» (*доуфа*) — дословно, «головастиковыми волосами». Во-вторых, он конкретно называет место, куда как будто бы отвозят дикарей как рабов, — это страны «арабов» (*даши*), — добавляя, что там за них получают «солидную цену». И наконец, в-третьих, Чжао в отличии от Чжоу сообщает, что используют этих рабов в основном в качестве стражей, а в заключение приводит поразительное суждение в духе антиориентализма, что «говорят, что они не испытывают тоски по родственникам». См. [Chau 1911: 149–150]. О Занджи см. [Duyvendak 1949: 23].

[54] Живший в VI веке Козьма, которого также называли Индикопловом (по-латыни Indicopleustes, что означает «плававший в Индию»), был родом из Александрии в Египте. Обладая разносторонними талантами, он прославился как купец, путешественник, теолог и географ, а его трактат «Topographia Christiana» («Христианская топография») примечателен тем, что в нем содержится одна из самых старых и знаменитых карт мира. В своем трактате Козьма также пытался доказать буквальную точность древнебиблейской картины мира, утверждая, в частности, что Земля плоская, и пытаясь опровергнуть концепцию о сферической вселенной, которой придерживался Птолемей (около 85 — около 161 годов). Скорее всего, он был христианином несторианского толка. Козьма плавал по берегам Индийского океана, какое-то время торговал в Восточной Африке (главным образом в Эфиопии) и Азии. В конце жизни он стал монахом и написал несколько географических трактатов, но сохранилась только «Topographia» и фрагменты комментариев к библейским псалмам и евангелиям. Подробнее о Козьме и его «Христианской топографии» см. [McCrindle 1887; Winstedt 1909; Wolska 1962]. Подробнее о его путешествиях по Азии см. [Chau 1911: 2–5].

из *Африки* был остров Занзибар, расположенный недалеко от восточно-африканского побережья рядом с современной Танзанией, в состав которой он сейчас входит. Однако, как отмечает Чжан, арабы использовали название Занзибар (что означает «Страна чернокожих») применительно ко всей области, простирающейся к югу от реки Джубба до мыса Дельгадо[55] — на целых 11 градусов к югу от экватора, — эту территорию, по мнению исследователей начала XX века Фридриха Хирта и У. В. Рокхилла, Чжао Жугуа в начале XIII века называл Цэнба [Ibid.: 42][56]. Более того, Хирт и Рокхилл полагали, что область, появлявшаяся в китайской литературе о путешествиях как *Куньлунь сэнчжи* или *Куньлунь цэнци*, дополнительно включала в себя континентальную береговую линию, простирающуюся значительно к югу от собственно Занзибара — в том числе остров Пемба и, возможно, даже Мадагаскар (карта 2) [Chau 1911: 149–150; Чжао 2018: 162–163][57] — и стоит заметить, что только относительно недавно наши собственные современные представления о Занзибаре стали ограничиваться одним только *островом*, носящим это имя. Кроме того, Чжан Синлан высказал любопытную мысль, что нет никаких оснований не считать, что чернокожих рабов не покупали и не переправляли в Китай с гораздо более крупного острова Мадагаскар на юго-востоке [Chang 1930: 42–43][58].

---

[55] Река Джубба — длиной в тысячу миль — вытекает из Южной Эфиопии на юг и впадает в Индийский океан. Мыс Дельгадо — прибрежный мыс на границе Танзании и Мозамбика, самая северная точка последнего.

[56] Чжао Жугуа говорит именно о Цэнбе, или Занзибаре, в общих чертах. Описывая жителей этой территории, что он делает очень кратко, Чжао сообщает, что они «похожи на жителей Даши. Соблюдают религиозные нормы Даши. Обматываются зеленой заморской тканью, носят красную обувь из кожи. Ежедневно едят [изделия] из муки, жареные лепешки, баранину» [Чжао 2018: 152]. См. также [Chau 1911: 126–127].

[57] Остров Пемба, который Хирт и Рокхилл включают в свою общую топографию, не так известен, как большой и знаменитый остров Мадагаскар, и находится примерно в 30 милях к северу от острова Занзибар.

[58] Сноу, как Нетолицки и Декоттер, даже не упоминая возможный вариант с Занзибаром, четко ограничивает «Куньлунь Зенджи» Мадагаскаром и/или соседними Коморскими островами, расценивая их как изначальную родину

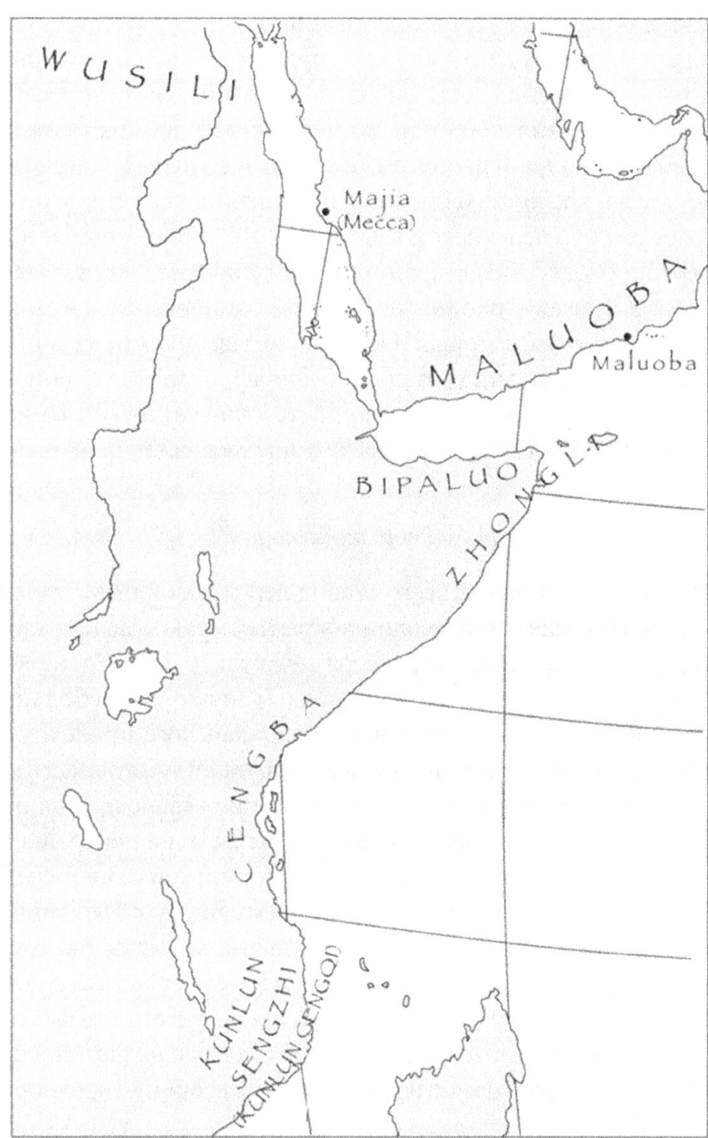

Карта 2. Восточная Африка, до 1400 года. По материалам из «Чжао Жугуа: Его труд о китайско-арабской торговле в XII и XIII веках, озаглавленный Чжу фань чжи» [Chau 1911] (Санкт-Петербург, Императорская Академия наук, 1911)

Таким образом, путем обоснованных умозаключений Чжан Синлан был неминуемо вынужден прийти к выводу, что термин *куньлунь* — особенно когда он используется в качестве префикса для видоизменения любого из данных географических терминов *Сэнчжи* или *Цэнци* — вероятно, означает «черный», скорее всего, фонетически повторяя, близко или приблизительно, определитель на арабском или персидском языке [Ibid.: 43]. Во многом благодаря первопроходческим стараниям Чжан Синлана в первые десятилетия XX века, у нас нет оснований сомневаться в том, что *куньлуньские* рабы, которых Чжу Юй описывает как невольников Гуанчжоу XI века, действительно были африканского происхождения и что происходили они из достаточно четко очерченного региона вдоль восточного побережья Африканского континента.

На задворках истории

В этой главе я прежде всего ставил перед собой цель пролить как можно больше света на один покрытый мраком аспект сложного и разностороннего характера межкультурных отношений между китайцами XI века из города Гуанчжоу, и небольшой группой невольников, скорее всего, африканского происхождения. Предпринять эту попытку меня побудили многочисленные причины, но все они были связаны с решением давно признанной компенсаторной исторической задачи вывести на центральный план то, что находится на задворках истории, тем самым сделав его доступнее для восприятия большему числу объективных наблюдателей. Возвращаясь к побудительным мотивам, с которых я начал, с одной стороны, понятно, что нельзя забывать о доисторических основах рабства в Китае и пренебрегать тем фактом, что бесчисленное множество китайцев стало и еще станет жертвами этого позорного института. С другой стороны, наше пред-

---

куньлуньских рабов, ни разу не принимая в расчет вероятность их малайского происхождения. Все равно эти разные африканские места, пусть даже не на самом материке, относятся к одной географической территории (см. карту 2). См. [Snow 1988: 18; Netolitzky1977: 49; Dikötter 1992: 12, 15].

ставление о рабстве в Китае так и останется крайне ничтожным, если мы будем продолжать — а так чаще всего до сих пор и делают, причем даже ученые-китаисты, — рассматривать его как исключительно эндогенное явление, то есть такое, в котором китайцы порабощали либо других китайцев, либо некитайцев, живших рядом с ними в Китае или по соседству с ним. Стоит нам отказаться от такого недальновидного подхода к проблеме, как в нашем распоряжении окажется множество новых находок и фактов. Расширение наших горизонтов восприятия только поможет нам понимать рабство в Китае в менее узких рамках и тем самым приблизиться к тому гибкому отношению, которое на протяжении столетий было к нему у самих китайцев.

Уже на данном этапе этого исследования удалось сделать ряд дополнительных, побочных находок. Конечно, часть из них нам придется отнести к общему разряду микроисторических. Что касается открытия того, что в Гуанчжоу XI века наблюдалось изобилие черных рабов, то оно, несомненно, проливает более яркий свет на ранее неисследованный и специфический аспект и так уже своеобразной истории этого выдающегося китайского города. Даже эти предварительные выводы должны склонить нас к тому, чтобы поставить обнаруженных нами в Гуанчжоу черных рабов в один ряд с самыми известными из некогда «забытых» китайских городских субобщин. Среди наиболее примечательных из этих «потерянных» изолированных анклавов — новообразованная еврейская община, процветавшая в Кайфыне еще в X веке, и вырождающаяся община новообращенных христиан-католиков, просуществовавшая в Ханчжоу до конца XVII и начала XVIII века[59]. Мы не можем отрицать, что о черных рабах Гуанчжоу, в сравнении с этими примерами, почти нет документальных свидетельств, а при попытке хоть какой-то «детализа-

---

[59] Самые ранние западные записи об евреях в Китае датируются IX веком и оставлены арабскими путешественниками. См. [Shapiro 2001: xi]. Самое древнее архитектурное свидетельство того, что к 1163 году евреи прочно обосновались в Кайфыне, подробно рассматривается в [Steinhardt 1999: 3–21]. Также см. [Xu 2003]. Подробнее об общине новообращенных христиан-католиков см. [Mungello 1994].

ции» на основе известных или потенциальных данных складывается исключительно фрагментарный почти во всех отношениях рассказ. Однако неважно, решим ли мы считать, что это открытие существенно влияет только на китайскую или также и на мировую историю, — мы не сможем отрицать, что по важности черные рабы XI века в Гуанчжоу не уступают двум другим.

Однако в конечном счете наибольший интерес представляют макроисторические уроки, которые нам предстоит извлечь из этого любопытного случая с черными рабами Гуанчжоу XI века. Мы, безусловно, можем получить знания макроисторического значения, обратившись к проблеме заметных изменений в восприятии китайцами чернокожих в целом. Еще до периода Сун в литературной новеллистической традиции династии Тан возник совершенно другой образ *куньлуньского* раба. Как подробно описывает Филип Сноу, *куньлунец* в этих историях прекрасно разговаривал на китайском языке, следовал китайским правилам поведения и пользовался любовью и уважением со стороны своих китайских хозяев. Как и позже в Сунский период, слуги-*куньлуньцы* в этих литературных произведениях танского периода отличались необычайной силой. Однако *куньлуньцы* танских новелл, чего нельзя сказать о тех, что появятся позже, были смелыми, находчивыми и умелыми, особенно когда оказывались в ситуациях, где требовалось проявить мастерство в боевых искусствах для защиты своих владельцев или самих себя. Сноу пишет: «Из рассказов становится ясно, что эти немногие, лишенные корней африканские рабы, сильные, немного пугающие, крайне загадочные, вызывали в умах китайцев смесь восхищения и благоговения» [Snow 1988: 18].

В случае с вымышленным *куньлуньцем* эпохи Тан, похоже, речь идет о том, — цитируя пословицу, — «что реже встречается, вызывает большее изумление у людей»[60]. Как опять проницательно подмечает Сноу, за несколько столетий, когда *куньлуньцы* перестали периодически выступать в роли главных героев художественных произведений, а вместо этого лишь отрывочно

---

[60] По-китайски — «*Шао (со) цзянь, до (со) гуай*». См. [Rohsenow 2002: 131.S113].

упоминались как второстепенные персонажи в серьезных исторических документах, их образ в глазах китайцев резко изменился. Когда-то яростно и возвышенно благородные *куньлуньцы* становились героями литературы эпохи Тан, а в эпоху Сун, по крайней мере в том виде, в каком они появляются в «Беседах в Пинчжоу о достойных вещах», скатились до состояния вырванных из почвы немощных отщепенцев, попавших в безнадежную западню чуждого для них китайского окружения и совершенно неспособных самостоятельно обеспечить даже собственное выживание. В результате и проявляемое к ним отношение сместилось соответственно от уважения к отвращению, от восхищения — к ненависти. Чем нам объяснить эту стремительную деградацию образа черных рабов в глазах китайцев при переходе от эпохи Тан к эпохе Сун? Проводя аналогию между положением чернокожих в Китае и расцветом работорговли и расширением рынка рабов в Европе XVII и XVIII веков, Сноу утверждает, что впечатление китайцев от *куньлуньских* рабов сильно испортилось, как только количество последних — не по их вине — настолько выросло, что обычные люди смогли наблюдать их ежедневно. То есть, как только их стали часто видеть в их невольничьем состоянии те, кто, как правило, не являлись их владельцами, рабы стали объектами презрения и пренебрежения. Конечно, в отличие от общеконтинентального феномена рабства, характерного для Европы эпохи Просвещения, массы *куньлуньских* рабов в Китае периода Сун явно были ограничены почти исключительно одним портовым городом и никак не распространились по всей империи. Тем не менее, если судить по находящимся в нашем распоряжении свидетельствам, написанным рукой Чжу Юя, то, что простые жители Гуанчжоу каждый день могли сталкиваться с рабами и видеть их без всяких прикрас — в плену и отвратительных условиях, — вероятно, оказалось достаточно эффективным фактором для того, чтобы о рабах сложилось крайне неблагоприятное впечатление, которое со временем становилось только хуже.

Однако есть по крайней мере еще один дополнительный вопрос, из которого, поразмыслив, мы можем рассчитывать извлечь ценные наблюдения макроисторического характера, имеющие важное значение, и с нашей стороны было бы упущением не попытаться этого сделать. Этот вопрос связан с тем, как относились к своим африканским рабам рабовладельцы — в данном случае китайцы XI века: больше как к собственности или больше как к людям. Конечно, можно просто отказаться на него отвечать и усомниться в том, что такой вопрос обоснован, — мог ли он вообще возникнуть в менталитете человека XI века? Будучи современными людьми, живущими после того, как институционализированное рабство Нового Света перестало существовать, мы склонны считать этот вопрос вечным. Однако, по правде говоря, вопрос «собственность или люди» стал предметом спора довольно поздно, более того, он возник как крайне специфический продукт осмысления американского рабства в XIX веке и, похоже, больше нигде в то время не возникал.

Действительно, нет никаких данных о том, что на Западе народы античности когда-либо видели в своих рабах что-то иное, кроме собственности *и* людей. То есть, даже несмотря на то что рабы были лишены *человечности*, их фундаментальная *принадлежность к человеческому роду* не отрицалась. Так, вопрос о том, были ли их рабы *людьми*, кажется, не возникал у древних как закономерный вопрос, каким он, безусловно, стал в контексте Нового Света, особенно для американских поборников рабства. По классическим нормам, *о принадлежности к человеческому роду* не заходила даже речь, несмотря на всеобщее предпочтение, которое очевидным образом проявлялось по крайней мере со времен древних греков, обращать в рабов иноземцев — тех, кого считали другими, отличными от себя и на каком-то уровне варварами. Она также не ставилась под сомнение в связи с терминологией «естественного рабства», развивавшейся Аристотелем (384–322 годы до нашей эры), в которой рабы часто ассоциируются, но никогда полностью не отождествляются с животными[61].

[61] Подробнее о классической концепции рабства и о том, как редко возникали сомнения в том, что рабы относятся к человеческому роду, см. [Vogt 1974: 103–121]. См. также [Garnsey 1996: 110–114].

Несмотря на эти обстоятельства и не желая совсем пренебрегать этой темой, все-таки можно привести убедительные доводы в пользу правомочности вопроса «собственность или человек» для Азии в целом и для Китая в частности. По меткому замечанию Робина Йейтса, проделавшего грандиозную работу по археолого-социологической реконструкции китайского рабства, — истории его зарождения и функционирования в древности, — в определении рабов из местного населения понятие собственности (*цай* или *цайу*) возникло достаточно поздно, встречаясь только в источниках середины имперского периода начиная с династии Тан. Однако на протяжении многих столетий до этого, когда они, безусловно, считались собственностью именно потому, что они воспринимались как «подчиненные не-люди», рабы также считались чем-то «гораздо бо́льшим, чем собственность», убедительно настаивает Йейтс [Yates 2001: 291, 297–300]. Более того, несомненно, на протяжении всей своей чрезвычайно долгой истории традиционный Китай никогда не переставал быть местом, где неизменно господствовала авторитарная, если и не всецело деспотическая, система, в которой примеры того, что в знаменитом изречении поэта Роберта Бернса (1759–1796) названо «бесчеловечностью человека к человеку» [Burns 1850: 135], были настолько обычным явлением, что считались нормой. Тем не менее в оправдание традиционного Китая скажем, что жестокость в обыденной жизни вряд ли проявлялась в нем на более регулярной основе, чем в других уголках мира XI века. Дело в том, что, как и в других областях человеческой деятельности, только кажется, что традиционный Китай превосходил по бесчеловечности все остальные страны, просто ее проявления тщательно документировались в письменном виде, и эти записи дошли как горькая память прошлого до потомков.

Изучая зарождение системы рабского труда в Китае с принципиально новых позиций, Эдвин Пуллибланк, подчеркивая, что владелец был ограничен законом и не имел права убивать своего раба, пишет: «Китайцы не приходили к логическому заключению о том, что если раб был собственностью, то он был “вещью”, а не человеком» [Pulleyblank 1958: 213]. Однако рассуждения Пуллибланка по этому вопросу относятся исключительно к такому устоявшемуся, распространенному и живучему явлению, как порабощение китайцами других китайцев. Поэтому над главным вопросом о том, считали ли эти *китайские* хозяева своих *черных* рабов людьми или просто движимым имуществом, еще придется поломать голову.

Возможно, получится хоть как-то разобраться в *китайской* ситуации с черными рабами, прибегнув к умозрительной триангуляции. На данном этапе развития рабства рабы были, прежде всего, одним из товаров, которые ввозились в страну арабами через Гуанчжоу, ее главный морской и торговый порт. История арабской работорговли в Средние века сложна и изучена лишь отчасти. Однако нам известно, что содержание исламского гарема было, как заметил основатель нового направления в истории искусства и культуры Якоб Буркхардт (1818–1897), «немыслимо без евнухов и черных слуг», последние из которых «находятся здесь в гораздо лучшем положении, чем некогда на американских плантациях» и «обращаются с ними как с детьми в доме и они стоят гораздо выше уровня арабских... эгдамов или прислуги» [Буркхардт 2013: 295]. Едва ли можно совсем исключить, что не произошло переноса в отношении, что китайские покупатели не переняли в какой-то степени у арабских работорговцев манеру обращения с рабами, привезенными в Китай. Такое предположение нельзя сразу отметать, как невероятное. Но мы почти ничего не знаем о том, — и это снова все усложняет, — как преимущественно использовались черные рабы в Гуанчжоу, и можем только строить догадки. С одной стороны, как свидетельствует Чжу Юй, они способны понимать китайскую речь, но сами ею не владеют, что мешает провести аналогию с арабским образцом и предположить, что рабы в принципе могли выполнять роль домашней прислуги у своих хозяев. Однако, с другой стороны, несмотря на их легендарную беспримерную силу, крайне сомнительно, что черные рабы принимали заметное участие в строительстве масштабных общественных сооружений, поскольку, как установил историк Ляньшэн Ян, специализирующийся на институциональной истории, в отличие от предыдущих эпох, когда к такого рода работам привлекались и крестьяне, и заключенные, и даже рабы, «при династии [Сун] большинство общественных работ осуществлялось силами военных» [Yang 1969: 31].

Перенос эссенциалистских ценностей из таких непохожих условий, как арабские государства XII века, находившиеся под влиянием сравнительно эгалитарного ислама, в условия единой иерархической конфуцианской империи того же периода редко бывал, если вообще был, полным или тотальным, и поэтому мы должны признать неизбежную вероятность того, что китайские рабовладельцы Гуанчжоу рассматривали черных рабов, оказавшихся в их власти, исключительно как собственность. Еще больше подкрепляет эту точку зрения то, что в культуре, которая, наверное, привязана к письменному слову и зависима от него больше любой другой, до сих пор не было обнаружено ни одного китайского документа, в котором бы явно выражалась противоположная точка зрения. Мартин Уилбур одним из первых ученых подробно уточнил, что освобождение или дарование вольной эндогенным или местным китайским рабам правительственным указом или по частному соглашению имеет в Китае длительную историю, восходящую по крайней мере к началу правления династии Хань, то есть к концу III века до нашей эры [Wilbur 1967: 129–139]. Тем не менее, как ни парадоксально, хотя Китай и имеет славу культуры, в которой записывается практически все — особенно события, близкие к необыкновенным или невероятным, — до сих пор не было обнаружено ни одной записи об освобождении однозначно черного раба[62], до сих пор не было найдено никаких записок, пусть даже коротких и небрежных, оставленных китайским владельцем о своих размышлениях перед тем, как решиться на редкой доброты поступок и дать вольную своему личному чернокожему рабу. Действительно, хозяева

[62] По правде говоря, если записи о покупке и продаже рабов часто встречаются в китайской традиции, в Сунский период подробные записи о даровании вольной в частном порядке были редки даже при освобождении рабов-китайцев. Чаще всего на волю отпускали без особых сложностей, просто уничтожая соглашение, изначально связывавшее раба или рабыню с хозяевами. См. [Hansen 1995: 41–42, 50–52, 90–91].

черных рабов из Гуанчжоу, возможно, никогда даже сознательно не задумывались о том, чтобы продемонстрировать акт подобного великодушия, и если мы стремимся здесь к честной объективности и не хотим попасть в антиисторическую ловушку, пытаясь привлечь еще одну группу древних к ответственности по нашим современным стандартам, то мы вряд ли можем винить их — в их время — за то, что они считали, что зависимость, в которой у них находятся рабы, полностью отражает естественный иерархический и закономерный порядок вещей. В их время и в течение значительного времени после них дело решалось в итоге всецело в пользу взглядов китайских хозяев. Иначе говоря, как отметила классицист Пейдж Дюбуа в своей работе по рабству у древних греков (но ее слова, хоть и без умысла, поразительно применимы к ситуации в Китае), «конечно, рабство все еще существует в некоторых местах мира, и оно присутствовало в человеческой истории намного дольше, чем его отмена» [duBois 2003: 113].

С другой стороны, оправдано ли с нашей стороны интерпретировать неоднозначность множества спекулятивных данных, с которыми мы только что ознакомились, исключительно в негативном ключе? Как нам следует интерпретировать данные, описанные так подробно, что они походят на инструкции, например обычай «смены кишок»? Даже если «смена кишок» не была обрядом, подвергать ей рабов, судя по всему, было в порядке вещей, как будто такое лечение было прививкой культуры. Вредоносное, но все же целительное, оно, видимо, рассматривалось как своего рода очистительная процедура — что не так уж и отличается от распространенных у нас представлений, например о современных методах химиотерапии. Разве не подвергали китайские хозяева своих черных рабов этому лечению, мысленно обращаясь со всей уверенностью к поговорке «что не убивает, то делает сильнее»? Должны ли мы думать, что эта процедура была полностью продиктована исключительно практическими соображениями — и ничем более? Были ли другие подобные «процедуры воздействия», которые должны были вытерпеть чернокожие рабы Гуанчжоу в плену и которым их не задумываясь подвергали? Помимо утилитарной цели, была ли какая-то более глобальная *подоплека* у фактического *содержания* этих педантичных и, возможно, предписанных культурой попыток «социализации», «содержания дома»? Помимо настойчивого требования изменить кишки, должны ли мы считать, что во всем процессе не было ничего лучше избиений и порки, призванных приучить чернокожих рабов понимать и выполнять указания своих китайских хозяев? Возможно, китайские хозяева все-таки были расположены признать за своими чернокожими рабами некую фундаментальную принадлежность к человеческому роду. Таким образом, учитывая то, что, как мы можем предположить, было общепринятым мировоззрением того времени, отношение этих китайских рабовладельцев могло быть менее необычным, чем показалось нам изначально.

Вышеизложенные вопросы являются откровенно риторическими. Задавая их, я преследовал скромную цель очертить круг препятствий, которые сейчас мешают и, вероятно, и дальше будут затруднять полноту нашего восприятия черных рабов Гуанчжоу в XI веке. Однако вполне возможно, что ничто не создает более серьезного препятствия для восприятия чернокожего предмета наших исследований, чем наше мысленное сопротивление реальности их существования, сопротивление, сопоставимое, возможно, только с полным отчуждением, которым, должно быть, была пропитана их невольничья жизнь после того, как их перевезли в китайскую среду. В целом такие факторы, как инаковость рабов, их пребывание на самой периферии сознания и их существование за санкционированными пределами китайской культурной жизни, — доступ в социальные матрицы которой им никогда не предлагался и не разрешался, не говоря уже об интеграции или ассимиляции, — все это вместе затуманивает ясность наших представлений о них. Все эти факторы привели к отсутствию у нас способности «видеть» рабов, делая нас в этом плане, без сомнения, еще ущербнее, чем в свое время были их владельцы. Действительно, антрополог Джеймс Уотсон и другие относили рабство в Китае к категории чрезвычайно «закрытых», а не «открытых» систем, — которые характеризуются наиболее глубоким разрывом между рабовладельцами и рабами. В отличие от того, как это происходило в других местах и в другие времена в более «открытых» рабовладельческих системах, китайцы, несомненно, никогда не могли представить себе, чтобы черные рабы, даже освободившись, полноценно участвовали в китайской культурной жизни, и подобным же образом им было невозможно вообразить, что чернокожие когда-либо станут частью их родственных групп [Watson 1980: 1–15]. Действительно, делая выводы из описаний их подневольного состояния в рассмотренных первоисточниках, система была полностью *закрытой*, и для черных рабов Гуанчжоу в XI веке — намного больше, чем для местных китайских рабов любого периода.

Хотя мы, возможно, обречены вечно спорить об интерпретации большинства из многочисленных вопросов, касающихся положения чернокожих рабов Гуанчжоу XI века, по крайней мере один вопрос, безусловно, не подлежит обсуждению. Мы должны отнести все понятия об их «мягком» или «доброжелательном» содержании в неволе к этой последней категории не подлежащих обсуждению, и в моих предыдущих рассуждениях я сознательно избегал намеков на то, что в Средние века и/или в начале Нового времени условия, в которых находились чернокожие рабы в Китае, были хоть в чем-то менее тяжелыми, менее унизительными или менее жестокими, чем на Западе, — с конкретным указанием на то, в каком виде этот институт существовал в Соединенных Штатах Америки в конце XVIII и с начала до середины XIX века. Любые попытки установить степени или уровни рабства — во все времена и во всех местах — должны вызывать у нас отторжение.

Неожиданное открытие, что черные рабы, — которых мы теперь можем с уверенностью считать африканцами, — когда-то жили, трудились и умирали на китайской земле, просто удивительно. Более того, то, что мы узнаём благодаря этой находке, одновременно неприятно поражает нас, поскольку нам становится известно еще об одном темном и трагическом пересечении древности между мировой международной торговлей и социальным конструированием рабства. Как следствие, историк в каждом из нас заставляет и обязывает нас разузнать о черных рабах Гуанчжоу как можно больше. Однако даже жажда исторических знаний не избавит нас от того, что вокруг черных рабов Гуанчжоу всегда останется много тайн. Учитывая множество огромных, почти непреодолимых препятствий, с которыми мы сталкиваемся при интерпретации всего, что с ними связано, — невзирая на скудные документальные свидетельства, которыми мы располагаем сейчас или, если повезет, возможно, обнаружим в будущем, — какая-то из сторон жизни этих черных рабов Китая, скорее всего, навсегда останется скрыта от нас, и их образ никогда не предстанет перед нами в кристально чистом виде.

Даже если нам неминуемо суждено вернуться к тому же комплексу проблем, мы все равно понимаем, что со временем у нас устанавливались все более тесные отношения с черными рабами Гуанчжоу XI века, и их реальность становилась для нас все более притягательной, захватывающей и непреходящей. Вопрос о том, представляет ли история этих рабов совершенно *новую* историю *рабства*, больше не будет главным предметом наших исследований, поскольку здесь не о чем спорить: невозможно отрицать, что *это и есть* новая история. Вместо этого при каждой насыщенной, но неполноценной встрече с этими безгласными черными рабами средневекового Китая мы будем постоянно задаваться главным из всех вопросов, который сводится к тому, является ли их трогательная история, каким-либо принципиальным образом, *другой* историей рабства. Мы можем только надеяться, что на этот вопрос еще будут даны правдивые ответы.

Глава 3
На окраину Западного моря

Нет сомнений, что привычное представление о том, что крупнейшие древние культуры земного шара находились в герметичной изоляции — то есть были совершенно замкнутыми и прозябали столетиями в безвестности, оторванные и закрытые друг от друга, — быстро разрушается. Более того, дополняющее его убеждение, что народы, по природе чуждые друг другу, смогли только относительно недавно преодолеть разделяющие их преграды из гор и морей, также становится все более сомнительным — мы, современные люди, так его раскритиковали, что придерживаться его становится все сложнее. Обе парадигмы, похоже, обречены на почти незаметное исчезновение. Особенно в академических кругах, на которых не могут не сказываться почти ежедневные открытия современной археологии, что внесли щедрый вклад во все более полную летопись активного взаимодействия, пусть и нерегулярного, между культурами, которые ранее считались самодостаточными и пассивными. Также, с точки зрения обывателя, в том, что мы все дальше отходим от этой концепции полной изолированности континентов, не в последней степени играет роль тот простой факт, что с каждым днем она все неотвратимее отходит от повседневного опыта. Современные возможности быстрых межконтинентальных путешествий и почти мгновенной коммуникации, воспринимаемые нами как должное, являются как причиной, так и результатом стремительного разрушения этих традиционных взглядов — которые ранее поддерживались бесконечной чередой поколений — на континенты и народы, их населяющие, как на застывшие в неизменном парохиальном состоянии и непроницаемые друг для друга.

Никак не отстаивая принципы технологического детерминизма, нельзя отрицать, что неуклонное развитие технического прогресса сыграло в этом процессе ключевую роль. Действительно, огромная скорость, с которой мы теперь можем путешествовать и общаться, возможно, в первую очередь говорят об изменениях в восприятии, ведь нам теперь кажется обычным, например, перемещение на расстояния, которые когда-то считались непреодолимыми. По мере того как благодаря достижениям в области технологий наши возможности постоянно расширяются, мы неуклонно привыкаем к тому, что все, что раньше повсеместно считалось неизменным и обычным для человеческого существования — например, полная недостижимость никакими способами отдаленных уголков земного шара — вовсе таким не является. Этот усиленный темп нашей жизни предательски действует на наше сознание намного сильнее, чем мы часто даже осознаём. В отличие от народов прошлого, разобщенных физически, но во многом замкнутых, мы теперь сталкиваемся с риском замкнуться психически в текущем состоянии постоянного технического прогресса. В мире, где можно почти без раздумий отправиться на другой континент, мы вот-вот достигнем состояния полного безразличия к тому, что в действительности именно география, — а не раса, класс или политическая экономика, — остается основным и первичным разделителем человечества. Прежде всего сама идея этнической обособленности изначально предполагала географическое разделение. Конечно, те же самые расстояния, которые когда-то представлялись нашим предкам непреодолимой пропастью галактического масштаба, кажутся нам лишь кратковременными препятствиями, поскольку мы обычно преодолеваем их по воздуху за несколько часов или отправляем сообщения с нашей стороны земного шара на другую почти мгновенно. Эти и подобные явления действительно способствовали установлению связей, которые привели к «сжатию» нашего мира. Однако мы не должны допускать и мысли о том, что у нас есть право считать, что ограничения, которые некогда заставляли наших предков замыкаться в пределах их стран, в самом деле не существовали для них и больше не имеют значения в наше время.

Эти постоянные попытки оспорить представления о том, что древние культуры пребывали в непроницаемой изоляции, конечно, во многих отношениях можно расценивать как позитивное развитие событий, хотя бы из-за того, что мы постоянно обнаруживаем, как часто эти представления оказываются ложными. Более того, теперь мы даже воочию видим, как бывшие профанные и научные причинно-следственные связи сливаются воедино и приводят к изменению мировоззрения. Чуть ли не каждый день мы обнаруживаем неожиданные свидетельства человеческих контактов между разрозненными культурами, которые до сих пор считались непреодолимо разделенными пространством, а иногда и временем. Действительно, сейчас так часто в новостях для массового потребления появляются известия о подобных межкультурных контактах между древними народами, что они больше не удивляют и не поражают нас. В целом этому можно только радоваться, поскольку, если бы идеи изоляционизма в их неизменном виде продолжали бы пользоваться поддержкой, не подвергаясь критике, то эта книга не могла бы быть написана. Однако, как это ни печально, иногда наша привычка жить в «сжимающемся» мире имеет не только положительное, но и скрытое отрицательное влияние, поскольку также может привести к почти сознательному забвению реалий прошлого, а этот путь заставлен капканами привычных заблуждений. Среди самых опасных и непростительных ловушек привычки — чрезмерная тяга доводить тезис о тотальном изоляционизме до своего рода нелогичной крайности. У некоторых людей существует тенденция переносить современный менталитет «маленького мира, который становится еще меньше», нарушая все временны́е рамки, на образ мыслей и достижения наших предков, то есть они склонны бездумно считать, что народы из далеких регионов и континентов везде и повсюду свободно вступали друг с другом в контакты и взаимодействие, и иначе быть не могло. В такой позиции заложена угроза непоправимой ошибки сделать мир, используя нынешнюю фразеологию, таким же «плоским» для наших предков, каким он стал для нас. Так, она становится ловушкой, в которую раз за разом попадаются беспечные.

К слову, в последнее время на волне смены умонастроений — отхода от традиционной идеи «везде в изоляции» и перехода к теоретизированию о всеобщей мировой конвергенции — получило распространение определенное ответвление и в науке. Что касается Китая, то мы можем с уверенностью заявить, что среди недавних публикаций нет лучшего примера пагубной тенденции «забывать» историю или, может быть, лучше сказать, сводить ее к причудливому полету фантазии на тему глобализма досовременного мира, чем произведения Гевина Мензиса[1]. Его книги — особенно «1421 — год, когда Китай открыл мир» — служат ярким примером того, как деятелям прошлого произвольно приписываются современные мотивы и возможности.

У меня слишком много претензий к таким работам, как у Мензиса, чтобы перечислять их здесь. Достаточно сказать, не учитывая необоснованный характер их заключений, мало что достойно большего осуждения, чем общий уничижительный эффект таких исследований, поскольку они, как ни парадоксально, приводят к тому, что, как мне представляется, полностью противоречит намерениям их авторов. Вместо того чтобы воздать должное неизвестным или сильно недооцененным достижениям деятелей прошлого мировой истории, которым эти исследования посвящены, легкомысленные и необоснованные выводы Мензиса и ему подобных только умаляют их значение. Попытки этих авторов провозгласить, что их герои были на передовой «открытия всего», неважно, буквально ли они это хотели сказать или привести в качестве образного примера, приносят гораздо

---

1 Как ни прискорбно, во враждебности, с которой были встречены работы Гевина Мензиса профессиональными историками, во многом виноват сам автор, и нелепые заявления, выдвинутые им в исследовании, не критиковал разве что только ленивый. Пример обзорной статьи на его «1421 год» см. у [Findlay 2004: 229–242]. Достойны не меньшего сожаления, чем измышления самого Мензиса, вдохновленные ими безосновательные теоретизирования его самозваных учеников. См., например, [Chiasson 2006].

больше вреда, чем пользы. Такие утверждения проистекают вследствие проецирования на прошлое обстоятельств, в мотивации ли или технологиях, нашей бурно развивающейся современности, что по сути своей губительно. Эти непродуманные и бездоказательные теории о панконтинентальных контактах не только увековечивают разнообразные искажения и вымыслы, но и несправедливо умаляют заслуги тех немногих, кому действительно удалось предпринять столь далекие путешествия, и принижают усилия многих, кто потерпел неудачу — и погиб, — в своих дерзаниях. В результате мы имеем альтернативную историю самого губительного и вредоносного свойства.

Приоткрывая завесу: на пороге открытия

Мы только выигрываем, отдавая себе отчет в том, как опасно относиться к тому, что было, возможно, в прошлом, слишком сильно отталкиваясь от того, что возможно в настоящем. Неспособность сделать это не только не принесет результатов, но и введет в заблуждение. Однако, обращаясь к вопросу о том, когда китайцы впервые осознали существование Африки, мы не можем отрицать, что мы сегодня оказываемся втянутыми в борьбу, больше связанную с преодолением исторического, чем географического расстояния, поскольку еще одним побочным продуктом тезиса о «сжимающемся мире» стало его влияние на утверждение идеи о постоянно отдаляющемся прошлом, которая давно уже прочно укоренилась в сознании большинства из нас. Несмотря на вечный оптимизм и благие намерения археологов, наши знания о том, что происходило после того, как Китай и Африка открыли друг друга, вероятно, всегда будут превосходить всё, что мы теоретически можем узнать об исторических процессах накануне этого открытия. Более того, учитывая тот факт, что этот последующий период, несколько столетий после этого открытия, до недавних пор веками служил только поводом для жалких и странных упражнений, которые не приводили ни к чему, кроме недоразумений и недопониманий в обоих направлениях, мы также должны остерегаться влияния прежних взглядов на эту встречу, способного привести к превратному толкованию всего, что мы можем по крупицам собрать о его предпосылках и начальном этапе.

Я уже говорил, что избавиться от необъективности, разбираясь в том, как впервые узнали друг о друге эти два разных народа — китайцы и африканцы, — в сущности, невозможно ни в какой части этой истории. Однако важность наших соображений для интерпретации каждого из обстоятельств, связанных с этим открытием, после тысячелетий, проведенных в полном неведении о самом существовании друг друга, так трудно переоценить, что это располагает к дальнейшим размышлениям на эту тему. Вполне возможно, что, описывая историю взаимодействия любых двух обособленных друг от друга народов, просто необходимо занимать предпочтительную позицию для наблюдения — нужно знать, на чьей мы стороне; учитывая все имеющиеся в нашем распоряжении документы, мы обнаружили, что это Китай постепенно открывал для себя Африку, извлекая на белый свет пресловутый «темный континент», а не наоборот. Мы оказываем предпочтение или выделяем позицию Китая вовсе не потому, что толпы китайцев ступили на африканскую землю задолго до того, как африканцы просто попали в Китай. Все, что нам удалось узнать до сих пор, — а кульминацией наших изысканий можно считать добытую нами информацию о черных рабах Гуанчжоу, — как раз показало, что это было совсем не так и что на самом деле все обстояло с точностью до наоборот. Такой выбор в пользу китайской стороны нас заставляет сделать совершенно иное обстоятельство. Причина, вынуждающая нас на это, заключается в том, что именно избранным гражданам Китая, а *не* Африки, по счастливой случайности хватило воображения, опыта и грамотности, чтобы оставить после себя письменные свидетельства об этом растянутом во времени событии, — и нам очень повезло, что они это сделали.

Однако, хотя китайцы и оставили документальные свидетельства об интересующих нас столетиях, записей, в которых перед нами предстает Африка, пусть даже только воображаемая, не говоря уже об описании самих африканцев в местах, откуда они родом, чрезвычайно мало. Китайцы очень долго приближались к тому, чтобы осознать существование Африки как места, отдельного от ее народов, дольше, чем мы могли бы предположить. Этот процесс длительное время проводился только косвенно, в основном с участием посредников, таких как арабы, которые, как известно, обосновались вдоль восточного побережья континента и на его прибрежных островах еще в начале X века [Beachey 1976: 6]. Однако, изучая сохранившиеся текстовые документы, мы действительно никак не можем найти упоминания о каком-либо определенном месте на Африканском континенте ни в одном из китайских источников до середины IX века нашей эры [Hirth 1909: 46–57]. Тем не менее для такой культуры, как традиционный Китай, столь страстно документировавшей все экзотическое, подобное упоминание в конце концов, возможно, найдется. Ученые, начиная по крайней мере с Я. Ю. Л. Дёйвендака, считали разнородный текст «*Ю ян цза цзу*» («Пестрые заметки с южного склона горы Ю») удивительно плодовитого танского автора Дуань Чэнши (умер в 863 году)[2], скорее всего, первым произведением, в котором явным образом называется и озвучивается «конкретная информация... о странах за Индией» — то есть на территории Африки [Duyvendak 1949: 12]. В «Пестрых заметках с южного склона горы Ю» упоминается место под названием Бобали, которое, как теперь предполагается, было Берберой, то есть занимало бо́льшую часть общей береговой линии современного Сомали. Вот что рассказывает Дуань Чэнши, автор этой самой первой записи:

> Страна Бобали находится в юго-западных морях. Ее жители не едят ни один из пяти злаков, а питаются только мясом. Они прокалывают вены скота иглами и пускают кровь, которую пьют сырой, смешав с молоком. Они не носят

---

[2] Хотя о личности Дуаня Чэнши сохранилось мало сведений, если не считать его собственных сочинений, последнее время он стал предметом пристального внимания со стороны исследователей. См., например, [Reed 2003]. Гора Юян (Юян шань), по которой названа книга Дуаня, находится на северо-западе современной провинции Хунань. Ее второе название Сяою шань.

> одежды — только прикрывают чресла овечьими шкурами. Их женщины не больны и поведения скромного. Мужчины похищают женщин друг у друга, а если им случится продавать их иноземным купцам, то они заламывают цену втридорога.
>
> Земля дает только слоновую кость и амбру. Когда купцы из Персии (Босы) желают попасть в эту страну, они собирают вокруг себя несколько тысяч человек и выдают им лоскуты ткани. Все, и молодые, и старые, пускают себе кровь и скрепляют ею клятву, и только после этого они торгуют своей слоновой костью и амброй.
>
> С древнейших времен они не подчинялись ни одной иноземной стране. В бою они используют копья, сделанные из слоновьих бивней и ребер и рогов диких буйволов, и, надевая [такую] защитную одежду [нагрудник], они тешатся луком и стрелами. У них есть 200 тысяч пеших солдат, но арабы все равно часто нападают на них [Дуань 1975: 4.3b][3].

Мы знаем, что Дуань Чэнши в принципе не мог писать о Бобали, исходя из личного опыта, но аналогичным образом у нас нет никакой возможности точно выяснить или отследить, какой у него был источник информации или как он на него вышел, хотя устоявшихся теорий на этот счет существует достаточно[4]. Некоторые элементы в его рассказе, например «200 тысяч пеших солдат», — явный вымысел и преувеличение. Однако краткое

---

[3] Слегка отредактированный вариант этого же отрывка появляется в «Новой истории Тан» [Синь Тан шу 1976: 221B.6262]. Эта версия Оуян Сю 1060 года отличается только в самом начале: «Посреди океана есть такое место, которое называется Бобали. Оно не граничит ни с какой другой территорией». Босы — китайская транслитерация названия Парса, так в древности называлась Персия. См. [Wang Gungwu 1958: 59; Wang Gungwu 1998: 52]. Босы также имеет дополнительное значение, указывая на персов-немусульман, в отличие от Даши, как собирательно назывались все мусульмане: и арабы, и персы. См. [Wang Gungwu 1958: 79; Wang Gungwu 1998: 75].

[4] Дейвендак объясняет знакомство Дуань Чэнши с Берберой тем, что тот общался со священнослужителями с «Дальнего Запада» или «Римского Востока» (*Дацинь*), так он их называет, имея в виду место, которое авторы последующего Сунского периода называли Багдадом. См. [Duyvendak 1949: 12–13]. См. также [Chau 1911: 102–110, 263; Чжао 2018: 139–142].

наблюдение Дуань Чэнши является для нас достаточным основанием, чтобы считать его описание Бобали, или Берберы, по крайней мере изложением подлинных сведений, имеющим под собой некоторую долю исторической действительности. Поэтому нам не следует сразу отвергать его как простую выдумку или фантазию на тему — ничего хорошего нам это не принесет. Таким образом, в этом качестве рассказ Дуань Чэнши середины IX века, по всей видимости, является первым произведением китайской литературы, где описываются условия жизни в современной ему Африканской стране.

Однако, что интересно, за этим первым мысленным «рассматриванием» Берберы следует по крайней мере еще одно, заслуживающее внимания. Та же экзотическая страна — на этот раз названная иначе, Бипало, — также становится предметом более позднего и несколько более подробного рассказа начала XIII века. Этот рассказ содержится в источнике, с которым мы уже встречались, — в «Описании иностранных стран», автор которого, Чжао Жугуа, пишет:

> В стране Бипало имеются четыре области (*чжоу*), все остальное — поселки. Сражаются друг против друга за главенство. Служат Небу, не служат божествам (*фо*).
> В [этой] земле много верблюдов, овец. Верблюжье мясо, молоко и жареные лепешки составляют их постоянную пищу.
> Продукция: амбра, слоновая кость больших размеров, а также рога носорога больших размеров. Бивни слонов весом более 100 цзиней; рога носорога весом более 10 цзиней. Также много благовония му («древесное», роза Бэнкса), стираксового масла, [ароматической смолы] мояо, панцирей черепах, достигающих больших размеров. Другие страны многое [из этого] перекупают.
> Еще обитает [там] журавлеверблюд ростом в шесть-семь чи. Имеет крылья и может летать, но не так, чтобы очень высоко.
> Название [еще одного] зверя — Цула. Внешне похож на верблюда, но величиной с корову, окрас желтый. Передние лапы длиной в пять чи, задние — три чи. Голова возвышается высоко. Толщина шкуры один цунь.

> Еще есть мулы, чья [шкура] вперемешку красной, белой и черной масти, с рисунком в виде вертикальных полос. Все эти звери [обитают] на горных пастбищах. Это один из видов верблюда. Жители страны — хорошие охотники. Во время охоты бьют дичь отравленными стрелами [Чжао 2018: 152–153; Чжао 1969: 1.25b–26][5].

Любопытно, что даже при большей детализации описание Берберы Чжао Жугуа одновременно и более, и менее насыщенно, чем у Дуань Чэнши. Конечно, Чжао дает нам более подробное описание обильного разнообразия продукции этой страны, расположенной где-то вдоль современного сомалийского побережья. То, что он прежде всего перечислил нам перечень товаров, которыми торговала Бербера, неудивительно, поскольку — как мы уже узнали — это полностью соответствует его деловым интересам. Ведь мы же знаем, что в 1224–1225 годах Чжао не только служил комиссаром Управления морской торговли Цюаньчжоу, но также был начальником порта и правителем Южной канцелярии, — единственным человеком, как замечает Джон Чаффи, когда-либо «совмещавшим все три должности одновременно» [Chaffee 1999: 239]. Но если сравнивать, в короткой записи Дуаня, хотя она предшествовала записи Чжао, возможно, более чем на три с половиной столетия и, несомненно, содержит статистические ошибки («У них есть 200 тысяч пеших солдат»), все равно народ этой страны изображен намного красочнее. Каждый из авторов описывал страну, не только исходя из свойственных ему интересов, но и отражая различные приоритеты своего времени, что заметно по различной ориентированности их повествований. Дуань, живший в конце периода династии Тан, — в эпоху, когда морская торговля уже имела значение, — тем не менее писал до наивысшего расцвета заморских торговых операций, который пришелся на конец периода династии Сун. Поэтому вполне понятно, что его привлекали прежде всего

---

[5] См. также [Chau 1911: 128–129]. О «четырех областях» (или городах) см. [Hirth 1909: 50].

особенности *народа* Берберы, которые могли расходиться с китайскими культурными нормами. С его точки зрения, именно люди представляли собой наибольшую новизну. Описание Бипало Чжао Жугуа, напротив, странным образом повторяет описания Чжу Юя из предыдущей главы об уникальном сообществе черных рабов Гуанчжоу. Вместо того чтобы изобразить экзотическую землю, населенную совершенно непохожим народом, Чжао представляет Бипало как не более чем самую западную точку, до которой простирался новый мир революционной морской торговли, которой он занимался, — тот самый мир, который он, будучи комиссаром Управления морской торговли в Цюаньчжоу, одном из трех главных портов международной торговли во эпоху Южной Сун, стремился распространить как можно шире. Очевидно, что у Чжао, учитывая, что контакты продолжались уже больше 300 лет, прошедших со времен Дуаня, пусть даже они случались лишь изредка, интерес к народу Берберы существенно угас, чего не скажешь об интересе к товарам, которые можно было у него приобрести, в особенности к тем, что считались диковинками.

Страна Бобали у Дуань Чэнши выглядела достаточно вызывающе, ярко и, возможно, завораживающе, чтобы прочно отложиться в сознании последующих поколений. Это предположительно первое из всех сообщений о какой-либо из африканских территорий помимо того, что входит в его собственное сочинение, также сохранилось в отредактированном виде в «*Синь Тан шу*» («Новой истории Тан»), составление которой выдающийся сунский ученый Оуян Сю (1007–1072) завершил к 1060 году, а впервые опубликована она была в 1077 году, уже после его смерти. Кстати, хотя это место, очевидно, часто приводят в качестве примера, говоря об установлении контакта со странами и общинами восточноафриканского побережья, Бербера была не единственной сомалийской территорией, о которой знали древнейшие китайские летописцы. В «Новой истории Тан» кроме сокращенного изложения отредактированного рассказа Дуаня есть еще одна запись неизвестного происхождения о восточноафриканской «стране» Молинь — то есть о современном Малинди (ранее

Мелинде) на побережье Кении. Запись анонимного автора познавательна со многих сторон. Не в последнюю очередь ее вклад в наши знания проистекает из того, как она подкрепляет высказанное выше предположение о том, что самые первые китайские летописцы при описании контактов с Африкой были склонны большее внимание уделять особенностям встречающихся там туземных народов, а не перечислять различные местные продукты, которыми изобиловала эта земля:

> К юго-западу от Фулиня (Багдада), если пройти по пустыне две тысячи ли, попадешь в страну под названием Молинь. Это бывшая Боса. Народ ее чернокожий и характера свирепого. Земля здесь бесплодна — ни трав, ни деревьев, ни злаков. Лошади питаются сушеной рыбой, люди довольствуются персидскими финиками.
> Они не стыдятся совращать жен своих отцов и вождей. Так, они, худшие из варваров, называют свои поступки «поиском подходящего хозяина и слуги».
> В седьмой лунный месяц [соответствует Рамадану] они целиком отдыхают. В это время они не отправляют и не принимают никаких товаров для торговли, а сидят и пьют [жидкости] всю ночь [Синь Тан шу 1976: 221B.6261][6].

На первый взгляд, кроме общего краткого негативного суждения, в изложенном выше анонимном сообщении о «стране» Молинь мы находим набор противоречивых намеков. С одной стороны, у ее населения, не по его вине, кожа однозначно черного цвета, а живет оно, по сути, в пустыне. Но еще хуже с китайской точки зрения нравственная распущенность ее народа относительно табуированной практики, которую можно и нужно сдерживать, то есть предрасположенность к инцесту. Однако, с другой стороны, мы видим, что обитатели Молинь стараются изо всех сил, учитывая скудость средств, имеющихся в их распоряжении, и ни в коем случае не отличаются распущенностью в соблюдении своих религиозных обычаев. Описание последнего

---

[6] Ли приблизительно равняется трети мили (примерно 500 метров. — *Примеч. пер.*).

весьма показательно характеризует то, насколько широко распространился и глубоко укоренился ислам среди отдаленных народов на довольно раннем этапе своей истории.

Как бы то ни было, в итоге, основываясь на этом самом раннем из доступных упоминаний о Малинди, скорее всего, IX или X века, а также на знаковом, если и не однозначно создающем прецедент, описании Дуань Чэнши сомалийского побережья того же периода, мы можем оценить первые впечатления китайцев от осуществленного, а точнее, выдуманного, ими контакта с Африканским материком, мягко говоря, как мрачные. Кроме того, поскольку гораздо более позднее описание Чжао Жугуа является относительно позитивистским или по крайней мере сравнительно нейтральным по тону, мы должны взвесить вероятность того, что эти две самые ранние из трех записей, учитывая их резко уничижительный тон, не более чем фальшивки — то есть что они являются всего лишь прихотливыми творениями фантазии их авторов. В конце концов, у нас есть неопровержимые свидетельства того, что в Сунский период и позже, во времена Чжао Жугуа, китайцы в целом имели общие представления об Африке, и археологические данные дают нам самые веские доказательства и подтверждения этому. В ходе раскопок уже давно — в конце XIX века — на восточных берегах Африки были обнаружены фрагменты китайской керамики и монеты Сунского периода. Эти находки, конечно, не гарантируют того, что именно китайцы привезли и оставили эти артефакты там, или, по утверждению Дёйвендака, «нет никаких доказательств того, что китайцы в период [Сун] сами когда-либо доплывали до восточного побережья Африки» [Duyvendak 1949: 20, 26]. На самом деле, все сходятся в мнении о том, что тогда китайские товары завозились в Африку, скорее всего, через арабских посредников. Тем не менее это означает, пусть смутно и косвенно, что у китайцев были какие-то зачатки знаний о погруженных во мрак землях, расположенных где-то на самой окраине западных морей, даже если сами они там еще не побывали. Иначе говоря, все, что было известно китайцам эпохи Тан, таким как Дуань Чэнши, об этих удаленных местах, они, вероятно, узнали либо через арабских купцов, которым африканские территории были, несомненно, прекрасно знакомы (они там бывали лично и с ними была связана торговля невольниками), либо через отдельных людей: монахов, солдат, паломников, бродяг и, возможно, даже беглых пленников или рабов, которые пересекались с этими торговцами. Другой вариант не такой понятный, но, как предположил Дёйвендак, китайцы периода Тан вполне могли получить сведения о Восточной Африке благодаря процветающей торговле с территориями, расположенными еще дальше на западе, для осуществления которой надо было пересечь всю Юго-Восточную Азию [Ibid.: 20].

В связи с этим мы обратим наше внимание на последний китайский источник до XV века, в котором присутствуют как будто бы достоверные упоминания потенциально африканских территорий. Это сочинение Ван Даюаня (расцвет деятельности: 1340-е годы) «*Дао и чжи люэ*» («Краткое описание островных варваров»), скорее всего, оно было завершено в 1348 году и совершенно точно к нему было написано предисловие в следующем, 1349 году [Ван 1976: 1.1b][7]. Занимаясь торговлей, Ван Даюань родом из Наньчана, современная провинция Цзянси, в правление под девизом Чжичжэн (1341–1368), последнее при династии Юань, посетил множество заграничных земель. Хотя Ван редко ссылается на «Описание иноземных стран» Чжао Жугуа, но явно ориентируется на него как на образец [Rockhill 1915: 61–64]. Однако сочинение Ван Даюаня заметно отличается от произведения Чжао Жугуа тем, что бóльшая его часть основана на том, что он видел непосредственно сам, а не узнал полностью с чужих слов, поскольку Ван, как известно, сам много где побывал, в том числе и в ряде тех мест, о которых рассказывает. Однако нет абсолютно никаких указаний на то, что Ван Даюань когда-либо в своих путешествиях добирался до двух бесспорно африканских территорий, включенных им в свое описание, — а именно Занзибар (Цэньяолуо) и побережье Берберы (вместе с Лицетой

[7] См. [Rockhill 1915: 71]. Во введении Д. В. Г. Миллса к его аннотированному переводу книги Ма Хуаня говорится, что Ван Даюань закончил свою работу в 1350 году. См. [Ма 1970: 55, 63].

и Лопосы). Несмотря на то что, скорее всего, он сам никогда не видел этих мест, я тем не менее приведу подряд переводы не связанных между собою описаний этих далеких «стран» на самом крайнем западе, поскольку это свидетельствует о том, что о них знали, и «знание» это могло быть довольно широко распространено. Ван пишет о Занзибаре так:

> Эта страна лежит к юго-западу от арабских стран. По ее берегам нет деревьев, почвы там в основном соленые. Пригодные для пашни земли неплодородны, и злаков почти нет, вместо них выращивают ямс. Любое судно, которые прибудет туда торговать рисом, получит огромную прибыль. Климат непостоянен, [но] в обычаях люди придерживаются устоев старины. Волосы людей завязаны в узлы (*ваньцзи*), носят они короткие цельнотканые рубахи. Для пропитания они ставят сети на птиц и зверей. Они кипятят морскую воду, чтобы получить соль, и сбраживают сок сахарного тростника, чтобы получить спирт. У них есть правитель.
> Местная продукция — это красное сандаловое дерево, темно-красный сахарный тростник, слоновьи бивни, амбра, самородное золото и медный купорос. Из товаров у них имеют хождение шкатулки из слоновой кости, торговое серебро, крашеный атлас и прочее [Ван 1976: 1.30].

Что касается Берберы или сомалийского побережья, то Ван сначала обращается к местности под названием Лицета и сообщает следующее:

> Хотя эта страна находится в самой западной части мира, правитель ее живет на побережье. Земля неплодородна, но просо растет. Жилища людей сделаны из уложенных рядами камней. Они вырывают ямы глубиной более десяти футов, чтобы хранить зерно, и оно не гниет три года.
> Там жарко осенью и прохладно летом. Обычаи просты. Мужчины и женщины длинные, худые и странные на вид. Их волосы вырастают на два дюйма и больше не растут. Они носят туники из материи, подпоясываясь черными кушаками. Морскую воду кипятят, чтобы получить соль, а из проса гонят спирт. Люди питаются коровьим молоком. Местная продукция включает голубые и перламутрово-зеленые коралловые

> деревья, они бывают высотой больше десяти или семи-восьми футов или всего в один фут. Осенью и зимой люди на лодках отправляются его собирать. Они прикрепляют сеть к деревянной перекладине, обвязывают с каждой стороны веревками и тянут, срезая деревья, которые попадают в сеть. Из товаров у них торгуют серебром, крашеным атласом, улунскими хлопковыми тканями и тому подобным [Там же: 1.29][8].

Ван очень увлекательно и проникновенно описывает Лопосы:

> Эта страна граничит с горами к западу от Мекки (Мацзияны), где возвышается причудливой формы пик, похожий на уносящегося прочь небесного коня. Рядом с нею море.
> Выглядят мужчины и женщины здесь странно. Они не ткут и не носят одежды из ткани, вместо этого они покрывают свои тела птичьими перьями. Для приготовления пищи они не используют огонь, а пожирают как есть, целиком со шкурой, и выпивают кровь. Жилища их убоги, это простые пещеры. Сложно отказаться от [защиты, которую дают] шелковые и пеньковые ткани — неважно, грубые или тонкие — при смене жары и холода. Но, если отъехать на тысячу ли на север или на юг от реки Ло, какие будут перепады между жарой и холодом в сравнении с этими странами на самом дальнем краю [Западного] моря?
> В этих землях стоит знойная жара, поэтому ее обитатели не нуждаются в одежде, перемещаясь с кочевья на кочевье сообразно законам природы. Неудивительно, что они проглатывают пищу, ведь им все равно, где жить, и интереса к торговле у них нет. Живут они, положившись на волю Небес, как в глубокой древности [Там же: 1.31][9].

---

[8] Скорее всего, Улунь находился за пределами Китая, где-то в Южно-Китайском море или в Индийском океане, но точное его местоположение неизвестно.

[9] В этом примере и в других описаниях сомалийских территорий под горами, скорее всего, имеется в виду Каркарский горный хребет (или горная цепь Голис), который простирается от северо-западной границы с Эфиопией на восток до оконечности Африканского Рога, где резко заканчивается обрывистыми скалами. Средняя высота хребта от 5940 футов (1800 метров) до 6930 футов (2100 метров) над уровнем моря. Самая высокая точка Сомали, гора Шимбирис, достигает высоты не менее 7943 футов (2407 метров).

Рассказы Ван Даюаня об этих африканских землях в лучшем случае вторичны и не очень содержательны. Более того, вряд ли они лишены вымысла. Но и из них можно извлечь определенную пользу, получив более или менее ясное ви́дение того, как примерно китайцы XIV веке воспринимали Восточную Африку. С одной стороны, это восприятие, по-видимому, мало изменилось с течением времени, и поэтому Африка предстает перед нами почти в таком же мрачном свете, как и столетиями раньше. То, что китайцы понимают, какой коммерческий интерес они могут извлечь из торговли товарами из обширного списка продукции этих «стран», никоим образом не затмевает картину бедственного положения и нищеты, в которых, по-видимому, пребывает их население. Однако, с другой стороны, в совокупности «восточноафриканские» записи Ван Даюаня обеспечивают нас крайне важным массивом информации переходного периода. Этот массив информации предвосхищает аналогичные записи последующей эпохи, потому что — и это, возможно, самый примечательный факт в его приземленных, почти грубоватых описаниях африканских земель — он не показывает никакой озабоченности и даже вовсе ни слова не говорит о цвете кожи их народов, а именно никак не упоминает об их абсолютной черноте, столь важной особенности, которую не обходили стороной авторы Сунского периода Чжао Жугуа, Чжоу Цюйфэй и особенно Чжу Юй. Этот неожиданный пробел или даже замалчивание, ни в коем случае не отражают безразличия к черному цвету кожи, а скорее свидетельствует о более близком знакомстве китайских путешественников с *реальностью* и, соответственно, китайских летописцев с *представлениями* об африканцах, так что цвет кожи последних утратил свою новизну и стал отвечать ожиданиям.

Однако из-за того, что многие из более поздних китайских авторов намного реже стали ссылаться на черный цвет кожи, а некоторые вообще предпочитали никак не упоминать об этой особенности, мы не должны считать, что демаркационная лексика исчезла или что эти летописцы просто перестали проводить разграничение между собой и африканцами, используя языковые средства. Напротив, происходит любопытное замещение. За такой короткий промежуток времени, как переход от эпохи Сун к эпохе Юань, мы внезапно обнаруживаем, что прежние отсылки к черному цвету кожи жителей африканских территорий довольно поразительно и в то же время последовательно вытесняются еще более обильными отсылками к не менее старой отличительной особенности — а именно, к фактуре волос. Уже в Минскую эпоху мы обнаруживаем, что из всего богатства возможных вариантов внешних физических различий поздние китайские авторы чаще и легче всего останавливают свой выбор, отделяя себя от все еще совершенно других и чужих африканских варваров, не на черном цвете их кожи, а на их закрученных или завязанных узелками (*цюань*) — если переводить дословно, «сжатых в кулак» или «стиснутых» — волосах. Этот *цюань* полностью омофоничен тому *цюаню*, что Чжу Юй использовал в начале XII века в значении «курчавый», но тем не менее значительно отличается от него смысловой насыщенностью [Чжу Юй 2009: 631; Чжу Юй 1921: 2.4]. На письме этот второй *цюань* отличается от первого, хотя в чем-то и похож на него; в широкое употребление он вошел, очевидно, только в Минскую эпоху, и свидетельствует не только о лексикографических изменениях, но и о соответствующих изменениях в восприятии, потому что, хотя он, несомненно, тоже обозначает кудрявые волосы, но такие кудряшки мы визуально воспринимаем как гораздо более крайнее проявление этой характеристики. Другими словами, глядя на взаимосвязанные изменения в терминологии и восприятии, мы видим, как главным принципом, по которому отличают встреченных чернокожих, становится внешний специфический вид их волос, а *не* оттенок их кожи, — что одновременно служит этнологическим мерилом, по которому все эти дикие африканские народы вместе сваливают в одну недифференцированную категорию, а также разделителем, используемым для того, чтобы поставить их особняком от остального человечества (под которым подразумеваются *китайцы*) и, возможно, даже лишить их человечности.

Однако, несмотря на эту любопытную деталь, обстоятельства таковы, что непосредственное вступление китайцев в контакт с Африканским материком до XIV века не может быть задокументировано, и даже в это столь позднее время оно остается крайне маловероятным, и перед нами все еще стоит самый важный исторический вопрос: *когда* именно китайцы впервые ступили на землю Африки и проникли на ее рынок? Или, если поставить вопрос иначе, *когда* именно по-настоящему свершилось китайское открытие Африки, которое, можно считать, продолжается и по сей день?

В наших поисках однозначного ответа на конкретно поставленный вопрос *когда* «страна» Молинь займет особое место. Ее уникальность в сравнении со всеми другими африканскими территориями, которые уже обсуждались и которые еще предстоит обсудить, проистекает из того факта, что она была одним из первых, если не первым, местом в Африке, вошедшим в китайское коллективное сознание. Таким образом, Молинь (сейчас Малинди) в том, что касается проникновения Африки как идеи в китайский разум, служит своего рода первым мысленным отпечатком или первым «уловом», если так можно выразиться. Она также, что неожиданно, выступает в роли географической оси, вокруг которой сосредоточиваются и вращаются все накопленные к тому моменту знания, а также в роли отправной точки для совершения открытий, которым еще только предстояло свершиться. Рассмотрев первое, мы теперь полностью переходим ко второму.

Близкие встречи и роковые заблуждения

Чтобы приступить к объяснениям, чем именно выделяется значение Молинь, или современного Малинди, в истории возникновения представлений о черных народах Африки у китайцев досовременной эпохи, мы должны обратиться к тому, при каких обстоятельствах эта конкретная местность впервые появилась в их сознании. Произошло это в связи с рядом морских экспедиций, предпринятых под началом «старшего дворцового евнуха трех драгоценностей» («*Саньбао тайцзянь*»), Чжэн Хэ (1371–1433)[10], которые сейчас получают все бо́льшую известность.

[10] Хотя предметом пристального внимания на Западе командующий Чжэн Хэ стал сравнительно недавно, он уже стал лицом китайского мореплавания XV века. Его превращение в символ, которым гордится вся страна,

Однако эту мысль я уже обозначил во введении, и задача здесь состоит в том, чтобы посмотреть на эти уже столь прославленные морские походы под иным углом и при необходимости установить новую пропорциональность. Как красиво выразился историк Эдвард Дрейер, «большинство людей, которые лишь поверхностно знакомы с путешествиями Чжэн Хэ, ассоциируют их с Африкой» [Dreyer 2007: 28]. Однако, пусть даже наблюдение Дрейера и является верным, меня не убедить, что эта ассоциация в общественном сознании подкреплена какими-то фактами и не выходит за рамки ее голословного признания. В таком качестве она не более чем речевой оборот, впустую сотрясающий воздух. Многие другие факты об этой крайне важной связи действительно заслуживают нашего внимания. Итак, не забывая о конечной цели довести повествование о взаимоотношениях, которые поддерживались Китайской империей и китайским народом до Нового времени с их чернокожими, до полного завершения — в той мере, в которой осуществление замысла по их воссозданию и восстановления вообще возможно, — мы приводим здесь те сведения, которые представляются нам наиболее значимыми.

по-настоящему началось с победой коммунистов в 1949 году на волне воодушевления и пафоса 1950-х годов, последовавших за освобождением. См., например, [Hsiang 1956: 11–14]. С этого времени Чжэн Хэ и рассказы о нем стали приобретать популярность далеко за пределами Китая, так что — хотя пока еще нельзя сказать, что его имя получило мировое признание — он, несомненно, уже оказался в центре внимания западного массового сознания. В качестве подтверждения см., например, [Viviano 2005: 28–53]. В 1431 году Чжэн Хэ удостоился титула «старшего дворцового евнуха трех драгоценностей». См. [Ma 1970: 7]. См. также [Tsai 2001: 202]. Цай предпочитает переводить иначе: «старший дворцовый евнух трех сокровищ». Иногда полагают, что «три драгоценности», или «три сокровища», в имени Чжэн Хэ могут быть связаны с буддизмом и символизируют Будду (просветленного), Дхарму (закон) и Сангху (монашескую общину). Также говорили, что под конец жизни Чжэн Хэ перешел в буддизм, и доподлинно известно, что он принял буддийское прозвище Фушань. Однако не менее убедительно прозвучат доводы в пользу того, что Чжэн Хэ благосклонно относился к буддизму, руководствуясь в основном политической целесообразностью, что он пошел на хитрость, чтобы заслужить доверие и добиться уважения в тех странах, где эта религия играла видную роль.

Завершить наше повествование можно только при соблюдении ряда неизбежных условий. Прежде всего, это можно осуществить только в другое время и только в другой обстановке. Читатели должны подготовиться перескочить во времени через 20 столетий. Изменятся также и данные, на которых строится наше повествование: мы перейдем от таких источников конца XII — начала XIII века, как сочинения Чжоу Цюфэя и Чжао Жугуа, к материалам из первоисточников совершенно другого ряда и типа, созданных в начале XV века. При этом также крайне важно знать, что мы можем решиться на такое перемещение, обладая вескими на то основаниями. Главное из них — то, что у нас есть оправданная уверенность в том, что все контакты между Китаем и Африкой, когда бы они ни случились, если вообще случались, в тот промежуточный период, разделявший два века, в лучшем случае происходили косвенным образом, поскольку не сохранилось никаких записей о том, что китайские корабли приставали к берегам Восточной Африки.

Не только достижения Чжэн Хэ представляются удивительно выдающимися, но и то, при каких не располагающих, со всех точек зрения, к тому жизненных обстоятельствах ему удалось всего этого добиться. Интерес, возникший при внимательном изучении истории его морских похождений, вызывал все больше интереса и к его жизни, так что этапы его биографии стали известны в значительных подробностях. Чжэн Хэ, как его позже стали называть, изначально носил имя Ма Хэ и родился в современной провинции Юньнань весной четвертого года правления императора Хунъу (годы правления: 1368–1398) — первоначально носившего имя Чжу Юаньчжана (1328–1398) — императора-основателя династии Мин. Будучи представителем китайского национального меньши́нства *хуэй*, он, как и члены его семьи поколениями до него, исповедовал ислам. Как это обычно бывало при основании династии, в империи не были полностью восстановлены мир и порядок. В 1381 году император предпринял военную кампанию по покорению Юньнани, чтобы, искоренив в ней остатки влияния монгольской династии Юань, объединить Китай. Коренное население Юньнани, стремясь сохранить независимость провинции, стойко сопротивлялось восстанавливающим порядок войскам Хунъу. Отец Ма Хэ, Ма Хачжи (1344–1382), почти сразу пал жертвой этой кампании. Ма Хэ взяли в плен и, хотя оставили в живых и даже в итоге разрешили служить в армии победителей, в отместку за то, что он был сыном одного из ведущих членов сопротивления, его подвергли жестокому и позорному наказанию — кастрации.

Несмотря на то что здоровью Ма Хэ по нашим сегодняшним меркам был нанесен серьезный вред, Ма Хэ смирился со своей судьбой и не ожесточился, неотступно хранил верность императорской власти зарождающейся династии Мин и, повзрослев, заслужил себе прекрасную репутацию как военного. Этим евнух Ма Хэ привлек внимание и был взят на службу к принцу Яню (Янь-вану), Чжу Ди (1360–1424), которому впоследствии было суждено стать императором Юнлэ (годы правления: 1403–1424). Еще до восхождения на престол Чжу Ди прекрасно понимал, что Ма Хэ обладает организаторскими талантами, и, конечно же, впоследствии, уже как император Юнлэ, он не преминул этими талантами воспользоваться и щедро их вознаградить. Взамен Ма Хэ активно помогал императору в захвате трона и укреплении власти военной силой, за что получил многочисленные награды и дарованную императором, как было принято в то время, новую фамилию. Фамилия Ма была широко распространена среди ранних китайских мусульман и остается популярной даже по сей день, главным образом потому, что соответствует по нормам китайского произношения первому слогу в имени Мухаммеда, виднейшего из исламских пророков. Однако в 1404 году в знак своего императорского расположения Юнлэ заменил «Ма» в имени Ма Хэ на «Чжэн», что означало «торжественный» или «официальный». Кроме того, что еще раз свидетельствует о его полном доверии к молодому человеку, который начал свою карьеру при императорском дворе, будучи юным кастрированным пленником-мусульманином из далекой провинции Юньнань, Юнлэ также повысил Чжэн Хэ до ранга старшего дворцового евнуха Управления дворцовых евнухов (*нэйгуань цзянь тайцзянь*) [Ма 1970: 5–6][11].

---

[11] См. также [Tsai 2001: 202–203].

Во времена династии Мин, как и при любой династии в прошлом, бытовало убеждение, что существует прямая связь между дальновидностью того или иного императора и смелостью его начинаний. Возможно, под влиянием этого стародавнего убеждения или действуя по собственной прерогативе, весной 1404 года Юнлэ задумал предпринять ряд морских экспедиций для исследования Западного моря (Сияна), более известного нам сегодня как Индийский океан. Судя по всему, с самого начала это грандиозное предприятие сознательно планировалось осуществить с невиданным и непревзойденным размахом, и проработать план действий требовалось тщательно и во всех деталях на каждом уровне.

Мы не знаем наверняка, возник ли грандиозный план Юнлэ о морском господстве из-за излишней неуверенности в прочности своего положения или из-за почти нарциссической самонадеянности. Доводы в пользу неуверенности вытекают из следующей логики: запланированные путешествия были не более чем уловкой, которая позволила бы привлечь силы для масштабных поисков его племянника Цзяньвэня (1377–1402?), законного императорского наследника, чьему скоротечному правлению, длившемуся с 1399 по 1402 год, Юнлэ только что положил конец, захватив власть. В ходе беспорядков, которые привели к его свержению, Цзяньвэнь просто исчез, оставив дядю в мучительных сомнениях по поводу его смерти. Юнлэ, естественно, не мог не понимать, что одна мысль о том, что законный наследник минского престола выжил, сплотит его сторонников, поэтому ее нужно было задавить в зародыше[12]. То есть, если рассматривать их в таком свете, запланированные походы в Западное море были не более чем продолжением — в значительно большем масштабе — дворцовых интриг, в ходе которых Юнлэ и пришел к власти[13]. Однако сомнительная необходимость в том, чтобы

---

[12] Содержательные, но иногда слишком умозрительные размышления по поводу этого и других мотивов, по которым были предприняты эти экспедиции, см. у [Dreyer 2007: 60–62].

[13] См. изложение этих формальных рассуждений в [The Great Chinese Travelers 1964: 247].

отправлять на поиски молодого императора, который только, по слухам, оставался в живых, такие большие флотилии — в среднем более 20 тысяч человек на борту нескольких десятков огромных джонок — на край известного мира и не один, а несколько раз, указывает на другие, гораздо менее низменные мотивы. Если мы согласимся с этим рассуждением, то, вероятно, будет правильнее рассматривать великие морские экспедиции Юнлэ, вместе взятые, как вереницу своего рода зрелищных представлений, организованных по инициативе монарха, преисполненного неумеренной самонадеянности. Если понимать их под таким углом, то эти плавания становятся массовыми публичными подтверждениями власти и авторитета, демонстрациями силы, призванными явить миру грандиозные возможности царства, которым правил китайский суверен, и его августейшей способности заставить это царство выполнять его распоряжения. Действительно, если учитывать, что планировалось посетить страны, находящиеся в пределах традиционной китайской зоны влияния, то даннические отношения, безусловно, во многом послужили побудительным мотивом для этих плаваний. Однако в планах также, несомненно, предусматривался и выход этих громадных флотилий далеко *за пределы* традиционной китайской сферы деятельности, чтобы повсеместно прославить имя и мощь могущественной империи Мин. Так что если полагать, что эти «небесные плавания» были предприняты в основном просто потому, что их *можно* было предпринять, то одну только эту демонстрацию мощи можно считать достаточной для них мотивацией.

Но оставив в стороне нерешенный вопрос об их побудительных мотивах, эти плавания, инициированные императором по его указу, вероятно, были организованы во всех отношениях в соответствии с самыми передовыми технологиями китайского мореходства и навигации начала XV века, находившимся на пике своего развития. Как настоящие экспедиции, по крайней мере отчасти, они не были ни первой, ни единственной попыткой Юнлэ распространить свою власть на чужие воды. Вопреки изоляционизму и «закрытости», качествам, которые проявятся позже и станут отличительными чертами удушающего нативизма династии Мин, а также явно стремясь обеспечить собственную легитимность, подтверждая легитимность инвеститур других, Юнлэ сразу же после вступления на престол в 1403 году отправил посольство из евнухов, чтобы объявить о своем мандате и потребовать возобновления даннических отношений с государствами Юго-Восточной и Южной Азии и установления таких отношений с различными государствами Ближнего Востока. Однако, как полагает Ши-шань Генри Цай, «из всех морских операций, которые снарядил Юнлэ, семь плаваний Чжэн Хэ (последнее из которых состоялось после смерти Юнлэ) были детальнее всего продуманы и о них писали больше всего, что вполне оправдано» [Tsai 2001: 201].

За долгий срок правления династии Мин, продлившегося два века и три четверти, евнухи среди высшего военного командования перестанут быть редкостью [Duyvendak 1949: 27]. Однако с самого начала крайне почетный и выгодный пост главы флотилии стал причиной раздора, из-за которого проявились глубокая неприязнь и недоверие, что позже определяли и пронизывали все аспекты сопернических отношений между императорскими кастратами, представлявшими «партию» внутреннего двора (*нэйгэ*), и полчищами чиновников, составлявших бóльшую часть представителей внешнего двора (*вайгэ*). Учитывая, какие высокие ставки связывались с успехом такого колоссального предприятия, назначение Чжэн Хэ его руководителем вряд ли было очевидным, и за честь возглавить именно эти морские экспедиции[14] активно соперничали видные и прославленные представители высшего ранга военного, Чжан Фу (1375–1449)[15], и гражданского, Цзянь И (1363–1435)[16], чиновничества. Тем не менее мы можем с некоторой уверенностью предположить, что предполагаемые плавания изначально были задуманы по инициативе внутреннего двора, что по умолчанию

---

14 Следует отметить, что кроме морских экспедиций Чжэн Хэ, получивших наибольшую известность, в переходный период между династиями Юань и Мин предпринимались и другие, причем экспедиции Чжэн Хэ не были даже самыми первыми. См. [Tsai 2001: 201].

15 Подробнее о Чжан Фу см. [Wang Gungwu 1976a: 64–67].

16 Подробнее о Цзянь И см. [Huang 1976: 234–236].

предоставляло императору максимальную свободу в определении целей и, что особенно важно, в привлечении ресурсов, включая выбор руководителей. Соответственно, рассмотрев должным образом возможных претендентов, которых можно было бы поставить во главе флотилии, Юнлэ остановил свой выбор на Чжэн Хэ, несомненно, исходя из своих представлений о том, какую пользу принесет евнух на этом посту предприятию и императорской особе.

У Юнлэ было, вероятно, множество причин выбрать Чжэн Хэ и доверить ему руководство, и четыре из них заслуживают упоминания. Во-первых, за прошедшие годы с тех пор, как его доставили ко двору в Нанкине юным 11- или 12-летним пленником, Чжэн Хэ доказал свою неизменную преданность — сначала Хунъу, а затем и Юнлэ. Во-вторых, хотя он и был оскоплен, свою верность Юнлэ Чжэн Хэ показал, доблестно сражаясь на поле боя в непрекращающихся войнах, которые империя Мин вела, наводя порядок на своей территории; судя по всему, Чжэн Хэ отличался внушительным внешним видом, он был высок, силен, искушен в военных делах, так как служил личным советником Юнлэ непосредственно на полях сражений [Tsai 2001: 66]. В-третьих, Чжэн Хэ был глубоко верующим мусульманином и хорошо знал арабский язык, так что идеально подходил на роль адмирала-посланника, которому предстояло, как предполагалось, в ходе путешествий вести переговоры с кругом правителей преимущественно исламского вероисповедания (рис. 3). В-четвертых, как отмечает Цай,

> после того как Юнлэ принял императорский сан, он повысил Чжэн Хэ до должности старшего дворцового евнуха Управления дворцовых евнухов, службы внутреннего двора, отвечающей за все дворцовое строительство. Вероятно, управляя в этой должности придворным гражданским строительством и закупая металлы и пиротехнику, Чжэн познакомился с тонкостями производства оружия и строительства кораблей [Ibid.: 202–203].

Мы можем предположить, что все эти причины наложились одна на другую в голове Юнлэ, и Чжэн Хэ казался ему наиболее предпочтительным кандидатом на роль будущего императорско-

Рис. 3. Чжэн Хэ с помощниками [Ло 1597: цзюань 5, хуэй 21, 1b–2]

го посланника в далеких-предалеких странах. Таким образом, выбор в пользу евнуха, возможно, был предрешен.

Первая из экспедиций отплыла от берегов Китая летом 1405 года и вернулась в 1407 году, посетив территории современных Малакки (Мелаки), Вьетнама (в частности, бывшую Чампу), Яву, Суматру, Мальдивы, Шри-Ланку и юго-западное, или Малабарское, побережье Индии (Кочи [Кочин] и Кочжикодэ [Каликут]). Во время последующих второго (1407–1409) и третьего (1409–1411) плаваний корабли вернулись в те же места, где уже побывали, но к ним добавились еще территории современных Таиланда и Камбоджи. Только в связи с четвертым путешествием (1413–1415), единственной целью которого, видимо, было путешествие в Бангладеш (тогда Бенгалию) и далее за Кочжикодэ в богатый порт Ормуз (Гормуз) в устье Персидского залива, собственно Африка впервые появляется в качестве косвенного объекта дискурса в ходе экспедиций — что имело серьезное значение, учитывая косвенный и почти прохладный характер первоначального интереса к ней и к ее физическому местоположению [Ma 1970: 10–15; Tsai 2001: 203–207].

В Ормузе или Кочжикоде, Чжэн Хэ, «вероятно, встречался с торговцами из восточно-африканских городов-государств Могадишо, Брава [Бараузэ] и Малинди», как верно замечает Луиза Леватес в своей книге «Когда Китай правил морями: флот сокровищниц царства Дракона, 1405–1433» [Levathes 1994: 140]. Чжэн Хэ случайно встретился с этими африканскими торговцами году в 1414, и, насколько нам известно, это была первая личная встреча известного китайского мореплавателя (или, возможно, только кого-то из его команды) с этнически черными уроженцами Африканского континента. Однако, с точки зрения китайцев, памятным это событие стало не из-за того, что встретились люди с разных далеких берегов. Вовсе нет — важность встречи для китайцев была обусловлена почти исключительно тем, что они впервые непосредственно столкнулись и, соответственно, удостоверились воочию в существовании одного из самых привычных товаров Восточной Африки. Это был *цула*, вероятно, от искаженного арабского *зурафа* (жираф), о котором примерно двумя столетиями ранее впервые упоминал, основываясь на чужих рассказах, Чжао Жугуа.

Любопытно, что, никогда прежде не видев ни одного жирафа, ни Чжэн Хэ, ни кто-либо из других участников четвертого плавания, не решили признать в нем просто *жирафа*. Спутник Чжэн Хэ, состоявший при посольстве евнух Ян Минь (около 1413–1419), которому было приказано немедленно вернуться в Китай с новым королем Бенгалии и жирафом из Малинди, которого тот намеревался принести в дар императору, вместо этого предпочел считать, и так и представил, странного зверя, доставленного им к минскому двору, легендарным *цилинем*, существом, приносящим удачу, чье появление, как считали, сулило предстоящее благоденствие [Ibid][17]. Даже если возвращение Ян Миня и не было вызвано внутренними геополитическими потребностями Китая того времени, оно пришлось как нельзя кстати; осенью 1414 года[18] он прибыл домой вместе с жирафом из Малинди как раз тогда, когда Юнлэ приступил к привлечению всех ресурсов для переноса императорской столицы из Нанкина в Бэйпин (будущий Пекин), где раньше был его княжеский удел [Ibid.: 138]. Этот переезд фактически состоялся между 1421 и 1423 годами [Ibid.: 143–146][19], но в промежуточный период, предшествовавший этому событию, разве можно было придумать лучший подарок, который бы подтвердил дальновидность и справедливость императорского решения о переносе столицы, чем появление этого исключительно необычного зверя, а вслед за ним еще одного? [Ibid.: 140–143]. То есть китайцы периода правления Юнлэ, впервые ставшие обладателями жирафа, хотя и косвенным образом, — то есть через посредничество вассального царя, — приняли решение либо неосознанно, либо намеренно превратить зверя в *цилиня*, считавшегося символом грядущей эпохи благоденствия, который часто (несмотря на слишком большое количество

---

[17] Интересно, что не одни только китайцы считали жирафа исключительно диковинным созданием. Таким же было и восприятие европейцев, когда они впервые встретились с этим животным в конце XV и в начале XIX века (в 1486 и в 1827 годах соответственно). Подробнее о впечатлениях европейцев, а также китайцев от их первых жирафов, см. [Ringmar 2006: 375–397].

[18] Этот самый первый жираф был официально поднесен Юнлэ на 12-й день 9-го лунного месяца 1414 года (по западному летоисчислению 4 октября 1414 года), о чем мы узнаём из подписи к сохранившемуся до наших дней прекрасно известному рисунку, исполненному по этому случаю придворным каллиграфом Шэнь Ду (расцвет творчества: 1410–1420 годы), которому высочайшим указом было поручено увековечить образ ранее неизвестного существа. Официальные источники подтверждают, что в следующем году был доставлен второй жираф. См. [Мин ши 1974: 326.8451], где сообщается: «От Китая Малинди удалено сверх всяких пределов. В 1415 году [послы] оттуда прибыли [к нашему двору] и поднесли цилиня в дар».

[19] См. также [Tsai 2001: 125–127].

рогов) отождествлялся с западным единорогом[20]. Ситуация, в которой Чжэн Хэ и его соратники по четвертой экспедиции оказались не в состоянии признать или принять жирафа за жирафа, парадоксальна, но, возможно, уступает по парадоксальности тому факту, что им не потребовалось физически отправляться на восточное побережье Африки, чтобы самим заполучить там животное напрямую. Далее, продолжая рассказ о восточноафриканских торговцах, встреченных в Ормузе или Кочжикодэ, которые, несомненно, изначально оповестили гостей из минского Китая о существовании у них жирафов, Леватес отмечает, что Чжэн Хэ «убедил [их] вернуться с ним в Китай и преподнести в дань императору дары, что они и сделали» [Ibid.: 140][21].

Нет нужды сомневаться в том, что путешествие этих восточноафриканских торговых посланников в далекий Китай и их вступление в эту империю в качестве свободных представителей самостоятельных, по мнению китайцев, хотя и подчиненных государств, является переломным моментом истории. Более четкого указания на пройденное психологическое расстояние — от представления об африканцах как рабах до африканцев как свободных людей — вряд ли можно себе представить, поскольку теперь нам хорошо известно, что менее чем три столетия назад возможные прямые предки этих самых послов томились в бесконечном китайском плену как рабы в Гуанчжоу. То, что эти африканцы XV века отправились в Китай под покровительством Чжэн Хэ и его флота по доброй воле и, возможно, даже желая этого, свидетельствует о том, в какой степени воспоминания об омерзительном пленении в Гуанчжоу были — либо по взаимному согласию, либо по забывчивости — оставлены в прошлом, если и не полностью преданы забвению.

Если обратить внимание на годы, в которые произошло это знаменательное событие, то мы также заметим парадоксальность ситуации. Эти восточные африканцы отправились как свободные

---

[20] Забавно, что, вероятно, желая отождествить цилиня с настоящим животным, Шишань Генри Цай ошибочно идентифицирует его с окапи. См. [Tsai 2001: 206].

[21] См. также [Dreyer 2007: 189].

люди в Китай всего за несколько десятилетий до начала пресловутой атлантической работорговли в 1441–1444 годах, когда их западноафриканских сородичей переправляли на португальских кораблях сначала на север в Лиссабон или во Флоренцию, а затем стали перевозить на запад — несчетными тысячами, даже миллионами, в основном на британских кораблях, — в Новый Свет, обрекая на рабство и смерть[22]. Однако в целях данного исследования крайне важно обратить внимание на то, что за этим вступлением свободных африканских чернокожих в Китай вскоре последовало еще одно не менее знаменательное событие, которое нам необходимо отметить и которое подтверждает, что эти африканцы в Китае действительно были свободными. По простейшим правилам вежливости этих африканских данников, благородно пожелавших поднести в дар китайскому императору легендарного *цилиня*, было необходимо отвезти назад в места, откуда они были родом. Хотя ожидание возвращения на родину с сопровождением и охраной затянулось на год или больше, в этой связи мы можем выделить пятое плавание Чжэн Хэ (1417–1419) из всех предпринятых ранее, потому что — впервые в истории — китайцы, можно с уверенностью сказать, целенаправленно отплыли прямо в Африку и, по всей вероятности, уверенно ступили на африканскую землю[23].

Однако нам не следует обольщаться, полагая, что Африка изначально была главным пунктом в маршруте плавания, в которое отправились Чжэн Хэ и сонмы его спутников. Экспедиции изначально преследовали две цели: повышение престижа династии Мин среди известных народов, плативших ей дань, и сохранение уже существующих торговых путей. Как бы ни было экзотично

---

[22] См. [Roberts 2008: 63], где Робертс пишет: «Действительно, первых рабов, захваченных на атлантическом побережье Африки, привезли в Португалию как подарок королю Генриху Мореплавателю». Король, или принц, Генрих Мореплаватель жил с 1394 по 1460 год. Подробнее об этом аспекте работорговли см. [Tognetti 2005: 215–216].

[23] Интересно, что, хотя маршрут ее и известен, не сохранилось записей о количестве судов и моряков, участвовавших в этой пятой экспедиции. См. [Ma 1970: 13]. См. также [Tsai 2001: 206].

или заманчиво исследование неизвестных территорий, — а в эту категорию следует включить все восточноафриканское побережье, — оно не было первостепенной задачей[24]. Более того, тот факт, что Африка в принципе выпадала из поля зрения и не входила в сферу изначальных интересов и компетенции череды морских экспедиций под началом Чжэн Хэ, странным образом подтверждается всеми сохранившимися документальными свидетельствами. По крайней мере несколько десятков из многих тысяч людей, связанных с плаваниями Чжэн Хэ, были тщательно отобраны и специально наняты в качестве устных и письменных переводчиков. Однако из всего множества людей только три человека оставили после себя сохранившиеся до наших дней сочинения об увиденном в этих уникальных океанских путешествиях. Вот список этих произведений и их авторов соответственно в порядке убывания их известности, если и не времени написания: «*Ин яй шэн лань*» («Обзор берегов океана») Ма Хуаня (около 1414–1451), завершенный, вероятно, не позднее 1433 года, «*Син ча шэн лань*» («Общий отчет о плавании Звездного плота») Фэй Синя (около 1388–1436?), завершенный в 1436 году, и «*Си ян фань го чжи*» («Хроники варварских племен Западного моря») Гун Чжэня (около 1413–1434), завершенные в 1434 году [Tsai 2001: 202]. Ни один из этих людей не участвовал во всех путешествиях, но каждый участвовал по крайней мере в одном. Гун Чжэнь был в составе команды только во время седьмого, и последнего, путешествия 1431–1433 годов, а Ма Хуань и Фэй Синь сопровождали Чжэн Хэ в нескольких экспедициях, если быть точнее, то Ма Хуань в трех — в четвертой, шестой (1421–1422) и седьмой, — а Фэй Синь в четырех — во второй, третьей, пятой и седьмой.

Безусловно, сочинения всех трех авторов Минского периода имеют неоценимое значение сами по себе, а также потому, что это единственные сохранившиеся рассказы об этом историческом

---

[24] Дрейер отмечал, как странная одержимость современных ученых, начиная с Дёйвендака, идеей найти все места, которые посетил Чжэн Хэ, и сопоставить с тем, что там находится сейчас, повлияла на то утверждение ошибочного мнения, что главной задачей этих путешествий было исследование новых территорий [Dreyer 2007: 182].

событии. Однако, преследуя собственные цели, мы сталкиваемся с трудностями, пытаясь обнаружить при изучении двух из трех этих произведений горячий интерес со стороны Чжэн Хэ к посещению Африки как порта назначения. Мы пришли к этому выводу, в основном упражняясь в показательном доказательстве через отсутствие данных. В «Обзоре берегов океана» Ма Хуаня, самой известной и широко цитируемой из трех работ за то, что она проливает свет на внутренние представления самих китайцев начала XV века о самых отдаленных уголках Юго-Восточной Азии, Южной Азии и Ближнего Востока, не описана и никак не упоминается ни одна территория, которую можно было бы счесть африканской. Мы знаем, что первое исследование возможного пути к побережью Восточной Африки было предпринято эскадрой четвертой экспедиции, в которой участвовал Ма Хуань, а Фэй Синь не участвовал. Однако, основываясь на том факте, что в его книге в перечне посещенных мест нет ни одной африканской территории, мы можем с уверенностью заключить, что Ма Хуан не входил в состав ни этого конкретного отряда 1414 года, ни любого другого, который разведывал пути или доплывал до африканских берегов [Ма 1970: 21]. «Хроники варварских племен Западного моря» Гун Чжэня — безусловно, самый краткий и наименее содержательный из трех трактатов. Кроме того, «Хроники варварских племен Западного моря» — наименее оригинальное произведение, поскольку в нем в основном повторяются сведения, изложенные с большим мастерством и богатством деталей Ма Хуанем в «Обзоре берегов океана» [Там же: 55]. Тот факт, что в «Хрониках варварских племен Западного моря» в принципе речь идет только о последнем из семи путешествий, суживает тематику данного сочинения. Поскольку Гун Чжэнь должен был ограничиваться лишь тем, что можно увидеть за одно путешествие, это также могло отразиться на том, что на страницах его хроник мы не встречаем упоминания ни об одной территории в Африке, хотя он участвовал в том плавании, когда, как известно, этот континент посетили в последний раз. Так, учитывая эти ограничения и то, что написаны они были относительно поздно — предисловие к сочинению Гуна датируется

1434 годом, а предисловие к сочинению Ма, хотя год его публикации остается неизвестным, датируется 1416 годом — мы можем быть уверены, что «Хроники варварских племен Западного моря» опираются, часто дословно, на более ранний «Обзор берегов океана» [Там же: 54, 55, 57]. Помимо того, даже если не считать умолчания об Африке достаточной причиной снижения их ценности, мы находим, что их полезность еще больше умаляется отсутствием полной информации о большинстве перечисленных в них мест — не говорится ничего нового и не описываются никакие подробности [Гун 1999: 1.3b–4].

Так что, желая узнать, с чем в действительности столкнулись, приставая к берегу, суда Чжэн Хэ, занимавшиеся исследованием побережья Восточной Африки, мы оказываемся зависимыми от свидетельств одного автора из трех, который, как известно, побывал там не один раз — Фэй Синя. Только в его сочинении — «Общем отчете о плавании Звездного плота» — мы встречаем хоть сколько-то подробные описания мест, явно находящихся в Африке. Тем не менее, прежде чем изучить то, что же он там увидел, мы должны задаться вопросом, что за человеком был Фэй Синь. Поскольку то, кто мы есть, влияет на то, что мы видим, наше знакомство с Фэй Синем, в той мере, насколько это возможно, учитывая скудность имеющейся информации, хорошо подготовит нас к «Африке», с которой встретился он и которую представит нам.

Фэй Синь был родом из Куньшаня в юго-восточном прибрежном районе к северо-востоку от округа Сучжоу, в самой южной оконечности современной провинции Цзянсу [Wang Gungwu 1976b: 440–441]. Поскольку его семья входила в реестр наследственных военных, сформированный во времена династии Мин[25], то, что Фэй Синь был солдатом, не должно нас удивлять, поскольку в возрасте 13 лет ему пришлось поступить на военную службу, чтобы заменить своего умершего брата, сосланного служить в гарнизоне в гавани Люцзя (Люцзя ган) в Тайцане[26]

---

[25] Подробнее об этом институте см. [Hucker 1961: 17–19].

[26] Тайцан находится к северо-востоку от Куньшаня совсем близко (в 20 милях) от устья реки Янцзы, где она впадает с Желтое море (Хуанхай).

из-за какого-то преступления, совершенного его предком. Учитывая эту явно достоверную информацию, Дейвендак доходит до того, что называет Фэй Синя «технически “преступником”», считая, что он попал в безвыходное положение, оказавшись в тисках обязательной военной службы, искупая предположительно политическое преступление, совершенное либо его отцом, либо дедом [Duyvendak 1949: 31][27].

Учитывая это отягчающее обстоятельство, возможно, есть смысл полагать, что молодой Фэй Синь был военнообязанным вдвойне; в 19 лет его заставили поступить, очевидно в качестве секретаря или делопроизводителя-переводчика, во вторую из экспедиций Чжэн Хэ, длившуюся с 1407 по 1409 год. На морскую службу Фэй Синя призывали еще три раза, и нет никаких сомнений в том, что он скорее тяготился, чем радовался своим многократным вынужденным путешествиям в дальние страны [Wang Gungwu 1976b: 440]. Фэй Синь так ненавидел свою зависимость, что, как сам написал в предисловии, создал два варианта «Общего отчета о плавании Звездного плота» — в одном просто излагались события, а к другому, ныне утраченному, прикладывались еще то ли карты, то ли схемы, то ли рисунки (использовано общее для них слово *ту*) [Фэй 1999а: 2][28]. Дейвендак уверяет, что последний вариант Фэй Синь задумал, по крайней мере отчасти, в надежде, что книга заинтересует или развлечет императора и его освободят, хотя бы временно, от вечной воинской повинности. Однако надежды Фэй Синя получить признание и свободу писательским трудом, судя по всему, не сбылись [Duyvendak 1949: 31].

Хотя об авторе в быту известно мало, об оставленных им записях известно намного больше. Больше всего нас интересует вопрос, какова *африканская* составляющая или содержание «общего отчета» Фэй Синя? Мы видим, что, как и Гун Чжэнь, Фэй Синь, вероятно, также опирался на более ранние записи Ма Хуаня. Однако повествование Фэй Синя уникально тем, что он видел и записывал свои впечатления от мест, которые Ма Хуань нико-

---

[27] См. также [Fei 1996: 18–19].

[28] См. [Rockhill 1915: 73].

гда не видел. В «Общем отчете о плавании Звездного плота» Фэй Синя описываются четыре территории, которые мы, за одним исключением, однозначно можем отнести к частям Восточноафриканского субконтинента. По крайней мере по их современному расположению они соответствуют Браве, Джубе, Могадишо и, в качестве догадки, Зейле (Сайлак), причем все они, скорее всего, находятся на территории современного Сомали[29].

Мы *не можем* точно установить, когда именно Фэй Синь посетил каждую из этих африканских «стран», потому что у него было несколько возможностей — если точнее, то не меньше двух, так как и пятая, и седьмая экспедиции Чжэн Хэ, в которых участвовал Фэй Синь, доходили до африканских берегов. Однако не менее важно то, что мы *можем* смело сделать вывод, что Фэй Синь не мог побывать там *до* пятой экспедиции — для него она была третьей, в ходе которой в 1418 году китайские корабли оказались дальше всего. Описывая «страну» или «царство» Брава (Булаваго), он пишет:

> Если отправиться из Велигамы (Бело) на Цейлоне [Шри-Ланка] (Силаньшань) на юг, то через 21 день и ночь можно достичь этой страны, которая находится рядом с Могадишо (Мугудушу). Ее горы и земли выходят к морю, а люди живут в деревнях со стенами из наваленных грудами камней

---

[29] Единственное место, расположение которого остается подлинной загадкой, является Ласа. Я склоняюсь к мысли об ее африканском происхождении, основанной преимущественно на том, что во всех сохранившихся письменных документах она включается в одну группу с другими совершенно точно сомалийскими территориями, полагая, что это то же место, что и современные Зейла, или Сайлак. Такое разбиение на группы в источниках убедительно свидетельствует о том, что эти места находятся близко друг к другу, даже если и не имеют общих границ, или по крайней мере на одном континенте. Однако не исключена возможность того, что Ласа все-таки находится где-то на Аравийском полуострове. Интересные рассуждения и другое мнение по этому вопросу см. в [Dreyer 2007: 84–85]. Дрейер придерживается выдвинутых ранее Д. В. Г. Миллсом доводов в пользу аравийского происхождения Ласы. См. [Ма 1970: 63, 202, 251]. См. также приложение Миллса, целиком посвященное вопросу точного расположения Ласы (которую он называет Ла-са) в [Там же: 347–348]. Этот вопрос также рассматривается, но менее убедительно, Миллсом в [Fei 1996: 72n201].

и сложенными из камней домами. Горы лишены растительности, а земли простираются далеко, и почвы соленые. Есть там соленое озеро, а в нем — деревья с ветвями, и, когда они сколько-то вырастут, их вытаскивают из озера, когда их плоды пропитаются белой солью.

Живут там просто. Земледелием никаким не занимаются, люди живут за счет рыболовства. У мужчин и женщин волосы — как узелки-«кулачки» (*цюаньфа*), носят они короткие рубахи, подпоясываясь лоскутами из хлопковой ткани. В ушах женщины носят для красоты золотые монеты, а на шеях — подвески с бахромой.

У них есть лук и чеснок, но нет никаких видов тыкв. Циветы, похожие на мускусных оленей, зебры, подобные пегим ослам, леопарды, безрогие олени, носороги, мирра, ладан, амбра, слоновьи бивни и верблюды — местная продукция этой земли. Мы торгуем с ними золотом, серебром, атласом, шелком, рисом, бобами и фарфором. В обмен на милостиво поднесенные дары [нашей империи, их вожди] выступили вперед и предложили подношения из их местной продукции [Фэй 1999б: 4.4a–b][30].

---

[30] См., как этот же самый отрывок впервые перевел Рокхилл [Rockhill 1915: 614–615]. См. также перевод Миллса [Fei 1996: 103–104]. Мои переводы принципиально важного термина *цюаньфа* заметно расходятся с переводами и Рокхилла, и Миллса. Рокхилл, как мне кажется, ошибочно всякий раз передает его дословно, упорно предлагая в переводе что-то вроде «они закручивают свои волосы». Миллс также заблуждается, постоянно прибегая также к дословному, но менее обязывающему варианту «их волосы закручены». Ошибочные прочтения такого рода, несомненно, допускают возможность того, что народы, которые повстречались Фэй Синю на юго-восточном побережье Африки, по этническому происхождению отличались от африканцев и были, возможно, не чернокожими, а семитами, так как известно, что эта территория столетиями до империи Мин находилась под сильным арабским влиянием, если и не была ими заселена. Однако, по моему мнению, кроме характеристики фактуры волос в описаниях Фэй Синя содержится слишком много противоречащих этому данных, которые опровергают эти варианты перевода, а также то, что из них проистекает. Другими словами, исключая, возможно, пример с Зейлой, такие детали как то, что «носят они короткие рубахи, подпоясываясь лоскутами из хлопковой ткани» и прочие, совершенно ясно дают понять, что различные встреченные народы были не только коренными африканцами, занятыми привычными для их культуры делами, но также и чернокожими африканцами.

Далее следует, примерно такой же длины и насыщенности, описание Джубы (Чжубуго), царства, названного, видимо, по реке Джубба, которая протекает по этой территории и сегодня. Как и в случае с Бравой, местоположение Джубы определяется с точки зрения ее близости к Могадишо, и жалкая убогость описания Джубы заставляет нас ожидать, что грядущее описание второй «страны» станет географическим стержнем, к которому Фэй Синь будет возвращаться, делясь своими впечатлениями о восточноафриканском побережье. Хоть и кажется, что Джуба удостоилась скудного внимания, по сравнению с Бравой и его было более чем достаточно:

> Это место граничит с территорией Могадишо. Города там пустуют, городские стены из нагромождения камней, а их дома выложены из каменных плит.
> Обычаи соблюдаются со строгостью. И у женщин, и у мужчин ворсистые вьющиеся волосы. Мужчины оборачиваются в хлопковые ткани, женщины, выходя из дома, покрывают головы тканью и не показывают ни лиц своих, ни тел.
> Сама почва желта и бесплодна. Годами может не идти дождь, и от этого ничего не растет. Воду добывают из глубоких колодцев с помощью зубчатого колеса, а живут они рыболовством. Львы, золотые монеты, страусы высотой от шести до семи футов с ногами как у верблюда, ладан и янтарь — вот местные продукты. Взамен мы предлагаем киноварь, атлас, тонкий шелк, золото, серебро, фарфор, перец и рис. Тронутый императорской щедростью, в благодарность за подарки правитель принес местную продукцию в дар как дань [нашему двору] [Там же: 4.4b–5][31].

Джуба также представляет существенный интерес для наших изысканий, поскольку это одно из мест, упомянутых Фэй Сином, посещение которого флотилией Чжэн Хэ находит подтверждение в официальной «Мин ши» («Истории династии Мин»). Но там место описано крайне сжато и, по ощущениям, в чуть более мрачных тонах, чем у Фэй Синя:

---

31 См. [Rockhill 1915: 615–616]. См также другие варианты перевода на английский язык у Дёйвендака и Миллса [Duyvendak 1949: 30; Fei 1996: 100–101].

> Страна Джуба одной частью граничит с Могадишо. При Юнлэ (1410–1424) она как-то платила дань. Население этой страны немногочисленно, а ее обычаи достаточно строги. Чжэн Хэ бывал в этом месте.
> На земле нет растительности, а жилища сделаны из наваленных грудами камней. Многие годы может длиться засуха; так, Джуба точь-в-точь как Могадишо. То, что производит эта страна, можно отнести к таким категориям: львы, золотые монеты, леопарды, страусы, амбра, ладан, янтарь, перец и тому подобное [Мин ши 1974: 326.8449–8450].

Авторы-составители приведенной выше записи из «Истории династии Мин» явно полагают, что Чжэн Хэ лично побывал в Джубе, что именно он ступил на землю царства и рискнул отправиться вглубь материка, с трудом пробираясь по его пустынным землям; и все это сделал он лично, а не отправил выполнять эту задачу отряд под началом своих доверенных лиц. Однако на основании официальной хроники невозможно ни подтвердить, ни опровергнуть истинность этого утверждения, поскольку в «Истории династии Мин» также указано — без особых подробностей, — например, в связи с Бравой, что «Чжэн Хэ также дважды отправлялся посланником в эту страну» [Там же: 326.8449]. Но из того, что следует далее, вполне можно согласиться с этим толкованием, то есть с тем, что Чжэн Хэ физически возглавлял эти африканские экспедиции.

Тем не менее, несмотря на показательность и познавательность вышеприведенных отрывков, описывающих в подробностях посещение китайцами Минского периода восточноафриканских земель, бросается в глаза отсутствие одного элемента, к которому мы привыкли. Поразительно, что Фэй Синь нигде не называет жителей Бравы или Джубы чернокожими. Вместо этого он неоднократно ссылается на одну-единственную черту — из всего, казалось бы, изобилия внешних отличительных характеристик африканцев, — а именно, своеобразное качество или фактуру волос, их своеобразную зернистость, которая, если не говорить о цвете, заметно отличалась от волос наблюдающих за ними китайцев. Хотя нет никаких сомнений в том, что она основывалась на сочинении Фэй Синя, версия из «Истории династии Мин», изложенная скорее в бюрократическом, нежели этнографическом ключе, обходится без какого-либо упоминания этой значимой черты. Причина такого упущения вызывает интерес, но остается совершенно неясной, хотя можно выдвинуть по крайней мере несколько провокационных предположений, объясняющих, почему Фэй Синь пропустил такой, столь ранее необходимый дескриптор, как цвет кожи.

Во-первых, нам нужно рассмотреть вероятность того, что цвет кожи прибрежных восточноафриканских народов, с которыми столкнулся Фэй Синь, просто находился вне сферы его основных интересов. При таком подходе объяснение сводится к тому, что Фэй Синь либо просто легкомысленно не обратил внимания на откровенно более темный цвет увиденных им чернокожих, либо отнесся к этому бездумно, с полным равнодушием, поскольку был глубоко озабочен перечислением и определением ценности разнообразных местных экзотических продуктов. Однако его глубокий интерес к их жилищам, одежде и, что самое главное, к тому, как выглядели их волосы, опровергает это утверждение о безразличии. Очевидно, если не считать цвета кожи, — который, как нам прекрасно известно, отмечали более ранние авторы, — отличительные особенности и даже внешний вид народов, а не только земли или продукты, весьма волновали воображение Фэй Синя. К тому же, хотя его и нельзя полностью отметать, это объяснение все-таки остается неубедительным, потому что поведение Фэй Синя непонятным образом отличается от всех тех, у кого были такие же интересы задолго него. Например, Чжу Юй, который 300 лет назад либо лично сталкивался с африканцами, как Фэй Синь, либо знал о них понаслышке, из рассказов своего отца Чжу Фу, совсем не молчал, указывая на откровенно черный цвет кожи рабов Гуанчжоу как на самую заметную из всех черт, которые казались ему в них чужеродными. Конечно, обстоятельства изменились, чернокожие, с которыми столкнулся Фэй Синь, теперь выступали в роли поставщиков товара, а не в роли поставляемого товара. Однако, объективно говоря, невозможно представить, что во времена Фэй Синя они выглядели не такими черными, как во времена Чжу Юя, и то, что такая существенная характерная особенность не упоминается, — особенно в свете того, что у нас есть все основания этого ожидать, — оказывается пробелом, вызывающим искреннее недоумение.

Второй, и вряд ли совсем неправдоподобный, способ объяснить, почему у Фэй Синя отсутствуют хоть какие-то упоминания о черном цвете кожи обитателей Бравы и Джубы — просто отнести это на счет того, что он не обладал достаточным врожденным писательским талантом и способности его к описанию были ограничены. Без сомнения, хотя на него сильно повлияла появившаяся ранее книга Ма Хуаня, Фэй Синь, по роду занятий скорее военный, чем ученый, обычно считается менее легким в толковании, чем его современник. Так что это объяснение, особенно если учитывать определенную ограниченность лексического запаса китайцев начала XV века для описания новых понятий, с которыми им приходилось сталкиваться, вполне может иметь некоторое право на существование. В таком контексте лингвистические ограничения в действии можно увидеть в том, что Фэй Синь говорит о волосах африканских народов, постоянно используя слово *цюань,* — «завязанные в узлы» или «закрученные в спираль», — хотя, скорее всего, ему доводилось видеть волосы разных типов и различные племенные головные уборы. Однако, пусть даже из-за более обширных знаний о мире, которые были ему недоступны, мы сегодня выделяем, вероятно, больше нюансов среди имеющихся вариантов фактуры волос такого рода, чем Фэй Синь. Таким образом, с нашей современной точки зрения мы вынуждены заключить, что, даже многократно применяя одно-единственное описательное прилагательное, Фэй Синь по крайней мере иногда мог иметь в виду несколько разные вещи — что неизбежно накладывает на сам перевод слова *цюань* неотделимую от него долю неопределенности.

Как и в других отрывках, этнографическое описание Фэй Синя мужчин и женщин Могадишо — основное содержание его рассказа об этом царстве — наглядно показывает сложность попыток воссоздать хоть сколько-то кристально чистый образ народов, которых разглядывал Фэй Синь, основываясь исключительно на его словах. Сложно рассчитывать, что он мог полностью раскрыть экзотические образы этих и других встреченных им восточноафриканских туземцев, учитывая ограничения, накладываемые на него языковыми нормами. Тем не менее язык — это все, что у нас сейчас есть, и мы по крайней мере можем с уверенностью предположить, что в меру своих способностей владения языком Фэй Синь, несомненно, постарался описать места и их население, с которыми он вступал в контакт, настолько точно, насколько мог:

> Отплыв с попутными ветрами из Кулама [Квилона] (Сяогэлань), достичь этой страны можно за 20 дней и ночей. Она граничит с морем. Стены у нее из нагромождения камней, дома у нее выложены из камней, высотой в четыре или пять этажей, готовят пищу и принимают гостей на самом верху. Густые курчавые волосы у людей спадают во все четыре стороны, и они оборачивают свои талии хлопковой тканью. Женщины закручивают волосы спиралью кверху и желтым лаком высветляют их на макушке. Из ушей свисают нити [украшенные монетами], на шеях они носят серебряные кольца, ниспадающие на грудь. Выходя из дома, они облачаются в полотна из хлопковых тканей, закрывают лица голубоватой сетчатой тканью и надевают туфли или кожаные тапки.
>
> У подножия гор земля превращается в пустыню из голой желтой почвы и камней. Поля истощены так, что там мало что растет, и много лет может не быть дождя. Колодцы копают очень глубоко, воду добывают с помощью зубчатого колеса и хранят в бурдюках из овечьей шкуры.
>
> В обычае народа вести себя шумно и необузданно. Готовясь к бою, они упражняются в стрельбе из лука. Богатые много путешествуют на лодках, занимаясь торговлей. Бедные ловят сетями рыбу, которую затем сушат и употребляют в пищу, — они даже кормят ею своих верблюдов, лошадей, рогатый скот и коз. Ладан, золотые монеты, леопарды, амбра — их местная продукция. Мы торгуем с ними золотом, серебром, цветным атласом, сандаловым деревом, рисом, фарфором и цветной тафтой. Их правитель, согласно протоколу, преподнес [нашему двору] в дань их местные продукты [Фэй 1999б: 4.5–6][32].

---

[32] См. [Rockhill 1915: 617–618]. Кулам, современный Квилон (или Коллам) находится на юго-западной оконечности полуострова Индостан. См. также перевод Миллса [Fei 1996: 101–102], где, по поводу описания волос в этом примере, он использует такой оборот: «завязывают свои волосы в четыре косы».

На сухом языке «Истории династии Мин» о Могадишо довольно сдержанно говорится, что он по климату «точь-в-точь как» Джуба. Однако по красочному описанию выше мы можем заметить, что в сравнении с другими африканскими местами, которые посетил Фэй Синь, Могадишо показался ему как наблюдателю полной им противоположностью. Если требуется выделить что-то, что воплощает своеобразие Могадишо в сравнении с двумя соседними царствами Брава и Джуба, то, несомненно, мы должны указать на характеры их народов. Уже тогда Могадишо отличался шумом и суетой, а также какой-то изысканностью, присущей развитой городской жизни где угодно, — даже в Китае. Кроме того, в «Истории династии Мин» косвенно подтверждается статус Могадишо как культурного и торгового центра Восточной Африки:

> В 1416 году, когда Могадишо и другие страны, включая Браву и Малинди, отправили к нашему двору послов, чтобы засвидетельствовать свое почтение и поднести дань, Чжэн Хэ было поручено в благодарность за дары сопроводить их [при возвращении на родину]. В 1423 году посланники [из этих стран] снова прибыли с данью. Эти дары их королей с супругами намного превосходили подарки, полученные ими в ответ. В 1430 году Чжэн Хэ вернулся передать в эти страны пожалованные императором знаки власти [Мин ши 1974: 326.8448–49].

Последнее африканское, с большой долей вероятности, место, о котором рассказывает Фэй Синь, — это Ласа, и я убежден, что она является не чем иным, как современным портовым городом Зейла (Сайлак на сомалийском языке) в Аденском заливе на территории Сомали в регионе Авдал. И мы узнаём из «Истории династии Мин», что это место впервые вошло в сознание китайцев, как и соседние города-государства того времени, когда «в 1416 году [Зейла] отправила послов [к нашему двору] поднести дань, и было приказано отправить Чжэн Хэ с ответными дарами» [Там же: 326.8451]. Запись о Зейле в «Общем отчете о плавании Звездного плота», помимо обрывочных сведений с подробностями об украшении женских причесок, социальной стратификации, погребальной практике и религиозных обрядах, выделяющихся на общем фоне, в остальном возвращается к принципам, из которых исходит Фэй Синь в единообразных описаниях Бравы и Джубы:

> Отправившись из Каликута [Кочжикодэ] (Гули) с попутными ветрами, можно достичь этой страны [под названием Зейла] за 20 дней и ночей. Люди живут у моря и выкладывают стену из камней. У подножия гор Зейла превращается в пустыню, здесь ничего не растет. Рогатый скот, коз, верблюдов и лошадей, всех кормят сушеной рыбой. Все время стоит знойная жара, и поля ничего не родят, кроме пшеницы. Долгие годы может не быть дождя. Копают колодцы и с помощью зубчатого колеса собирают воду в бурдюки из овечьих шкур.
>
> Волосы мужчин и женщин ворсистые и вьющиеся, оба пола носят длинные туники. Женщины, как и в Ормузе, покрывают головы.
>
> Из камня и утрамбованной земли строят дома в три или четыре этажа. Наверху готовят пищу и спят, также там помещения для гостей. Внизу живут слуги и рабы.
>
> Местные продукты — это амбра, ладан и верблюды, способные пробежать тысячу ли. Обычаи людей строги и честны. Есть обряды, связанные с похоронами, духам и призракам воздаются молитвы. В обмен на милостивые мудрые дары, [поднесенные нашей империей, их вожди] отправили посланника с памятным знаком из сусального золота и предложили подношения из их местной продукции. Золото, серебро, атлас, тонкий шелк, фарфор, рис, бумага, сандаловое дерево и бензойная смола — эти товары мы используем при обмене с ними [Фэй 1999б, 4.6b–7][33].

Несмотря на то что в описании Зейлы Фэй Синь возвращается в основном к форме предыдущих записей о Браве и Джубе, оно вызывает, по умыслу автора или без, ощущение культурного

[33] См. [Rockhill 1915: 616–617]. См. также перевод Миллса [Fei 1996: 72], где, передавая на этот раз стандартный дескриптор *цюань*, он прибегает к совершенно неоправданному искажению в переводе — «скручивают волосы».

«движения», которого не возникало ни от одной из предыдущих записей, включая даже яркий пример Могадишо. Возможно, и в первую очередь из-за одного только упоминания Ормуза, приведенные выше отрывочные и сбивчивые сведения о Зейле складываются в нашем представлении в некое целое, то есть подводят нас как читателей к тому, чтобы увидеть внутренние взаимосвязи и почувствовать осязаемое наличие неафриканских — и в частности *арабских* — культурных традиций, которые, как известно, уже прочно установились где-то с 900-х годов нашей эры. Также наводит на мысль по крайней мере об арабском влиянии примечательное упоминание «слуг и рабов». Специалист в данной области Р. У. Бичи отводил Могадишо роль центра, откуда рабы поставлялись в такие места, как Аден. Поскольку Зейла находилась очень близко от него, нас не должно удивлять, что продажа рабов — которые упоминаются в первый и единственный раз во всех записях Фэй Синя, имеющих отношение к Африке, — вполне могла процветать и там[34]. Но, одновременно с этим, хотя арабский «след» в приведенном отрывке и открывает перед нами новые направления для истолкований, мы видим, что в рассуждениях Фэй Синя о Зейле также сохраняется прочное афроцентрическое ядро, и, несмотря на то что об их происхождении нигде не говорится прямо, у нас ни разу не возникает ощущения, что изображенные здесь люди не африканцы, — и, следовательно, не чернокожие.

Кроме того, запись о Зейле создает условия для того, что мы вернулись к проблеме отсутствия упоминаний о черном цвете кожи. Так, кроме двух предыдущих гипотез, неожиданным образом возникает третье объяснение того, почему же Фэй Синь ни разу не высказался по поводу очевидного черного цвета кожи у встреченных им восточноафриканских народов. Будучи самым

---

[34] См. [Beachey 1976: 6], где Бичи продолжает разговор о том, что присутствие арабов в Восточной Африке до XIX века носило поверхностный характер, и заявляет: «Эта торговая деятельность и внешний блеск арабской цивилизации ограничивались восточно-африканским побережьем и прибрежными островами. Нет никаких данных о проникновении арабов вглубь материка».

простым, в том смысле, что его легче всего сформулировать, это объяснение, по-видимому, также является наиболее правдоподобным. Суть в том, что лучше всего у нас получится объяснить, почему же Фэй Синь ни разу не называл увиденных им африканцев чернокожими, если мы сошлемся в качестве аргумента на привычку — то есть везде, где бы он ни плавал на дальнем краю Западного моря, такой признак, как черный цвет кожи, был настолько повсеместно распространен среди различных народов, которых ему довелось непосредственно наблюдать, что он перестал исполнять роль отличительной особенности. Фэй Синь в своих частых путешествиях много чего повидал собственными глазами и приучился воспринимать совершенно другой мир, чем мир его соотечественников предыдущих столетий. Исходя из того, как он отзывался о многих других экзотических вещах, которые увидел и которые ему еще предстояло увидеть далеко за пределами Китая, черный цвет кожи, очевидный и непреходящий, как всегда, не вызывал потрясения и, видимо, не заслуживал упоминания.

Как ни странно, относительно немногочисленные отсылки к черному цвету, которые все-таки присутствуют у Фэй Синя в «Общем отчете о плавании Звездного плота», скорее действительно являются доказательствами в пользу последней гипотезы о причинах умолчания, чем против нее, поскольку показывают, что Фэй Синь был вполне в состоянии сознательно подчеркнуть это свойство, когда оно привлекало его внимание или казалось удивительным. Например, одно из таких упоминаний успешно разрешает одну из загадок, которую не получалось разгадать очень долгое время: тайну этнического происхождения самых первых чернокожих досовременного Китая — именно с нее начались наши рассуждения в этой книге. Благодаря его непреднамеренной, почти непримечательной фразе мы воочию видим, что черный цвет кожи считался отличительной особенностью малайцев. Действительно, Фэй Синь говорит об этом открытым текстом и окончательно выводит этот вопрос из области домыслов, ссылаясь конкретно на малайское население Малакки (Маньлацзя), и, даже принимая во внимание промежуточные столетия смешанных браков, его слова совершенно однозначны: «Мужчины и женщины укладывают волосы в пучки-колотушки (*zhuiji*), а тела у них черны, как лак, хотя есть среди них и белые, те ведут свой род от китайцев Танского периода» [Там же: 2.1b][35]. Специализирующийся в этой области современный исследователь Леонард Андайя подтверждает, что термин *куньлунь* применялся с глубокой древности именно к малайским народам этого региона и добавляет, что «более широко он стал использоваться в VII веке в отношении островных народов и жителей берегов Малаккского пролива, с которыми китайцы чаще всего вступали в контакт в те древние времена» [Andaya 2008: 51]. Также Андайя еще раз подтверждает то, о чем давно подозревали ученые прошлого и настоящего: «В разные периоды прошлого китайцы обозначали словом "куньлунь" наиболее выделяющихся жителей Юго-Восточной Азии, в том числе и малайцев» [Ibid.: 247n3].

Фэй Синь в своем «Общем отчете о плавании Звездного плота» проливает значительный свет не только на тайну того, что первоначально именно малайцы были китайскими чернокожими, но и на другие загадки. Пусть и не решая окончательно этот вопрос так, чтобы не оставалось никаких сомнений, Фэй Синь намного пространнее, чем кто-либо до него, распространяется на тему изначального местоположения таинственного Куньлуня, который он вслед за некоторыми авторами Сунского и Юаньского периодов, как и полагается, называет горой Куньлунь (Куньлуньшань). Основываясь на наших размышлениях в предыдущих двух главах, мы должны признать, что ко временам Фэй Синя, если не раньше, в сознании китайцев сосуществовали *два* разных Куньлуня как родина чернокожих: Куньлуньшань в Юго-Восточной Азии, пребывавший в относительной изоляции и безвестности среди так или иначе знакомого окружения, и африканский Куньлунь сэнчжи, или Кунлунь цэнци, включавший, как сейчас считается, Занзибар, Пембу и, возможно, Мадагаскар, в мире, знакомство с которым только началось и происходило сначала по воле случая, а потом и целенаправленно. Однако важно извлечь

[35] См. [Rockhill 1915: 118]. См. также перевод Миллса [Fei 1996: 54].

из рассказа Фэй Синя информацию о том, что к началу XV века представления о местоположении и даже характере Куньлуньшаня утвердились уже за пределами мифогеографии, хотя представления о Куньлунь сэнчжи, или Куньлунь цэнци, расширились лишь в общих чертах, а о его все так же скрытом местоположении можно было только строить догадки. Доказывая, что Куньлуньшань теперь реально существует и известно, где находится, Фэй Синь сообщает:

> Этот остров возвышается среди бескрайних морских просторов напротив Аннама (Чжаньчэна), островов Анамба (Дунсичжу) и Треугольного пика (Динчжи). Он высокий и квадратный, территория его обширна.
> Моряки называют окружающие его воды Куньлуньским морем (Куньлунь ян), и всем джонкам нужно дожидаться попутных ветров, чтобы пройти его за семь дней и ночей. Есть поговорка «Бойся Парасельских островов наверху, а Куньлуньских — внизу». Если стрелка (компаса) отклонится [хоть чуть-чуть] или не так повернется рулевое колесо, ни корабль, ни люди не выживут.
> Продукция острова ничем не примечательна, а у людей здесь нет ни жилищ, ни печей. Они питаются фруктами, рыбой и креветками, живут в пещерах острова или обустраиваются на деревьях, и больше ничего [Фэй 1999б: 1.4b–5][36].

Фэй Синь описывает Куньлунь настолько просто и точно, что мы готовы признать в нем остров Пуло-Кондор (также Коншон или Кондао) (см. карту 1 и рис. 4). Однако это описание представляет особый интерес по другой причине, а не только потому, что соответствует менее четким и полным описаниям этого же места более ранних веков, вновь вызывая в воображении образы *чернокожих* тигроголовых змееносцев, обитателей Куньлуня (см. рис. 1). Приведенный выше отрывок о Куньлуне ясно и недвусмысленно дает нам понять, насколько Фэй Синь как автор

---

36 См. [Rockhill 1915: 113]. См. также перевод Миллса [Fei 1996: 40]. Треугольный (трезубый) пик соседствует с полуостровом, где находится мыс Варелла (иначе Дайлань) на береговой линии Центрального Вьетнама.

обязан своим предшественникам. Фэй многое позаимствовал, а иногда почти рабски следовал чуть более пространной записи, посвященной той же местности из сочинения Ван Даюаня «Краткое описание островных варваров», написанного в XIV веке, менее чем за столетие до «Общего отчета о плавании Звездного плота». Фэй Синь многое перефразирует, а иногда даже вставляет дословно целые фразы из записи Юаньского периода в собственное, несколько менее подробное повествование[37].

Однако в целом, оставив нам в наследство повествование, содержательное и проникновенное, замечательный «Общий отчет о плавании Звездного плота», Фэй Синь, бесспорно, содействовал нашим стараниям пролить свет по крайней мере на две давние

---

[37] См. [Ван 1976: 1.16b], где Ван Даюань пишет:
«Древний Куньлунь также называется Цзюньтуньшань. Этот остров высок и обширен, с извилистыми берегами длиной более ста *ли*. Он возвышается посреди моря напротив Аннама, островов Анамба и Треугольного пика (Динчжи). За ним Куньлуньское море, от которого он получил свое имя. Джонки, торгующие в Западном море, должны обогнуть остров, при попутном ветре его можно пройти [от Аннама] за семь дней. Есть поговорка «Сверху Парасельские острова, снизу — Куньлуньские». Так торговцы следят за курсом из страха лишиться своих кораблей. Ничего особенного не производит эта земля. У ее обитателей нет домов, они живут выше на холмах. Многие люди странного телосложения и нелепого вида живут в пещерах и цитаделях и не носят одежды. Днем они питаются горными фруктами, рыбой и креветками, а ночью лежат в развилках деревьев, как Бяоцзи в век дикого оленя. Откуда это [все] известно? Что ж, когда джонки пригоняет к берегу встречный вечер и они бросают там якорь, то собираются толпы мужчин и женщин, они хлопают в ладоши и веселятся — а потом разбегаются, так что мы могли бы назвать их племенем Владыки Гэ Тяня».
См. также другой вариант перевода на английский язык у Рокхилла [Rockhill 1915: 112–113]. Откуда взялись упомянутые здесь Бяоцзи неизвестно, но, по Рокхиллу, речь может идти о жителях древних царств в доисторические времена, когда про мудрого императора Шуня говорили, что он жил среди оленей. Владыка Гэ Тянь был легендарным правителем, он царствовал после Чао Фу, ученого-отшельника, который предпочел жизнь в ветвях деревьев трону, предложенному ему мудрым императором Яо, но до Фу Си, которому люди обязаны земледелием, рыболовством и скотоводством. Владыка Гэ Тянь правил так, что внушал доверие, не произнося ни слова, и тем самым устанавливал порядок, ничего не меняя. Коротко об его последователях, составлявших отдельное племя, см. [Eichhorn 1969: 31].

тайны, по поводу которых раньше можно было получить только вероятностные ответы. Были ли малайцы первыми чернокожими Китая и каково точное местоположение призрачной земли Куньлунь — это вопросы огромного значения для нашего исследования, и благодаря труду Фэй Синя наши возможности обзавестись четкими ответами, несомненно, возросли[38]. Однако «Общий отчет о плавании Звездного плота» — это не Розеттский камень,

---

[38] В частности, что касается вопроса о местоположении Куньлуня, мы видим, что Фэй Синь, возможно, также оказал неоценимую услугу своим почти современникам. Например, хотя ничего нельзя сказать о том, в какой степени он был осведомлен или же пребывал в неведении о написанном ранее сочинении Фэй Синя, минский писатель Хуан Чжун (1474–1553), описывая остров Куньтунь, как он его называет, в своем географическом труде начала XVI века «Хай юй» («Морские беседы») рассказывает следующее:
«Остров расположен к югу от мыса Варелла (Дафолин), и семь островков рядом с ним и семь бухт обычно называют его семью воротами. Эти островки опоясывают его, как крылья, для тех, кто приплывает сюда из разных стран, это знак, что они прибыли. Его горы изобилуют самцами и самками носорогов, дикими лошадьми, большими косулями, странными змеями и огромными деревьями. Кроме того, здесь множество тихих ручейков, а плодородная почва составляет несколько сотен *цинов*. Остров окружен кокосовыми пальмами, их опавшие плоды заполнены изнутри. Все усеяно зимними тыквами, а их вьющиеся зеленые стебли, как у ротанга, достигают дюйма в диаметре. Плоды вырастают до трех-четырех футов, они такие большие, что их не обхватить руками; когда они перезреют и начнут гнить, то превращаются в густую жидкую грязь. Всякий раз, когда на кораблях хотят собрать дрова и хворост, если нельзя отправить на задание сотню человек, тогда никто не осмеливается выходить. Когда-то давно, сообщая об опасности, надо полагать, на стене скалы была высечена надпись, предостерегающая гостей острова».
См. [Хуан 2003: 3.1]. Дафолин также известен как Линшань. *Цин*, или китайский гектар, — чуть больше 15 английских акров. Рассказ Хуан Чжуна представляет огромный интерес, потому что он очень загадочен. Если изначально описание Хуан Чжуна представляется гораздо более красочным, живым и располагающим, то под конец оно становится более зловещим, чем у Фэй Синя. В любом случае рассказ Хуана, безусловно, свидетельствует о том, что представления о дикости, связанные с Куньлунем, и ощущение тревоги, возникающее у китайцев при размышлениях об этом месте, а также о первобытных *куньлуньцах* как о народе, никуда не делись за прошедшие восемь столетий с начала периода династии Тан и жестокого убийства Лу Юаньжуя.

то есть не дает нам ключей для полной расшифровки, и мы с сожалением обнаруживаем, что ему странным образом не по силам предложить приемлемые ответы на совершенно новый набор вопросов, которые, как ни парадоксально, возникли у нас только после знакомства с ним. А именно вот на эти вопросы: насколько далеко и широко распространились различные народы, принадлежащие к этническим группам Восточной Африки, за пределами их родных африканских земель к первой половине XV века? В больших или малых количествах были они представлены на территориях региона, который мы сейчас называем Аравийским полуостровом? Независимо от степени их распространения за пределами Африки, есть ли какие-либо разумные основания предполагать, что их статус там был выше статуса рабов?

В поисках ответов на эти вопросы, при отсутствии каких-либо отсылок к таким некогда определяющим культурным маркерам, как цвет кожи, нам приходится выискивать и пытаться задействовать — насколько это возможно — другие формы доказательств. Любопытно, что это обстоятельство заставляет нас прибегнуть к более избирательному анализу самого ярко выраженного фактора, который неизменно присутствует в ряде записей Фэй Синя, посвященных географии Африки, — а именно волос. На первый взгляд, всякий раз, когда в приведенных выше отрывках затрагивается тема волос, Фэй Синь как будто бы обращает внимание на прически и ни на что более. Однако, сравнительный лингвистический анализ почти сразу показывает, что записи на эту же тему, оставленные почти тремя столетиями ранее предшественниками Фэй Синя, подготовили условия для того, чтобы мы могли разглядеть подлинный смысл, скрывающийся за его замечаниями, сделанными в начале XV века. Рассказывая о тех, кого в конце XII века он считал *куньлуньцами*, Чжоу Цюйфэй, обратив внимание на черный цвет их кожи, добавил, что их волосы «подобны [крошечным] кулачкам» [Чжоу 1872: 3.6], используя тот же термин *цюаньфа*, который и позаимствовал у него Фэй Синь. Чжао Жугуа, рассказывая о *куньлуньцах* в начале XIII века, также отметил черный цвет их кожи, но далее, описывая их волосы, применил

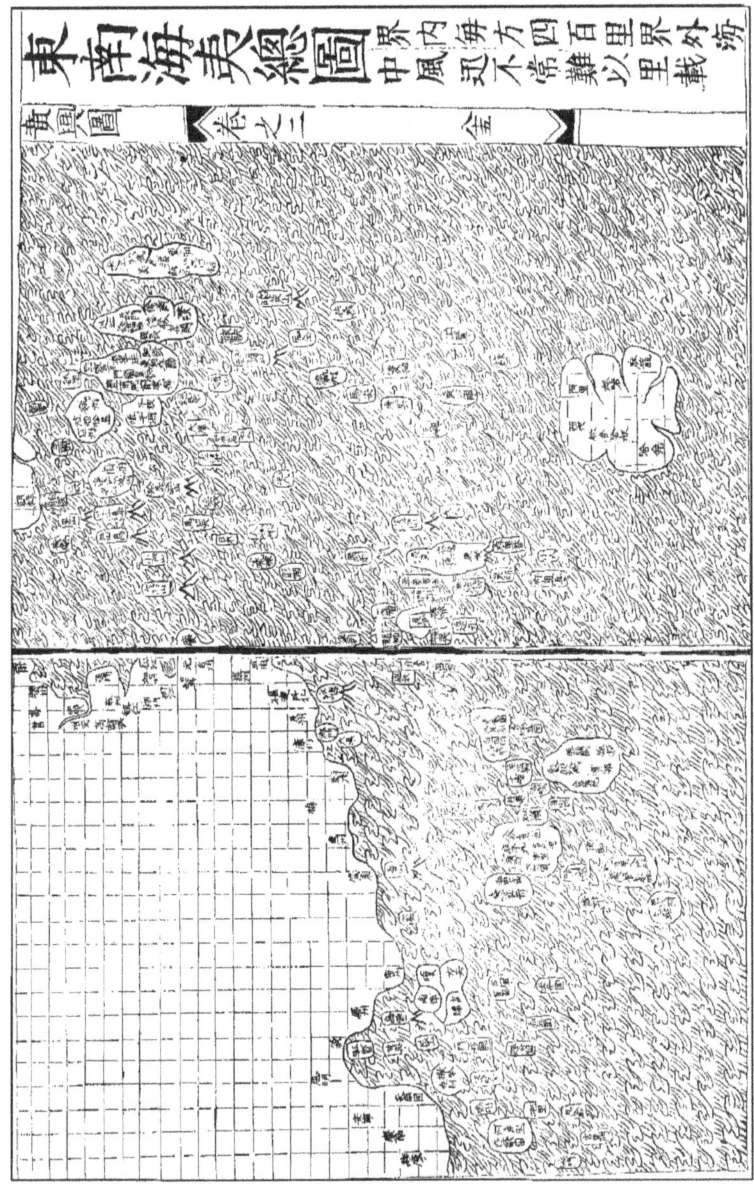

Рис. 4. Подробная карта варварских племен юго-восточных морей из [Юди цзунту 1564]. Любезно предоставлено Библиотекой Конгресса

другой дескриптор, заявляя, что у них были «курчавые волосы» или, буквально, «головастиковые волосы» (*доуфа*) [Чжао 1969: 1.32b; Чжао 2018: 163]. Тем не менее языковой подтекст в обоих создающих прецедент примерах не представлял для Фэй Синя загадки и не был упущен им из виду. В своем существенно более позднем и, несомненно, более непосредственном наблюдении за *куньлуньцами*, под которыми понимались африканцы, Фэй Синь стремился обозначить резкое различие в фактуре волос у китайцев, таких как он сам, и у встреченных им народов. Так же, как Чжоу Цюйфэй или Чжао Жугуа, Фэй Синь явно хотел сделать из того, что мы сегодня могли бы посчитать переменной при различении типов волос, своеобразный эталон — то есть стандарт, по которому можно было бы судить об отличительных признаках. Однако мы также обнаруживаем, что Фэй Синь отличается от своих двух предшественников тем, что ориентируется исключительно на фактуру волос и довольствуется лишь этим основанием при установлении различий.

Однако даже притом что разница во внешнем виде волос воспринимается нами как, безусловно, слишком грубое основание для определения расовой или этнической идентичности, как оно и есть, мы вскоре обнаруживаем, что нашим стремлениям выявить более тонкие различия в фактуре волос, противодействует сам Фэй Синь, повсеместно обращаясь по умолчанию к прилагательному *цюань*, которое, кажется, охватывает все многообразие негладких волос — от тугих мелко вьющихся от самого корня до просто волнистых, — хоть как-то отклоняющихся от прямого типа. Таким образом, в конечном счете сам термин оказывается бесполезным, поскольку, изучив записи об арабских странах «Общего отчета о плавании Звездного плота», мы снова видим, что у Фэй Синя в отношении волос населения Адена (Адань), а также Дофара (Цзофаэр) и Ормуза появляется тот же *цюань*. В принципе возможно, что из-за ограниченности собственного словарного запаса (ведь он не был ученым) Фэй Синь, видимо, распространял термин *цюань* на несколько вариантов отличающихся типов фактуры волос в диапазоне между, как мы бы сказали, «волнистыми» и «кудрявыми». Так, как только мы в целях экстраполяции полезных этнографических категорий распространяем наше исследование любым доступным образом за пределы континентальной Африки в соседние с ней зоны, мы обнаруживаем, что постоянное использование Фэй Синем этого термина — без каких-либо оговорок — делает его бесполезным. Растяжимость, вкладываемая Фэй Синем в понятие *цюань*, таким образом, становится его главным ограничением, поскольку в сравнении с китайцами практически у всех народов, обитающих на крайнем западе Западного моря, волосы на голове можно охарактеризовать как *цюань*.

Хотя, вне всяких сомнений, записи Фэй Синя из «Общего отчета о плавании Звездного плота» нельзя расценивать иначе, чем рассказы о диковинных и экзотических вещах, тем не менее по сравнению с описаниями других земель и народов в путевых заметках европейских путешественников примерно того же периода они кажутся весьма здравомыслящими и реалистичными[39]. На мой взгляд, это здравомыслие и реализм являются следствием того, что он сам побывал в тех местах, которые описывает. Однако, откровенно говоря, несмотря на его значительные достоинства как источника информации из первых рук, «Общий отчет о плавании Звездного плота» Фэй Синя вряд ли можно считать безупречным во всех отношениях, и есть по крайней мере одна веская причина, по которой следует воспринимать его с меньшим восторгом. Хотя он по праву пользуется славой человека, действительно путешествовавшего в те места, которые он описал, особенно вдоль восточного побережья Африки, о котором не оставил записей ни один побывавший там лично китайский мореплаватель до него, Фэй Синь тем не менее привез с собой свои суеверия. Некоторые из этих суеверных предрассудков особенно вредны и чудовищны, и хотя они, по-видимому,

---

39 Вспоминаются такие популярные часто переводимые сочинения, как, например, у автора-составителя конца XIV века Джона Мандевиля (расцвет творчества: 1357–1371). О мире за пределами Европы, каким его мог видеть Мандевиль, см. необыкновенно познавательное и уже ставшее классикой исследование Джона Блока Фридмана «Расы чудовищ в средневековом искусстве и философии [Friedman 1981].

встречаются в записях об африканских землях не так часто, как в других, раз уж хоть где-то они проявились, то не следует терять бдительности и в тех случаях, когда они как будто бы не бросаются в глаза.

Предрассудки иногда так проявляются в обычно беспристрастном отношении Фэй Синя, что приводят к своего рода намеренным и почти враждебным искажениям при культурном анализе. Его суеверность кажется нам достаточным основанием, чтобы задуматься о том, принимать ли на веру, например, то, что скот в таких местах, как Могадишо и Зейла, на самом деле питался сушеной рыбой. Более того, как ни странно, чем ближе к Китаю, чем лучше, казалось бы, Фэй Синь должен знать местное население, но тем активнее и сильнее его предрассудки. Нам достаточно привести пример с похожими на зомби «трупоголовыми» манями (Шитоу Мань), южными варварскими племенами Аннама или современного Северного Вьетнама, поскольку он очень хорошо иллюстрирует ситуацию:

> Трупоголовые племени Мань раньше были [обычными] женщинами. Но они стали отличаться [от других людей] тем, что у них глаза были без зрачков. Ночами, когда они спят со своими мужьями, головы этих женщин улетают от их тел и принимаются поглощать человеческие отходы. Потом головы возвращаются и снова соединяются со своими телами, и они живут, как прежде. [Но] если кто-то о них узнает и запечатает шею [трупа] или перенесет его в другое место, то тем причинит смерть [чудовищу], также, если кому-то плохо и нужно сходить в туалет, а этот злобный дух входит в его живот, то смерть неизбежна.
> Такие женщины редко встречаются среди людей, но если кто-то не донесет о ней чиновникам, то обвинят не только этого человека, но и всю его семью. Из ненависти к этим существам местные жители играют злые шутки с Трупоголовыми Манями — неважно, живыми или мертвыми, — закрывая им шеи [чтобы голова не могла воссоединиться с телом] [Фэй 1999б: 1.3a–b][40].

[40] См. [Rockhill 1915: 94–95]. См. также перевод Миллса [Fei 1996: 36–37].

Интерес Фэй Синя к такой злобной нежити, как Трупоголовые Мани, разделяет и Ма Хуань, его современник и товарищ по седьмой и последней экспедиции, который в своем сочинении связывает их как явление с Малаккой, а не с Аннамом, но, в отличие от Фэй Синя, лишь мельком упоминает об их существовании, сообщая, что древний центральный город этой страны «был занят Трупоголовыми Манями» [Ма 1999: 1.12b][41]. Как ни пытаемся мы читать этот длинный отрывок со всей объективностью, наши современные чувства внутреннее возмущаются и его откровенной мизогинией, и атмосферой охоты на ведьм, которая его пропитывает. Однако это никак не помогает в поисках объяснения того, зачем же Фэй Синю потребовалось вставлять столь откровенно нелепое отступление в остальном прозаичный, почти публицистический рассказ о стране и народах Аннама. Учитывая его географическую и культурную близость к Китаю и, соответственно, статус одной из ближайших первых или последних стоянок для всех экспедиций, Аннам должен был занимать одну из первых позиций в списке мест, лучше всего знакомых мореплавателям из экспедиций Чжэн Хэ.

По правде говоря, Фэй Синь вполне мог просто пересказать нам услышанную им местную легенду, основанную на старых общеизвестных поверьях. Но даже если принять эту точку зрения, как единственная выделяющаяся своей нелепостью вставка такого рода во всем «Общем отчете о плавании Звездного плота» фантастическое описание Фэй Синя отвратительных ночных занятий женщин из племени Трупоголовых Маней кажется чем-то бо́льшим, чем простое проявление беспричинного легкомыслия, даже чем-то бо́льшим, чем простое презрение к тому, кого знаешь слишком хорошо («чем ближе знаешь, тем меньше почитаешь»). С доказательной точки зрения должны ли мы

---

[41] Любопытно, что, точно так же, как Фэй Синь, Ма Хуань дополнительно подчеркивает смуглость преимущественно малайского населения Малакки следующим образом: «Мужчины носят чалму, а женщины собирают волосы (*цоцзи*) на затылке. Они невысокого роста и черны». См. [Ма 1999: 1.12]. См. также другой вариант перевода на английский язык у [Rockhill 1915: 116].

воспринимать его обличительную речь как изложение предубеждений, полученных чисто случайно, или она основывается на так называемом опыте эмпирического наблюдения? Если исходить из преднамеренности, то направленность вопросов несколько смещается. Представляет ли этот отрывок еще один в длинной череде уничижительных примеров пропаганды неумеренного китайского культурализма, или это просто еще одно из непрерывного множества ожидаемых проявлений глубинной, но культуроцентричной неприязни к Другому? Более того, не менее сложно на основании такого отрывка разобраться в том, действительно ли Фэй Синь верил в то, что писал, а это, в свою очередь, заставляет нас усомниться в его правдивости в целом, чего нам никогда не приходилось делать ранее. Это трудный вопрос, на который мы вряд ли когда-либо добьемся точного ответа.

Действительно, гораздо бóльшую ценность для нашего исследования, чем сюрреалистический материал о Трупоголовых варварах Мань, на изложение которого Фэй Синь переключает свое внимание, несомненно, представляет собой его описание в реальном времени реального мира аннамских варваров, которое плавно вытекает из первого и следует непосредственно за ним. Его ценность заключается в том, что мы проходим полный круг и возвращаемся к важной теме инаковости, с которой начали, поскольку — через него — нам придется столкнуться с тем, что даже к началу XV века китайское восприятие варваров все еще ограничивалось мировоззрением, которое практически никак не изменилось с древних времен. В этом смежном, но более реалистичном антропологическом сообщении явно присутствует презрение к культурному Другому:

> Мужчины и женщины[Аннама] укладывают свои волосы в пучок-колотушку на затылке, и обматывают голову ситцем. Они носят короткие рубахи и так же ситцем обматывают талию.
>
> У них в стране нет ни кистей для письма, ни бумаги. Вместо этого они покрывают овечью шкуру сажей и, заострив тонкую бамбуковую палочку, пишут свои знаки, обмакивая вырезанное ими перо в известковую воду [вместо чернил].

> По форме их знаки корявые и кривые, как извивающиеся дождевые черви. Их речь совсем как у ласточек или птиц портных, так что без переводчиков их не понять [Фэй 1999б: 1.3b–4][42].

Тем не менее, даже с его отступлениями и недостатками, в целом нам ничего не остается, кроме как считать «Общий отчет о плавании Звездного плота» Фэй Синя по крайней мере за материал, касающийся непосредственно интересующей нас сейчас Африки, достоверный и многое раскрывающий памятник, на который мы со всеми основаниями можем уверенно положиться. Фэй Синь освещает события, не просто красочно изображая историю досовременных контактов и взаимодействия между китайцами начала Минского периода и чернокожими с восточноафриканского побережья XV века, но и во многом также возвращая к жизни это знаменательное событие и возрождая его дух. Сведения о территориях вдоль побережья Сомали и Кении и их жителях, полученные из первоисточника, замечательны сами по себе. Кроме того, без него, хотя у нас и остались бы, конечно, в сравнительном изобилии документы о пребывании африканцев *на территории* Китая в более ранний период досовременной истории, но без него у нас бы не было вообще никаких документов о пребывании китайцев *в* Африке в более поздний период досовременной истории, — даже, что важно, никаких подтверждений того, что китайцы знали о самом *существовании* Африки, поскольку даже карты Минского периода оказываются на удивление неполными в этом отношении (рис. 5).

Не стоит забывать, что именно благодаря наблюдениям Фэй Синя, изложенным в «Общем отчете о плавании Звездного плота», удалось решить ряд ключевых вопросов, о которых велись длительные споры, связанные с *куньлуньцами* как народом и Куньлунем как местом. Да, конечно, ответы, которые он дает, не являются полностью неопровержимыми, но то, что их сообщает от первого лица очевидец событий, несомненно, делает

[42] См. [Rockhill 1915: 95]. См. также перевод Миллса [Fei 1996: 37]. Буквально по-китайски «ситец» означает «ткань с цветочным узором» (*хуабу*).

наши умозаключения более обоснованными. Кроме того, в заключение мы должны воздать должное тому, как выразительно в «Общем отчете о плавании Звездного плота» Фэй Синя запечатлены и раскрываются образы черной Африки и африканцев, находя отклик не только у его современников. Этот отклик имел последствия, которые никто не мог предвидеть.

Чужой образ отдаляющегося берега

Хотя нам сложно объяснить, зачем Фэй Синю это причудливое изображение Трупоголовых Маней, но мы без раздумий отказываемся принимать его на веру. Как часть более длинного и серьезного рассказа о стране Аннам, этот отрывок столь же нетипичен, сколь и неправдоподобен. Однако легкость, с которой мы можем перестать о нем думать, прямо зависит от того, что его вымышленность выставлена напоказ. Вероятно, самые неприятные последствия его наличия в тексте — это то, что он заставляет задуматься, а не вплетены ли где-то еще в повествование Фэй Синя другие, менее неуклюжие и беззастенчивые выдумки.

Независимо от уникальной ценности полученной из них информации, вправе ли мы считать, что фрагменты «Общего отчета о плавании Звездного плота» Фэй Синя, посвященные Восточной Африке, никак не связаны с вымыслом и свободны от него — это мучительный вопрос, над которым мы можем биться до бесконечности. Судя по примеру с пресловутыми Трупоголовыми Манями, прихотливое воображение не было чуждо Фэй Синю как рассказчику. Так что нам решать, насколько далеко на самом деле могла зайти иррациональность его инь — то есть было ли когда-либо в рассматриваемых африканских фрагментах место, в котором вымысел полностью захватывал или омрачал ясность его ви́дения, или же когда серьезность полностью вытеснялась и подменялась фантазией. Само собой разумеется, что многое зависит от наших оценок, — то есть многое висит на волоске от того, готовы ли мы положиться на надежность самых ранних притязаний китайцев на их непосредственное знакомство с Африкой, которое можно получить, только ступив на ее берег.

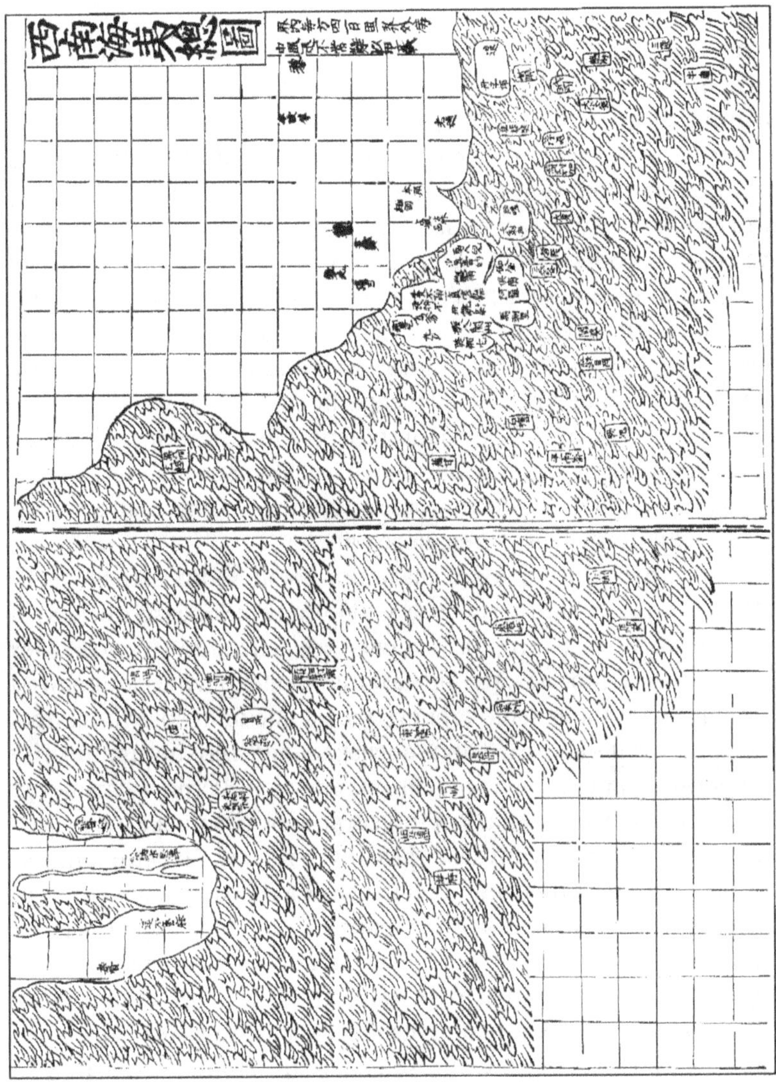

Рис. 5. Подробная карта варварских племен юго-западных морей из [Юди цзунту 1564]. Любезно предоставлено Библиотекой Конгресса

Однако независимо от того, какое решение мы в итоге примем в этом вопросе достоверности, у нас не возникает и мысли спорить по поводу природы развившейся уже после Фэй Синя тенденции, связанной со смещением баланса между реальностью и фантазией в китайских представлениях об Африке. За два следующих столетия информация о походах Чжэн Хэ в целом и та ее часть, что касалась записей об экспедициях в Восточную Африку, которые вел Фэй Синь, в частности, постепенно, но неуклонно превратилась в материал для художественной литературы. Хотя то, каким курсом шли эти данные, вероятно, мало отличалось от маршрутов многих из путешествий с их частыми остановками и обходными маневрами, это переломное событие в литературной трансформации, вероятно, было неизбежным и, безусловно, не прошло незаметным. Так, осознание хотя бы основных первопричин помогает оценить значительность последствий этого знаменательного явления.

Самый расцвет и размах плаваний Чжэн Хэ пришелся на все 1410-е и начало 1420-х годов, а к 1433 году они резко прекратились. Несколько факторов ускорили их конец, но в основе всех них, несомненно, лежало нежелание бюрократической элиты династии Мин и дальше терпеть унижение от того, что их превзошел мусульманский евнух-военачальник с его помощниками и соратниками также наполовину из евнухов. За три десятилетия от начала путешествий соперничество между минскими учеными-чиновниками и евнухами резко усилилось. Первые в целом составляли теоретически независимый аппарат управления государством, сложившийся благодаря системе экзаменов, а последние, как повелось испокон веков, пробирались на вершину власти благодаря своей близости к императорскому трону. Престижность плаваний, безусловно, возвышала тех людей, которые их возглавляли. Однако невыгодность и расходы на их осуществление постепенно превращали эти предприятия и их организаторов в легкую мишень для критики. В конце концов врагам евнухов удалось переписать историю путешествий Чжэн Хэ, просто замалчивая ее, — то есть вычеркнув из официальных летописей [Duyvendak 1949: 27; The Great Chinese Travelers 1964:

248]. Когда другой евнух попытался — 80 лет спустя — возобновить плавания, ему чинили препятствия на каждом шагу [Ibid.; Dreyer 2007: 171–175].

Сейчас нам важнее не понять причинно-следственную связь, которая привела к прекращению экспедиций, а оценить практически ощутимые последствия отказа от них. С завершением исследовательских экспедиций династии Мин, которые успешно возглавил адмирал Чжэн Хэ, взаимные обмены товарами, о которых Фэй Синь писал в конце каждой из африканских записей, как часть даннических отношений становились все более эпизодическими и в итоге прекратились. Поскольку китайские эскадры больше не отправлялись в плавания, а африканские посольства перестали регулярно появляться при китайском дворе, некогда зародившиеся представления китайцев об Африке и африканцах постепенно утратились. В этих изменившихся условиях вся сага о семи исторических плаваниях Чжэн Хэ оказалась готова к превращению в вымысел, прообразом чего, возможно, послужили редкие примеры безудержного полета фантазии, о которых упоминалось ранее в связи с «Общем отчетом о плавании Звездного плота». Таким образом, возможно, неизбежно, в ходе процесса, который историк искусства и материальной культуры Крейг Клунас называет трансмутацией, «дипломатические миссии Чжэн Хэ, достигавшие даже Восточной Африки», стали «материалом для небылиц» [Clunas 2007: 25].

В последующие за их окончанием десятилетия с одобрения императора согласованные усилия были направлены на уничтожение памяти о небесных путешествиях Чжэн Хэ, несомненно, отчасти с намерением воспрепятствовать их повторению[43]. Однако нам повезло, что полностью утаить историю великих экспедиций под командованием Чжэн Хэ так и не удалось, и она продолжала жить в коллективном воображении минского народного сознания. Более того, с полноценным появлением тако-

---

[43] Где-то в 1480 году один евнух, восхищавшийся Чжэн Хэ, как будто бы попытался возродить морские экспедиции, но ему постоянно мешали. См. [Duyvendak 1949: 27]. См. также [The Great Chinese Travelers 1964: 248].

го жанра, как роман в поздний период династии Мин, неудивительно, что многочисленные авторы пробовали свои силы в беллетризации наиболее знаменательных событий, связанных с экспедициями. Учитывая громкую славу путешествий и их огромный потенциал как сюжетов, способных вызвать интерес широкого потребителя, такое обилие переложений не должно нас удивлять.

Из всех дошедших до наших дней вариантов художественного изложения ни один не превосходит по богатству, или избыточности, деталей роман некоего Ло Маодэна (расцвет творчества: 1600 год). Он считается автором написанного в 1597 году «*Саньбао тайцзянь ся Сиян цзи тунсу яньи*» («Популярного переложения записей о хождении дворцового евнуха трех драгоценностей в Западный океан»). О самом Ло мы знаем удручающе мало. Однако мы знаем, что он был родом из северной провинции Шэньси в глубине материка, — любопытный факт, свидетельствующий о том, что тогда уже легендарная история о Чжэн Хэ и его путешествиях распространилась по всей империи, достигнув даже далеких от побережья внутренних районов, и крепко вросла в сознание простых людей благодаря поколениям популяризации. Поразительно, как эти исторические события, даже постепенно превращаясь из реальных в сказочные, вызывали такой глубокий и захватывающий интерес, что их впервые решился пересказать ученый, живущий далеко от юго-восточного побережья, где они происходили. Это служит доказательством, подтверждающим вывод о том, что к концу XVI века эти плавания уже прочно заняли место общепризнанной национальной легенды.

Во всяком случае творческое воображение у Ло Маодэна было очень богатое. В своем пространном опусе из 20 книг, или «частей» (*цзюаней*), и 100 глав (*хуэй*) он, очевидно, поставил перед собой цель заполнить все пропуски с «упущениями», обнаруженные им в трех сохранившихся рассказах из первых уст авторства Ма Хуаня, Фэй Синя и Гун Чжэня. То, что эти люди принимали непосредственное личное участие в плаваниях почти два столетия назад и что Ло лучше бы воздержаться от этого, похоже, не играло никакой роли. Хотя Ло Маодэн писал вовсе не комментарии, в своем многотомном романе он все равно собрал и поместил в приукрашенном виде работы своих предшественников, например тот же «Общий отчет о плавании Звездного плота».

Однако опять-таки, как и везде в нашем исследовании, нас прежде всего и исключительно интересует триумфалистское описание Ло Маодэном Чжэн Хэ и его соотечественников среди африканцев. У нас нет исторических подтверждений того, что евнух-адмирал лично с каким-либо отрядом своей флотилии входил в африканскую гавань. Тем не менее, когда Ло Маодэн изображает, как правители царств Могадишо, Джуба и Брава раболепствуют перед вымышленным соратником Чжэн Хэ Ван Е (также называемым Ван Шаншу) — прототипом этого персонажа был реально существовавший главный заместитель или первый помощник Чжэн Хэ Ван Цзинхун (ок. 1405–1433), — нам становится ясно, как более поздние авторы представляли себе отношения на суше непосредственно на местах. Прерывая своего командира посреди разговора в их африканском лагере, безымянный персонаж романа громогласно докладывает Ван Е, что «за дверью ставки ожидают дозволения войти все три правителя — Могадишо, Джубы и Бараво, готовые вручить вассальные грамоты, акты о капитуляции и списки дани» [Ло 1987: 13.77.6b; Ло 2023: 213]. Закроем глаза на неправдоподобность того, что все три африканских правителя появляются вместе в лагере, чтобы засвидетельствовать почтение подчиненному подчиненного далекого китайского императора, но даже если мы сможем подавить наши сомнения по этому вопросу, мы сталкиваемся с другими проблемами. Несоответствие также обнаруживается, когда Ло Маодэн называет нашего безымянного информатора солдатом Синего Знамени (*ланьци гуань*) — а такая фигура могла появиться только в процессе перехода к династии Цин, но никак не в начале Минского периода [Ло 1987: 13.77.6b]. Так, даже на примере такой короткой выдержки, мы видим, что Ло Маодэн допустил в своем опусе безнадежную хронологическую ошибку.

Далее Ло Маодэн переключается на изложение этой сцены от своего лица, что не вносит ничего нового ни в сюжет, ни в наши знания[44]. Нам сообщается, что, «представ перед адмиралом», три африканских царя «затрепетали от страха», что они без принуждения «бухнулись на колени и стали истово кланяться, припадая головой к земле»[45], а затем «принялись извиняться и кланяться» [Там же: 13.77.6b; Ло 2023: 213–214]. Конечно, Ло Маодэн представлял себе Африку и африканцев единственным возможным для него образом — с позиций и установок XVII века, а не как Чжэн Хэ в XV веке. Например, Ло Маодэн на страницах своего многотомного опуса настойчиво призывает нас верить, что в какой бы порт ни заходили китайцы, их везде принимали с распростертыми объятиями, что является еще одной выдумкой, противоречащей историческим документам, свидетельствующим о многочисленных столкновениях, пусть даже где-то еще, а не в самой Африке. Ведь начиная с первого плавания, часто случалось так, что противоположная сторона, вместо того чтобы застыть в благоговейном трепете, взирая на мощь флотилии, наоборот, буйно сопротивлялась и не желала оказать хотя бы через силу подобие уважения при приближении кораблей-сокровищниц, которые одним своим видом должны были вселять веру в китайское могущество[46].

---

[44] Наверное, каждое новое поколение ученых высказывается по поводу рациональности использования художественной литературы как источника обоснованных исторических фактов. Учитывая излишне интерпретативный подход Ло Маодэна, признаюсь, что мне вообще казалось бесполезным рассматривать взгляды, нашедшие свое отражение в его «Популярном переложении записей о хождении дворцового евнуха трех драгоценностей в Западный океан». В конечном счете, однако, я решил, что полнота и целостность изучаемой нами важной темы только проиграет, если мы не воспользуемся обрывками из любых первоисточников, имеющихся в нашем распоряжении, даже если они далеки от реальности. Кроме того, справедливости ради следует отметить, что само название произведения — «переложение записей» — возможно, указывает на то, что автор осознавал вольность своего обращения с текстом, в ее крайних проявлениях доходящую до причудливых и нелепых размеров, — то есть ведущую к повсеместным преувеличениям исключительно ради того, чтобы приукрасить свою историю в незначительных мелочах.

[45] В переводе автора чуть подробнее описывается, что «они воздали почести [Ван Е], совершив ритуальные [три простирания и девять ударов головой] низкие поклоны (*кэтоу*)». — *Примеч. пер.*

[46] См., например, [Dreyer 2007: 55–59].

Таким образом, в случае с Ло Маодэном у нас есть все основания предполагать, что автор находился в состоянии существенной оторванности от темы, и его идеальная интерпретация расходилась с действительной реальностью. Тем не менее, несмотря на наш скептицизм и с трудом подавляемый порыв посчитать, что расхождений было больше, чем сближений, на данном завершающем этапе нашего исследования мы вынуждены признать, что ряд элементов, обеспечивающих преемственность между тем, что придумал Ло Маодэн в XVII веке, и тем, что пережили Чжэн Хэ, Фэй Синь с товарищами в XV веке, сохранился практически неизменным. Мы можем быть уверены, что запросы китайского универсализма в культурной гегемонии учитывались в обоих случаях — и теми, кто творили историю на море, и тем, кто занимался ее обработкой в писательском кабинете. Единственное, что, вероятно, могло отличаться, так это способ, которым эти запросы отстаивались, и степень, в которой они реализовывались[47].

Более того, хотя изобретательность автора и снижает его историческую ценность, вычурное художественное творение Ло Маодэна нельзя назвать совсем бесполезным, и поэтому я считаю возможным использовать его выборочно, чтобы осветить последний неясный, но крайне важный аспект китайско-африканских отношений на самом последнем этапе их развития до начала Нового времени. Если судить по вышеизложенной информации, полученной из совокупности записей о деятельности Чжэн Хэ, будь то из «Общего отчета о плавании Звездного плота» Фэй Синя или из «Истории династии Мин», — в которую вошли в основном переработанные версии «Отчета» и других записей, включая тексты надписей, оставленные самим Чжэн Хэ на памятной стеле, — мы сталкиваемся с тем, что порабощение

---

[47] По поводу этой оторванности Дрейер, рассматривая контекст романа Ло Маодэна, пишет, что в 1590-е годы Китай погряз в войнах с Японией в Корее, так что «Популярное переложение записей о хождении дворцового евнуха трех драгоценностей в Западный океан» могло оказаться под воздействием патриотических веяний, которые в начале XV века во время плаваний были совсем другими, а может, и вообще вдохновлялось ими. См. [Dreyer 2007: 177–178].

китайцами африканских чернокожих осталось в прошлом. Когда-то африканских рабов было так много, по крайней мере в Гуанчжоу, что они заслужили лишь мимолетное упоминание в рассказе Чжу Юя, а за каких-то три столетия их, похоже, не стало совсем. В конце концов, как видно в переведенном выше примере, хотя Ло Маодэн изображает, что африканцы ведут себя при встрече с Чжэн Хэ как рабы, нигде в «Популярном переложении записей о хождении дворцового евнуха трех драгоценностей в Западный океан» нет ни слова о том, как Чжэн Хэ обращает в рабство либо этих царей, либо их подданных, не говоря уже о том, чтобы везти их в Китай как невольников. Следует ли нам понимать, читая описания того, как группа африканских послов, которых действительно вез Чжэн Хэ, людей, радовавшихся чести сопровождать столь желанных жирафов и другие экзотические диковинки, свободно проследовала в Китай и обратно, как то, что к концу XVI века, во времена Ло Маодэна, не осталось и следов прежнего пребывания африканцев в китайском рабстве? Неужели нам следует допустить, что все африканские рабы просто исчезли, умерли от старости и истощения, и во всем Китае в рабстве больше не осталось ни одного африканца?

Ответ на первый из этих вопросов — о том, что китайцы с течением времени прекратили держать в рабстве чернокожих африканцев, — по-видимому, да. Любопытно, однако, что позволяет нам уверенно ответить на этот вопрос утвердительно неожиданное, но убедительное свидетельство независимого стороннего наблюдателя, который не был ни китайцем, ни африканцем. Хотя испанский монах-августинец Мартин де Рада (1533–1578) был направлен проповедовать христианскую веру на Филиппины, где и обосновался, и в составе официальной делегации из этой страны в июне 1575 года прибыл в Китай[48]. Начав с порта Амой (или Сямынь, по-китайски Сямэнь) в провинции Фуцзянь, куда он прибыл в начале июля, Рада затем посетил ряд городов вдоль юго-восточного побережья Китая. Рада и его делегация вернулись в Манилу в конце октября 1575 года [Lach 1968: 746, 789].

---

[48] Его биографию см. в [South China 1953: lxvii–xci].

Так, Мартин де Рада был участником первой духовной миссии в Китае, которую снарядили испанские священнослужители, обосновавшиеся на Филиппинах, — предприятие, которое не имело реального успеха [Ibid.: 750]. По этой и по другим причинам об участии Рады в первой волне католической миссионерской деятельности в Китае, вероятно, никто бы и не вспомнил, если бы за три с лишним месяца своего пребывания там он не проявил себя крайне проницательным и часто взыскательным (кто-то даже сказал бы, что придирчивым) наблюдателем за китайцами и их обычаями[49]. Рада составил отчет, изложив в двух коротких трактатах все, что узнал, и во втором из них, под подзаголовком «Об их правосудии и управлении» [South China 1953: lxxviii–lxxx][50], он сразу же обращается к теме рабства и пишет следующее:

> Они говорят, что во всем королевстве Тайбин [Да Мин] нет правителей с подчиненными ему вассалами, поскольку все подчиняются непосредственно королю. Но есть рабы из местных жителей страны, поскольку они также говорят, что не приемлют иноземцев [в качестве рабов]. Некоторые из рабов рождаются в рабстве, некоторые продают себя в рабство из-за совершенных ими преступлений [Ibid.: 297][51].

Очевидно, непосредственно касается наших нынешних рассуждений вторая часть наблюдения Рады. Исходя из нее, мы можем сделать вывод, что к концу XVI века ни африканцы, ни, очевидно,

---

[49] Рада отличается своим иногда чрезмерно критическим отношением к Китаю и китайцам; эта черта свойственна вообще всем испанцам по сравнению с португальцами. См. [South China 1953: lxi, xc]. См. также [Lach 1968: 750]. Подробнее о подлинной ценности португальских источников, которые до сих пор часто обделяются вниманием, см. [Brockey 2007: 17–18].

[50] Две части, составляющие доклад Рады о Китае, называются «Изложение его миссии в Фуцзянь» и «Рассказ о делах в Китае, который следует называть Тайбин». См. [South China 1953: 241].

[51] Тайбин (на местном диалекте в Амое звучит как Да Мин, или «Великая Мин»), правящая династия Китая того времени [Ibid.: 260]. Можно считать, что это самоназвание, поскольку использовалось в расширительном смысле как «люди или народ Великой Мин». См. [Lach 1968: 752].

другие представители этой исторически сложившейся категории чернокожих не находились на постоянной основе в рабстве у китайцев, как это бывало в старые времена[52].

Однако и последний вопрос требуется как-то решить. В какой степени мы должны считать, что эта неожиданно появившаяся «свобода», сделавшая к XVI веку невозможным ранее обыденное рабство африканцев в Китае, означает, что они совсем не присутствовали в китайском ландшафте? В конце концов, такая ситуация вряд ли представляла бы собой *истинную* свободу, потому что бенефициары не могли бы ею воспользоваться. Мы уже мельком видели ответ, действительный на самый конец XVI века, в главе 1, он был представлен цитатой из красочного рассказа Джонатана Спенса об обстоятельствах прибытия монаха-иезуита Маттео Риччи. То, что сначала у миссионера были чернокожие слуги, а потом он от них отказался, указывает на то, что они вовсе не отсутствовали в Китае, а наоборот, совершенно однозначно присутствовали [Spence 1984: 209]. Есть и другие, более косвенные доказательства присутствия чернокожих африканцев в Китае в середине XVI века, причем в основном они касаются двух географических пунктов — Макао (также Аомынь; по-китайски Аомэнь), где изначально была южная промежуточная база пор-

---

[52] Также способствовала такой ситуации изоляционистская политика, которую проводили императоры, стоявшие у основания династии Мин, особенно Хунъу. Законодательством империи Мин выезд китайцев за границу приравнивался к мятежу и карался смертной казнью через обезглавливание. И до и после прославленных путешествий Чжэн Хэ, для которых было сделано исключение, правила такого рода (например, в 1436 году было полностью запрещено строительство морских судов) вполне успешно предотвращали выезд подданных из Китая. См. [Lach 1968: 732]. Дополнительный ряд предписаний был направлен на то, чтобы не допустить в империю иностранцев, в частности, им запрещалось проживать на территории Китая. Политика изоляции от иностранцев была несколько менее успешной, чем политика удержания китайцев. Тем не менее даже в конце 1570-х годов эти запреты на въезд и поселение иностранцев все еще действовали, что и заставило Раду посетовать о том, что «они не приемлют иноземцев в стране». См. [South China 1953: 303]. См. также [Ptak 2004: глава 2, 19–37].

тугальцев, а также, в меньшей степени, Гуанчжоу[53]. Однако здесь следует решительно подчеркнуть, что хотя эти люди и присутствовали имманентно, они все еще не были свободны. Их прежнее пребывание в рабстве у китайцев просто сменилось пребыванием в рабстве у европейцев, и — даже если они и оставлены без внимания — совершенно несомненным и однозначным представляется то, что они отсутствовали в Китае в поздний Минский период не более, чем их новые хозяева-европейцы.

Как я старался показать, хотя бы неявно, на протяжении всей этой главы, с одной стороны, посещение африканских земель небесной флотилией Чжэн Хэ представляет собой всего лишь один относительно незначительный эпизод среди грандиозных свершений и достижений этого отважного предприятия, и поэтому нам подобает рассматривать его пропорционально в рамках огромного масштаба всего экспедиционного проекта в целом. Однако, с другой стороны, и не только потому, что это заявлено конкретной темой нашего исследования, мы не можем отрицать, что то же самое посещение приобретает особый статус в силу того, что эти посещенные африканские «страны» прямиком попадают в восхитительную категорию мест, где произошли первые встречи действительно определяющего рода, ведь, насколько мы знаем и вряд ли когда-либо узнаем об обратном, прежде здесь никогда не бывали китайские мореплаватели. Эти африканские территории, кроме того, в корне отличаются от сонма других территорий, которые посещали экспедиции, тем, что они находятся дальше других и с ними реже всего соприкасались эти первые китайские заокеанские путешественники. Таким образом, несмотря на то что «Популярное переложение записей о хождении дворцового евнуха трех драгоценностей в Западный океан»

---

[53] См. [Brockey 2007: 130, 235, 409], где автор пишет среди всего прочего о том, как находящиеся в Китае отцы-иезуиты заступались за «сообщества африканских и индийских рабов, которые сбежали от своих хозяев-португальцев из Макао в Кантон». Краткий обзор противостояния между португальскими торговцами и Китайским государством династии Мин, которое сделало планы по основанию в Макао первой (и последней) европейской колонии в Китае столь несбыточными, см. [Pearson 2003: 131–132].

Ло Маодэна как художественное произведение мало пригодно для исторических целей, оно вносит свой существенный вклад, пусть даже совершенно иным образом, чем «Общий отчет о плавании Звездного плота» Фэй Синя, проливая свет на то, изменилось или нет мировоззрение китайцев позднего досовременного периода в своем понимании и восприятии этих почти незнакомых земель и народов.

Таким образом, в итоге во многом как *благодаря, так и вопреки* красочно нарисованным изображениям — фантазиям, которые нам, скорее всего, не стоит принимать на веру, — само существование «Популярного переложения записей о хождении дворцового евнуха трех драгоценностей в Западный океан» полностью раскрывает нам, насколько необратимо сместились концептуальные представления китайцев о множестве разных народов, которые они на протяжении веков называли *куньлуньцами*. Сегодня мы не можем знать наверняка, планировали ли они высаживаться на побережье Восточной Африки во время пятого плавания Чжэн Хэ в 1417–1419 годах или это произошло непреднамеренно. Тем не менее после судьбоносного открытия этих берегов китайцы конца Минской эпохи уже не могли вернуться к своему прежнему привычному состоянию неведения в отношении чернокожих среди них. Так, их буквальное и образное столкновение с Африкой изменило все, поскольку они внезапно лишились древнего архетипа и утратили возможность обращаться и к образу полузвериных *куньлуньцев*, и к их некогда мифогеографической среде обитания Куньлуню, уже не пребывая в безопасном неведении прошлых времен. Для этого переходного поколения китайцев и для всех последующих поколений любое упоминание о *куньлуньцах* или их владениях сразу отсылало к этим недавно открытым территориям и их по-настоящему чернокожим жителям, находившимся на окраине Западного моря.

Заключение

Т. С. Элиот (1888–1965) однажды заявил: «Знание неизменно является вопросом степени: нельзя указать пальцем даже на самый простой факт и сказать: “Мы это знаем”» [Eliot 1964: 151]. Тем не менее, хотя это наблюдение и кажется неопровержимым, всякий раз, когда мы пытаемся пролить свет на такую сложную для понимания тему, как характер самых первых контактов и взаимодействия между народом Китая и множеством народов, которые они последовательно обозначали как чернокожих, нас, возможно, сразу отпугивает полная неопределенность, с которой мы сталкиваемся, и, таким образом, мы склоняемся к тому, что слишком многое мы никогда не сможем узнать. Отход на такие позиции в чем-то понятен, и во многих случаях мы находим, что его целесообразность недооценивается, потому что разобраться в этой конкретной истории контактов мешает слишком много разных препятствий, которые все вместе порождают, а также усиливают наш пессимизм. Конечно, как мы обнаружили на примере черных рабов Гуанчжоу, такая позиция оправдана при попытках определить, например, точные детали того, как этих несчастных переправили в китайский плен. Для ответа на такой вопрос мы вынуждены прибегнуть исключительно к домыслам и в конце концов столкнуться с тем, что, как бы отчаянно мы ни искали ответы на эту загадку, мы никогда не получим подтверждающие их данные, если они вообще когда-либо существовали.

Тем не менее, сталкиваясь с такими пробелами в нашем понимании, — например, не имея возможности ответить на вопрос о том, как перевозили в Гуанчжоу чернокожих рабов, — мы должны помнить, что мы все еще можем почерпнуть некоторые весьма обоснованные идеи, прибегнув к рассуждению по аналогии. Во-первых, о чем я уже пытался говорить, мы, по крайней мере, хорошо представляем то, что Ганс Ван Тилбург в своей книге «Китайские джонки в Тихом океане: взгляд с другой палубы» назвал «культурой жизни на китайских судах» [Van Tilburg 2007: 136–162], то есть нам известно, какие почти разбойничьи порядки существовали на китайских морских торговых судах периода Сун. Как мы узнали, обычным явлением в этой культуре жизни китайского мореплавания были люди, следившие за дисциплиной: начальники, их заместители и другие подобные лица — они обладали специальными разрешениями, ярко-красными печатями, которые позволяли им для поддержания дисциплины жестоко обращаться со своими спутниками и даже забивать их до смерти. Нужно только вспомнить исчерпывающее пояснение нашего информанта Чжу Юя по этому поводу: «В случае, если кто-то умирает [от избиений] или падает в море, эти должностные лица забирают себе имущество этого человека» [Чжу Юй 1921: 2.2][1]. Осознав весь ужас замечания Чжу Юя, мы обращаем внимание на скрытую в нем отсылку к восприятию моря-океана как своего рода потустороннего мира, где бесследно пропадают имущество и люди. Писавший за полвека до Чжу Юя, возможно, почти его современник, Чжоу Цюйфэй лучше всего выразил эту мысль, проникновенно заметив: «Посреди грозного сине-зеленого моря нет места мыслям о жизни и смерти, о возвращении в мир людей» [Чжоу 1872: 6.8][2]. С точки зрения этих хорошо осведомленных людей, только безрассудный храбрец мог не рассматривать великий океан как последний рубеж известного тогда мира и потенциальную точку невозврата, и никто никогда не отважится бездумно ринуться за их пределы. Наверное, в их представлении еще более опасными, чем хищная морская

---

1 Ранее цитировался вариант перевода И. А. Алимова: «Шибосы выдает начальнику письменное разрешение палками приводить спутников к повиновению и описывать добро тех, кто умер [в пути]» [Чжу Юй 2009: 627]. — *Примеч. пер.*

2 См. также варианты перевода на английский язык [Levathes 1994: 44; Pearson 2003: 69]. См. перевод на русский язык М. Ю. Ульянова: «Смерть и рождение не принимают в расчет, устремляются в таящие опасность лазурные воды, не возвращаются в мир людей» [Чжоу 2001: 204]. — *Примеч. пер.*

стихия, были люди, поскольку — какими бы заманчивыми они ни казались любителям приключений — эти водные просторы внушали страх как зоны, где царил хаос, как места, где привычные нормы цивилизованного общества, соблюдавшиеся для суши, вовсе не обязательно должны были применяться.

Безусловно, эти мрачные образы мы узнаём исключительно из редких и случайных описаний жизни и условий на борту *китайских* торговых судов, которыми мы, к счастью, располагаем, в том виде, в котором с ними сталкивались *китайские* команды этих судов от начала и до конца XII века нашей эры. Нам вряд ли нужно сомневаться или не верить тому, что, по сути, в таких же условиях содержались самые первые *куньлуньские* рабы малайского происхождения еще долгое время после того, и в какой-то степени об их маргинализированном присутствии даже становилось известно, поскольку мы узнаём от Леонарда Андайи и других современных ученых, что представители этой этнической группы, хорошо разбираясь в навигации, часто служили у китайцев на кораблях проводниками вплоть до XV века, а у португальцев в том же качестве — в XVI веке [Andaya 2008: 51]. Тем не менее, хотя с малайцами дело обстояло так, присутствие рабов африканского происхождения на борту этих же кораблей даже в качестве груза, а не членов команды, должно было быть крайне непостоянным или вообще редким явлением, несмотря на тот факт, что — как мы узнали — китайцы столкнулись с этой необычайно экзотической разновидностью *куньлуньцев* несколькими столетиями ранее, а воображали себе их существование вообще бессчетное количество веков назад. Более того, мы уже убедительно показали, что тех чернокожих африканских рабов, которые имели несчастье быть похищенными из населенных пунктов восточного побережья их родины и оказались в Китае невольниками, запертыми в Гуанчжоу, почти наверняка перевезли туда на борту арабских судов[3]. Тем не менее, если

---

[3] С другой стороны, ввиду отсутствия надежной документации, которая позже позволит проследить, как доставляли западноафриканских рабов в места их назначения в Новом Свете, неважно, насколько мы уверены

предположить, что здесь можно провести аналогию с тем, в каких почти невыразимо ужасных условиях оказывались торговцы, а также их человеческий груз на борту судов, занятых в атлантической работорговле в более позднее время, то нам, возможно, лучше даже не думать, какая мучительная судьба могла ожидать этих рабов при перевозке через Индийский океан в Китай. Как сообщает Маркус Редикер с неизменной честностью и прямолинейностью в своем драматичном историческом расследовании «Корабль рабов: история человечества», «силовые методы власти применялись как к членам команды, так и к сотням пленников, которых они перевозили. Дисциплина часто держалась на жестокости, и многих матросов запороли до смерти... Многие матросы умерли, кто-то ослеп, другие страдали от изнурительных болезней» [Редикер 2021: 12–13].

С одной стороны, не может быть сомнений, что в планы работорговцев в любом контексте обычно не должно входить желание как-то повредить или нанести увечья своему человеческому товару, от которого зависел успех их предприятия и их прибыль. Однако, с другой стороны, если они могли калечить своих наемных работников, обращаясь с ними по-зверски, как описывает Редикер, то — допуская, что работорговцы на море руководствовались примерно одними правилами во все времена — мало оснований полагать, что команда обычного арабского работоргового судна XII века оказывалась в лучших условиях, чем обычные британцы XVIII века. На тесной палубе работоргового судна посреди океана эти люди никуда не могли скрыться, чтобы не попасть в паутину насилия, и они были обречены подвергаться нескончаемым издевательствам своих командиров. Как ни прискорбно, мы можем полагать, что таким же был удел и рабов,

---

в вопросе об условиях и средствах их перевозки, заявление о том, что это было арабской сферой влияния, остается экстраполяцией. Тем не менее, основываясь на том, что мы точно знаем — благодаря китайским, арабским и португальским источникам, — что арабы развозили восточноафриканских рабов в восточном направлении по Аравийскому полуострову, Персидскому заливу и Индии, эта экстраполяция кажется вполне допустимой. Дополнительные аргументы см., например, у [Martin 1978: 23–25].

которых перевозили эти команды[4]. Нисходящий каскад насилия, как его все время называет Редикер, увлекал за собой все и всех, угрожая гибелью. Мы можем предположить, что работорговля никогда и нигде не являлась и не является цивилизованным предприятием. Никто в ней, независимо от занимаемого положения, не может рассчитывать на хорошее отношение — ни работорговец, ни раб.

Однако, по правде говоря, мы вынуждены признать, что нам никогда не обрести полной уверенности в том, какими именно были условия рабства где-либо на земном шаре в прошлом. Тем не менее, если мы хотим, чтобы наши знания вообще развивались, мы должны противостоять склонности отступить при столкновении с любым прошлым, о котором нельзя узнать все. Любое прошлое так или иначе становится непроницаемым. Но невозможность достижения совершенного гнозиса в принципе никогда не должна стать враждебной силой на пути извлечения любого знания вообще. Кстати, то, что ближе к нам по времени, часто оказывается понятнее, чем то, что находится на большом расстоянии, поэтому давайте, по крайней мере, приступим к завершению нашего исследования о том, как жили и что окружало чернокожих африканского происхождения в Китае в досовременный период истории, бегло взглянув на эти вопросы с точки зрения настоящего. Давайте далее предположим, что мы каким-то образом смогли количественно оценить и изобразить графически — составив диаграмму — уровень исторического межкультурного взаимодействия между Китаем и Африкой. Исходя из накопленной нами информации, для столетий до начала первых непостоянных контактов мы бы рассчитывали, что линия, отражающая этот вид деятельности, поднимается очень медленно и поступательно, едва отклоняясь от горизонтали на протяжении

---

[4] Мы знаем, что в XVIII веке для западноафриканских рабов, которых перевозили через Атлантический океан на борту невольничьих судов, насилие неожиданно становилось частью даже обыденного приема пищи. Например, как ни странно, простой отказ от непривычной еды, что случалось часто, когда они только оказывались в плену посреди моря, мог повлечь за собой нанесение увечий или смерть. См. [Byrd 2008: 36–37].

большого промежутка времени. Однако начиная где-то с VIII века нашей эры та же самая линия диаграммы — по пути к современному взаимодействию Китая с Африкой наших дней — обязательно поднимется внезапно и резко, на удивление вертикально взлетев вверх. Так, учитывая сказанное, нам следует считать небрежным и недостаточным любое заключение к исследованию такого рода, которое не будет хотя бы отчасти послесловием.

Несомненно, особенно в последнее время, коммерческие, а также дипломатические связи, которые устанавливаются между сегодняшней Китайской Народной Республикой и современными африканскими национальными государствами, занимающими сейчас бывшие территории тех чернокожих, которые встречали мореплавателя Чжэн Хэ, становятся все крепче и крепче. Более того, та же тенденция к взаимодействию наблюдается и при возникновении связей между их отдельными народами. Хотя развитие отношений проходит не без превратностей и противоречий, за последнюю половину XX и первое десятилетие XXI века, возможно, нигде в мире впечатляющий размах китайских иностранных инвестиций не оставил более заметного отпечатка, чем на экономике и инфраструктуре таких восточноафриканских государств, как Танзания и Кения, а также некоторых других близких к ним стран, например Судана. Действительно, описанная нами ситуация, которая была в прошлом, изменилась до неузнаваемости, и в настоящее время Китай имеет официальные торговые и/или дипломатические отношения с большинством, если не со всеми, из 50 с лишним стран Африканского континента [Rotberg 2008: 2–3].

Однако независимо от того, как трансформировались сейчас китайско-африканские отношения и какую хронологию задает послесловие, сфера интересов данного исследования неизменно ориентирована на прошлое, а вся обнаруженная в ходе него информация преимущественно основывается, но никоим образом не ограничивается тысячелетним временны́м промежутком, сосредоточенным преимущественно на V–XV веках нашей эры. Таким образом, даже отвесив поклон в знак признания современной ситуации, мы должны тем не менее воздержаться от измен установленному нами контексту и стремиться, не сворачивая с этого пути, как можно лучше понять и оценить результаты наших изысканий в их тесной связи с давно минувшими временами. Приходя к такому заключению, будет уместно продолжать следовать тем же принципам, которыми мы руководствовались до сих пор, поскольку благодаря этому нас, вероятно, ждет много открытий. Наиболее значимым среди этих открытий является то, насколько плотно тема взаимодействия Китая с чернокожими досовременного периода истории, с одной стороны, пропитана обилием разнонаправленных подтем, а с другой, служит им же ничем иным, как основанием. Возможно, будет не лишним представить скромный обзор той информации, которую нам удалось обнаружить, чтобы в полной мере проиллюстрировать и подчеркнуть этот момент.

Историческая реальность относительной географической изоляции Китая породила множество заблуждений, и не последним из них является ложное западное убеждение в том, что китайцы до XIX века нашей эры были совершенно незнакомы и даже не знали ничего о большинстве народов отличной от них самих этнической принадлежности. Однако все может быть совсем не так: в последние десятилетия никакие другие из давно сложившихся представлений о Китае не подвергались таким сомнениям, как полнота этой предполагаемой изоляции. В этой связи мы обнаружили, что наше предположение о том, что китайцы досовременного периода пребывали в неведении относительно других народов — в частности, имевших африканские корни или происходивших из Африки, но также и других, которых мы также обозначаем как чернокожих — не могло быть более ложным. Мы стали осведомленнее в этом важнейшем вопросе, изучив историю этих взаимодействий в трех различных географических зонах или местах. В каждом мы достигаем разного уровня понимания относительно характера взаимодействия между китайцами и чернокожими, с которыми им довелось встретиться.

Мы узнали, что взятые в качестве информационного параметра зоны, где произошли первые контакты между китайцами и чернокожими, были не менее важны, чем то время, когда они случились. Черный цвет кожи в китайском контексте всегда в некоторой степени зависел от временнóго периода, который служит для нее ориентиром. Развитие такого рода временно-контекстного сознания помогает нам больше, чем мы могли бы себе представить, поскольку мы окончательно определили, что *первые* чернокожие в Китае досовременного периода не были ни африканцами, ни, в нашей общепринятой современной интерпретации термина, чернокожими. Для нас сегодня и даже для нескольких поколений наших предков черный цвет кожи несколько столетий назад превратился в почти исключительно расовую категорию. Однако, как нам удалось выяснить, для китайцев это было не так до сравнительно недавнего времени. Для них в течение где-то тысячелетнего периода, отраженного в этой книге, черный цвет кожи был дуалистическим понятием — в итоге расовым (каким он стал для нас), но изначально он основывался на оттенке кожи, и они с такой же легкостью приписывали его своим часто этнически близким соседям. Об этом нам сообщают разнообразные источники, на которые мы вынуждены полагаться. Действительно, как говорит Марк Абрамсон о такой важной для нашего исследования эпохе, как эпоха династии Тан, «этническая принадлежность как таковая не была темой какого-либо сложившегося жанра китайской литературы и не осмыслялась логически» [Abramson 2008: 179][5]. Таким образом, даже признавая методологический риск кажущейся *гомогенизации* — используя термин Абрамсона — крайне разнородных типов исторических данных [Ibid.: xxiv], чтобы вообще получить хоть какую-то значимую информацию, мы тем не менее отталкиваясь от доступных нам существующих источников, решили с осторожностью продвигаться вперед.

Еще мы узнали, что термин для обозначения чернокожего человека, *куньлунец*, был широко распространен в обиходе, хотя

---

[5] В начале своего актуального исследования Абрамсон высказывает такое же соображение, утверждая, что «концепции этнической принадлежности или идентичности сами по себе явным образом не соответствуют ни одному сложившемуся жанру или теме источников на китайском языке» [Abramson 2008: x].

у него и не было точного определения, задолго до первого задокументированного контакта между китайцами и африканцами, и последних стали так называть позже. Действительно, как утверждает Чжан Синлан в своем исследовании на китайском языке «*Гудай Чжунго юй Фэйчжоу чжи цзяотун*» («Отношения между Древним Китаем и Африкой»),

> только во времена династии Тан черные рабы Африки получили название. Во времена Тан в Китае не было названия для Африки, и, таким образом, не было названия для африканских рабов, и поэтому мы становимся свидетелями появления термина *куньлуньские рабы*. Термин *куньлуньские рабы* действительно появляется во многих произведениях того периода, и в каждом из них, где эти рабы упоминаются, мы находим фразы, описывающие их тела как черные, чтобы представить их как африканцев [Чжан 1962: 48–49][6].

Термин *куньлунь*, как никогда, не оставался статичным понятием, так и не всегда находился в обращении. Рабы Гуанчжоу XI и XII веков были первыми идентифицируемыми народами африканской культуры, оказавшимися в Китае в значительном количестве, за которыми китайцы закрепили это название. Однако должно было пройти почти четыре столетия после их жизни, полной тягот и страданий, прежде чем Китай или китайцы повторно вступили в подтвержденное доказательствами взаимодействие с чернокожими Африканского континента. К этому времени, как выяснилось в процессе налаживания связей в ходе экспедиционных миссий в Восточной Африке под командованием Чжэн Хэ, термин *куньлунь* больше не применялся

---

[6] Любопытно, что даже сейчас большинство синологов, занимающихся исследованиями в данной области, не знают или игнорируют утверждение Чжана Синлана о таком явлении, как *куньлуньские* рабы африканского происхождения. Например, несколько раз мимоходом упоминая о *куньлуньских* рабах, Абрамсон говорит о них, используя только половину двойной парадигмы, — то есть в первую очередь, если не исключительно, исходя из общепринятого представления о том, что они родом только «из Юго-Восточной Азии». См. [Abramson 2008: x, 9, 11].

к этим народам. Китайцы — в силу своей давней расположенности обозначать другие народы топонимами — предпочли вместо этого идентифицировать их по странам их происхождения и, что любопытно, без какой-либо отсылки на цвет их кожи. Так, мы обнаружили, что путешествия Чжэн Хэ в начале XV века представляют собой общий переломный момент не только в институциональной истории Китая, но и в раскрытии отношений между китайцами и общностью различных народов, которых раньше относили к категории *куньлуньцев*. Только благодаря экспедициям Чжэн Хэ и его флота, предпринятым с целью установить торговые и даннические отношения, мы узнали благодаря информации, о которой нам сообщает Фэй Синь, о несколько неожиданном развитии событий в межгосударственных межэтнических отношений, а именно о том, что уничижительный термин *куньлуньцы* вышел из употребления и больше не соотносился с населением африканских стран. Такое развитие событий необязательно означает, что китайцы, вступив в более тесный контакт с этими народами, узнали их лучше и освободились от предрассудков; хотя они больше не обращали их в рабство (в этом их заменили европейцы, заполнив эту пустоту), описание их унизительного взаимодействия, представленное в «Популярном переложении записей о хождении дворцового евнуха трех драгоценностей в Западный океан» Ло Маодэна, полностью опровергает это предположение. Тем не менее выход из употребления устаревшего термина *куньлуньцы* применительно к африканцам, по крайней мере, предполагает, насколько радикально к началу эпохи династии Мин расширился известный китайцам мир.

С точки зрения мореплавания независимо от других последствий и подтекстов исключительной важности, «путешествия на кораблях-сокровищницах» адмирала Чжэн Хэ по праву заслуживают нашего общего внимания и даже восхищения[7]. Эти гегемо-

---

[7] Оригинальные технологические и логистические нововведения, стоявшие за достижениями Чжэн Хэ, давно привлекают внимание западных ученых. Крайне содержательный анализ того, что сейчас известно об этой любопытной стороне экспедиций, см. у [Dreyer 2007: 99–134].

нистские рейды по известным и неизвестным тогда местам прежде всего представляют собой абсолютную кульминацию того, что Жунбан Ло удачно назвал не чем иным, как «морской экспансией Китая с XII по XV век» [Lo 1955: 494]. Однако слишком часто при обсуждении удивительных путешествий Чжэн Хэ полностью забывают или, по крайней мере, отодвигают на второй план то, что это был первый в истории прямой контакт китайцев с чернокожими жителями побережья Восточной Африки. Конечно, массовая привлекательность запутанной логистики самих путешествий продолжает притягивать больше внимания и затмевает удивительную сагу о китайско-африканских контактах. Следовательно, выбрать для рассказа даже часть этой саги — о впечатлениях китайцев от земель и народов, с которыми они столкнулись, путешествуя вдоль берегов Восточной Африки, — отчасти означает предложить редакторскую правку. Это значит решить, что звездная слава Чжэн Хэ не должна больше оттеснять и умалять и так почти не восстановимый опыт множества безымянных путешественников, которые как рабы и, следовательно, по принуждению против своей коллективной воли совершили и пережили мучительное путешествие по морю в противоположном направлении.

Кроме того, хотя нам и удалось многое выяснить, нельзя сказать, что открытия всегда давались нам легко; ни само прошлое, ни документальные свидетельства прошлого не всегда были нашими союзниками. Конечно, продвигаясь вперед во времени, мы встречаем все больше источников, которые формируют наши знания о том, что Абрамсон называет китайским «сознанием этнического различия» [Abramson 2008: 8–9]. Но даже в значительно более поздние времена, как мы видели в почти тысячелетний период последовательно сменявших друг друга эпох от империи Сун до империи Цин, чтобы узнать хоть что-то об истории чернокожих досовременного Китая, нам приходится продираться сквозь и вгрызаться в литературные источники — например, записи о той или иной стране в официальной истории или неофициальных путевых заметках — которые были почти целиком посвящены другим темам и задумывались в первую очередь для совершенно иных целей, нежели те, в которых мы стремимся использовать их информацию.

Более того, в каждом случае эта литература, из которой мы черпаем сведения о контактах между китайцами и чернокожими в досовременную эпоху, создавалась ради описания географии, а не этнографии, и поверхностные изображения жителей, населявших многочисленные отдаленные области, перечисленные в этих источниках, играли второстепенную и иногда явно эпизодическую роль. В таких условиях любая серьезная попытка воссоздать обстоятельства самого первого знакомства китайцев с чернокожими рискует оказаться беспорядочным и прерывистым предприятием. Каждый раз, занимаясь подобным восстановлением, придется трудиться в тени, метафорически воспроизводя маргинализированный опыт — только мысленно и без психических мучений или предполагаемых физических страданий, — который должны были переживать рабы Гуанчжоу эпохи династии Сун в своем плену.

В литературе после периода династии Сун точка зрения, с которой рассматриваются чернокожие, изменяется — если раньше их всегда наблюдали вблизи или внутри материкового Китая, то теперь стали воспринимать исключительно в их родных местах, крайне удаленных от Китая. Информационная ценность этой литературы, спорной, но неотъемлемой частью которой является сложное художественное повествование Ло Маодэна, не подлежит сомнению, но в итоге мы также обнаружили, что она забавным образом отводит внимание в сторону. Литературные сочинения, усыпляя нашу бдительность, создают у нас почти наверняка ложное впечатление, что эпоха взаимодействий китайцев *внутри своей страны* с чернокожими, включая африканцев, закончилась. Однако, хотя они и были всегда ограниченными из-за достаточно небольшого количества их участников, которое могло еще больше уменьшиться в последующие столетия, эти взаимодействия не прекратились. Начиная со взятия Малакки португальцами в 1511 году [Lach 1968: 731] дальнейшее развитие событий, а именно упорный и постепенно нарастающий приток европейцев, ринувшихся на побережье Южного Китая, убедительно свидетельствует против представления о Китае, полностью лишенном своих чернокожих. Мы не должны ни на секунду усомниться в том, что эти припозднившиеся гости Китая, с португальцами, испанцами и итальянцами в первых рядах переднего фронта надменного воинства, привезли с собой собственных — неизменно чернокожих — рабов.

Более того, теперь, когда мы в общих чертах осознаём неизбежность присутствия чернокожих — пусть случайно и редко, но тем не менее внутри Китая — даже в конце XVI века, мы обязаны быть предельно откровенными и честными. Самое главное, мы должны отказаться от попыток объяснить поверхностными рассуждениями то, что мы так их до сих пор и не обнаружили. Такие ущербные и жалкие утверждения, что они перестали казаться необыкновенными или составлять достаточно заметную критическую массу, не следует даже рассматривать в качестве вариантов. Мы должны признать, что наша неосведомленность о чернокожих в этот переходный период между досовременной и современной историей их пребывания в Китае объясняется теми же причинами, по которым нам было ничего неизвестно о них и ранее — то есть потому что, как и прежде, их присутствие ограничивалось самыми дальними задворками традиционной истории Китая.

В середине XX века Я. Ю. Л. Дёйвендак, как будто оправдывая свое краткое исследование о зарождении представлений об Африке и африканцах в китайском сознании, писал:

> Я не могу предложить ничего радикально нового, но по важным вопросам все еще остается много разногласий и разночтений, а в книгах и статьях эта тема представлена очень разрозненно, так что, возможно, будет полезно еще раз ее пересмотреть [Duyvendak 1949: 5].

Поскольку высказанная им мысль и тогда, и сейчас является прописной истиной, я в заключение признаюсь, что не мог не руководствоваться скромной целью Дёйвендака как своей собственной. Успешно полученный опыт сводится к тому, что, хотя мы можем и должны всегда исследовать их снова и снова, отныне мы не можем ни открыть, ни использовать чернокожих досовременного Китая, как в первый раз. Рассматриваемые в совокупности как собирательный объект изучения, чернокожие, последовательно сменяющие друг друга в досовременном Китае, сегодня пользуются нашим вниманием и почтением именно из-за недвижимости занимаемого ими пространства в том, что должно быть нашими расширяющимся горизонтами мировой истории. Едва только обнаружив сам факт существования чернокожих в Китае, пусть и в отчужденной обособленности от самого контекста, в котором мы с ними столкнулись, без их доказанного, но непонятного присутствия нам уже не понять во всей ее полноте сущность традиционного Китая. Поэтому, в конце концов, вопреки почти всем мыслимым неувязкам, их положение в нашем ментальном сознании становится неприкосновенным, поскольку независимо от того, насколько маргинализированными они были в свое время, в наше время мы никак не можем упростить и принизить их значение или отправить их в небытие.

Глоссарий

Адань Adan 阿丹
Аомэнь Aomen 澳門
Бай чуань сюэ хай Baichuan xuehai 百川學海
Бело Bieluo 别羅
Бипало Bipaluo 弼琶囉
бицзи biji 筆記
бичэн bicheng 秘丞
Бобали Bobali 撥拔力
Боса Bosa 勃薩
Босы Bosi 波斯
Булаваго Bulawaguo 卜刺哇國
Бэйпин Beiping 北平
Бяньлян Bianliang 汴梁
Бяньцзин Bianjing 汴京
Бяоцзи Biaoji 摽技
вайго waiguo 外國
вайгэ waige 外閣
Ван Гунву Wang Gungwu (Wang Gengwu) 王賡武
Ван Даюань Wang Dayuan 汪大淵
Ван Е Wang Ye 王爺
Ван Фанцин Wang Fangqing 王方慶
Ван Цзинхун Wang Jinghong 王景弘
Ван Ци Wang Qi 王圻
Ван Шаншу Wang Shangshu 王尚書
ваньцзи wanji 挽髻
вэй wei 尉
Вэй Wei 魏
Вэнь сянь тун као Wenxian tongkao 文獻通考
Гу Яньу Gu Yanwu 顧炎武
гуанлу сы guanglu si 光祿寺
Гуаннань Guangnan 廣南
Гуанчжоу Guangzhou 廣州
Гуанчжун фужэнь Guangzhong furen 廣中富人
Гуаньси Guangxi 廣西
Гудай чжунго юй фэйчжоу чжи цзяотун Gudai Zhongguo yu Feizhou zhi jiaotong 古代中國與非洲之交通
Гуйлинь Guilin 桂林
гуйну guinu 鬼奴
Гуйхай юй хэн чжи Guihai yuheng zhi 桂海虞衡志
Гуйчжоу Guizhou 桂州
Гули Guli 古里
гулунь gulun 骨論
Гун Чжэнь Gong Zhen 鞏珍
Гунсунь Лун Gongsun Long 公孫龍
Гутан Gutang 骨堂
Гэ Тянь Getian 葛天
Гэме Gemie 閤蔑
Да Мин Da Ming 大明
Далян Daliang 大梁

Дао и чжи люэ Daoyi zhilue 島夷志略
Дафолин Dafoling 大佛靈
Дацинь Daqin 大秦
Даши Dashi 大食
Ди Di 狄
Дин Ding 丁
Динчжи Dingzhi 鼎峙
доуфа doufa 蚪髮
Дуань Чэнши Duan Chengshi 段成式
Дунсичжу Dongxizhu 東西竺
Е Ye 掖
Жун Rong 戎
Жунь Run 潤
Жуньчжоу Runzhou 潤州
Жэнь-цзун Renzong 仁宗
жэньши renshi 人事
И Yi 夷
ижэнь yiren 夷人
Ин яй шэн лань Yingyai shenglan 瀛涯勝覽
Ицецзин иньи Yiqiejing yinyi 一切經音義
Кайфын Kaifeng 開封
Конфуций Kongzi 孔子
куньлунь kunlun 崑崙
Куньлуньну Kunlun nu 崑崙奴
Куньлунь сэнчжи Kunlun sengzhi 崑崙僧祇
Куньлунь цэнци Kunlun cengqi 崑崙層期
куньлунь юй kunlun yu 崑崙語
Куньлунь ян Kunlun yang 崑崙洋
Куньлуньго Kunlunguo崑崙國
Куньлуньшань Kunlunshan 崑崙山
Куньтунь Kuntun 崐山屯
Куньшань Kunshan 崑山
кэ ke 可
кэ тань ketan 可談
кэжэнь keren 客人
кэтоу ketou 磕頭
Лай Lai 萊
Лайчжоу Laizhou 萊州
ланьци гуань lanqi guan 藍旗官
Лао-цзы Laozi 老子
Ласа Lasa 剌撒
ле чжуань liezhuan 列傳
Ли Li 李
ли li 里
Ли Вэйго Li Weiguo 李偉國
Лин вай дай да Lingwai daida 嶺外代答
Линлин Lingling 零陵
Линшань Lingshan 靈山
Линьи Linyi 林邑
Лицета Liqieta 哩伽塔
Ло Маодэн Luo Maodeng 羅懋登
лопосы Luoposi 羅婆斯
лоча luocha 羅刹
Лу Юаньжуй Lu Yuanrui 路元叡
Лунь юй Lunyu 論語
лэйшу leishu 類書
Люцзя ган Liujia gang 劉家港
Лянчжэ Liangzhe 两淛
Ляо Liao 遼
Ма Хачжи Ma Hazhi 馬哈只
Ма Хуань Ma Huan 馬歡
Ма Хэ Ma He 馬和
Май Mai 豸百
Малайбаньдао Malaibandao 馬來半島
Мань Man 蠻
Маньлацзя Manlajia 满剌加
Мацзяна Majiana 麻加那
Мин Ming 明
Мин ши Mingshi 明史

Минчжоу Mingzhou 明州
Мицзи[мохай] Miji[mohai] 秘笈墨海
Мо Ди Mo Di 墨翟
Мо-цзы Mozi 墨子
Молинь Molin 磨鄰
мосо mosuo 摩娑
Мохэмо Mohemo 摩訶末
му mu 牡
Му тяньцзы чжуань Mu Tianzi zhuan 穆天子傳
Му-ван Mu Wang 穆王
Мугудушу Mugudushu 木骨都束
Муланьпи Mulanpi 木蘭皮
Найто Конан Naito Konan 内藤虎湖南
Найто Торадзиро Naito Torajiro 内藤虎次郎
Нанкин Nanjing 南京
Наньпи Nanpi 南毗
Наньхай Nanhai 南海
Наньчан Nanchang 南昌
нэйгуань цзянь тайцзянь neiguan jian taijian 内官監太監
нэйгэ neige 内閣
няошоу niaoshou 鳥獸
пануань panguan 判官
Пекин Beijing 北京
Пинчжоу кэ тань Pingzhou ketan 萍洲可談
Пинчжоу лао пу Pingzhou laopu 萍洲老圃
пинь pin 牝
Поломэнь Poluomen 婆羅門
Полочжоу Poluozhou 婆羅洲
Пуло Puluo 蒲囉
Пусына Pusina 蒲思那
пянь pian 篇
Саньбао тайцзянь Sanbao taijian 三寶太監
Саньбао тайцзянь ся Сиян цзи тунсу яньи Sanbao taijian xia Xiyang ji tongsu yanyi 三寶太監下西洋記通俗演義
Саньцай тухуэй Sancai tuhui 三才圖會
Си ян фань го чжи Xiyang fanguo zhi 西洋番國誌
Си-ван-му Xiwangmu 西王母
Силань Xilan 細蘭
Силаньшань Xilanshan 錫蘭山
Син ча шэн лань Xingcha shenglan 星槎勝覽
Синчжун Xingzhong 行中
Синьцзян Xinjiang 新疆
Сиян Xiyang 西洋
Су Ши Su Shi 蘇軾
Сун Song 宋
Сун ши Songshi 宋史
Сучжоу Suzhou 蘇州
сы-и siyi 四夷
Сыку цюаньшу Siku quanshu 四庫全書
Сыма Гуан Sima Guang 司馬光
Сыцзялие Sijialiye 斯加里野
Сычуань Sichuan 四川
Сэнци Sengqi 僧祇
Сэнчжи Sengzhi 僧祇
Сю Цзинъе Xu Jingye 徐敬業
сюй xu 序
сюй xu 蓄
Сюй Цзиюй Xu Jiyu 徐繼畬
Ся Xia 夏
Сямэнь Xiamen 下門; 厦門
Сян Xiang 襄
Сяньлого Xianluoguo 暹羅國
Сяо У Xiao Wu 孝武

Сяо У Вэнь Ли Тайхоу Xiao Wu Wen Li Taihou 孝武文李太后
Сяогэлань Xiaogelan 小葛蘭
Сяою шань Xiaoyou shan 小酉山
Тай-цзун Taizong 太宗
Тайпин гуанцзи Taiping guangji 太平廣記
Тайцан Taicang 太倉
Тан Tang 唐
Тао ЦзунъиTao Zongyi 陶宗儀
тияо tiyao 提要
ту tu 圖
Туми Tumi 突弥
Тяньчжэнь Tianzhen 天鎮
У Чжао Wu Zhao 武曌
У-хо Wuhuo 物或
У-хоу Wu Hou 武后
Улунь Wulun 巫崙
Усили Wusili 勿斯里
уу (моуу) wuwu (mouwu) 戊午
Ухань Wuhan 武漢
Уцзинь Wujin 武進
Учэн Wucheng烏程
Фан юй шэн лань Fangyu sheng-lan 方輿勝覽
фань fan 蕃
Фань Чэн-да Fan Chengda 范成大
Фу Си Fuxi 伕羲
Фулинь Fulin 拂菻
Фуцзянь Fujian 福建
Фушань Fushan 福善
фуши fushi 副使
Фэй Синь Fei Xin 費信
Фэн Чэнцзюнь Feng Chengjun 馮承鈞
Хай нэй цзин Haineijing 海内經
Хай юй Haiyu 海語
Хайнань дао Hainan dao 海南島
Ханчжоу Hangzhou 杭州
Хань Han 漢
Ху Hu 胡
Ху Сансин Hu Sanxing 胡三省
Ху Юань Hu Yuan 胡瑗
хуабу huabu 花布
Хуайнаньцзы Huainanzi 淮南子
Хуан Чжун Huang Zhong 黄衷
Хуан-цзи цзин-ши-шу Huangji jingshishu 皇極經世書
Хуанган Huanggang 黄岡
Хуанхай Huanghai 黄海
Хуанчжоу Huangzhou 黄州
хуаньчан huanchang 换腸
Хубэй Hubei 湖北
Хунань Hunan 湖南
Хунъу Hongwu 洪武
Хуэй Hui 回
хуэй hui 回
Хуэй Ши Hui Shi 惠施
Хуэй-линь Huilin 慧琳
хэй hei 黑
хэйжэнь heiren 黑人
хэйшэнь heishen 黑身
Хэлин Heling 訶陵
Хэнань Henan 河南
цай cai 財
цайу caiwu 財物
Цзи Ji 箕
Цзи-цзы Jizi 箕子
цзин jing 經
Цзин шо Jingshuo 經說
цзинь jin 斤
цзиньши jinshi 進士
Цзиньшу Jinshu 晉書
Цзо Гуй Zuo Gui 左圭
Цзофаэр Zuofaer 佐法兒
Цзочжуань Zuo zhuan 左傳

Цзы чжи тун цзянь Zizhi tongjian 資治通鑒
Цзы-чжан Zizhang 子張
Цзю И Jiu Yi 九夷
Цзю Тан шу Jiu Tangshu 舊唐書
цзюань juan 卷
цзюйцзянь jujian 巨艦
Цзюньтуньшань Juntunshan 軍屯山
цзюньцзы junzi 君子
Цзянси Jiangxi 江西
Цзянсу Jiangsu 江蘇
цзянь ай jian'ai 兼愛
Цзянь И Jian Yi 蹇義
Цзяньвэнь Jianwen 建文
Цзяочжи Jiaozhi 交趾
цилинь qilin 麒麟
Цин Qing 清
Цинхай Qinghai 青海
Цичжоу Qizhou 七洲
цоцзи cuoji 撮髻
цула cula 徂蠟
Цэнба Cengba 層拔
Цэнци Cengqi 層
Цэнъяоло Cengyaoluo 層摇羅
цюань quan (кулак)拳
цюань quan (курчавый) 鬈
цюаньфа quanfa (кулак и волосы) 拳髮
Цюаньчжоу Quanzhou 泉州
цяньнянь qianyan 前言
цяньши qianshi 遣使
Чанчжоу Changzhou 常州
Чао Фу Chao Fu 巢父
Чжан Синлан Zhang Xinglang (Chang Hsing-lang)[1] 張星烺
Чжан Фу Zhang Fu 張輔
Чжаньчэн Zhancheng 占城
Чжао Жугуа Zhao Rugua 趙汝适
Чжао Юаньфэнь Zhao Yuanfen 趙元份
чжи лунту гэ zhi longtu ge 直龍圖閣
Чжичжай шулу цзети Zhizhai shulu jieti 直齋書錄解題
Чжичжэн Zhizheng 至正
Чжоу Zhou 周
Чжоу Цюйфэй Zhou Qufei 周去非
Чжу Ди Zhu Di 朱棣
Чжу Линь Zhu Lin 朱臨
Чжу Му Zhu Mu 祝穆
Чжу фань чжи Zhufan zhi 諸蕃志
Чжу Фу Zhu Fu 朱服
Чжу хэ Zhu he 珠河
Чжу Юаньчжан Zhu Yuanzhang 朱元璋
Чжу Юй Zhu Yu 朱彧
Чжуава Zhuawa 爪哇
Чжуан-цзы Zhuangzi 莊子
Чжуаньсунь Ши Zhuansun Shi 顓孫師
Чжубуго Zhubuguo 竹步國
чжуйзи zhuiji 椎髻
Чжунвэнь Zhongwen 仲文
Чжунго Наньян цзяотун ши Zhongguo Nanyang jiaotong shi 中國南洋交通史
Чжунли Zhongli 中理
Чжунъюань Zhongyuan 中原
Чжэн Хэ Zheng He 鄭和
Чжэнь-цзун Zhenzong 眞宗
Чжэньцзян Zhenjiang 鎮江

[1] Второй вариант романизированной формы имени — по транскрипционной системе Уэйда-Джайлза, принятой на Тайване до 2009 года. — *Примеч. пер.*

Чжэцзян Zhejiang 浙江
Чуннин Chongning 崇寧
Чуньцю Chunqiu 春秋
Чуньцю вайцзи Chunqiu waiji 春秋外記
Чуньцю сыцзи Chunqiu siji 春秋私記
чэн cheng 丞
Чэнь Жэньсунь Chen Zhensun 陳振孫
Чэнь Цзижу Chen Jiru 陳繼儒
Шан Shang 商
Шань хай цзин Shanhaijing 山海經
шань shan 山
Шаньдун Shandong 山東
Шаньси Shanxi 山西
Шао (со) цзянь, до (со) гуай Shao (suo) jian, duo (suo) guai 少所見, 多所怪
Шао Юн Shao Yong 邵雍
Шаошэн Shaosheng 紹聖
шибо тицзюй shibo tiju 市舶提擧
шибо тицзюйсы shibo tijusi 市舶提擧司
шибосы shibo si 市舶司
шибоши shibo shi 市舶使
Шитоу Мань Shitou Man 尸頭蠻
Шо фу Shuofu 說郛
шуай shuai 帥
Шунь Shun 舜
Шэнчжоу Shengzhou 昇州
шэншу shengshu 生熟
Шэнь Ду Shen Du 沈度
Шэнь-цзун Shenzong 神宗
Шэньси Shaanxi 陝西
Шэпо Shepo 闍婆
Шэпого Shepoguo 闍婆國
эжэнь yeren 野人
Ю ян цза цзу Youyang zazu 酉陽雜俎
Ю ян шань Youyang shan 酉陽山
Юань Yuan 元
Юаньфэн Yuanfeng 元豐
Юнлэ Yongle 永樂
Юнлэ дадянь Yongle dadian 永樂大典
Юннань Yunnan 雲南
Ян Минь Yang Min 楊敏
Янцзы Yangzi 揚子
Янчжоу Yangzhou 揚州
Янь-ван Yan Wang 燕王
Яо Yao 堯

Список иллюстраций и карт

Библиография

Иностранные работы, переведенные на русский язык:

Буркхардт 2013 — Буркхардт Я. Размышления о всемирной истории / пер. с нем. А. В. Дранова, А.Г. Гаджикурбанова. М.; СПб.: Центр гуманитарных инициатив, 2013.

Вельгус 1987а — Вельгус В. А. Лин вай дай да (Вместо ответа [на вопросы о землях Юго-Запада] за горными хребтами) // Вельгус В. А. Средневековый Китай: Исследования и материалы по истории, внешним связям, литературе. М.: Наука, 1987. С. 6–7.

Вельгус 1987б — Вельгус В. А. Пинчжоу кэ тань (Из бесед в Пинчжоу) // Вельгус В. А. Средневековый Китай: Исследования и материалы по истории, внешним связям, литературе. М.: Наука, 1987. С. 7–8.

Каталог 1977 — Каталог гор и морей / предисл., пер. с кит. и коммент. Э. М. Яншиной. М.: Наука, 1977.

Леви-Стросс 1999 — Леви-Строс К. Мифологики: в 4 т. / пер. с фр. З. А. Сокулер, К. З. Акопяна. Т. 1. Сырое и приготовленное. М., 1999.

Ло 2023 — Ло М. Сказ о походе Чжэн Хэ в западный океан: в 2 т. / пер. с кит. Н. Е. Боревской. Т. 2. М.: Шанс, 2023.

Лунь юй 2004 — Лунь юй (Суждения и беседы) / пер. с кит. Л. С. Переломова // Конфуцианское «Четверокнижие» («Сы шу»). М., 2004. С. 151–236.

Поздние моисты 1973 — Поздние моисты // Древнекитайская философия. Собрание текстов : в 2 т. / пер. М. Л. Титаренко. Т. 2. М.: Мысль, 1973. С. 66–98.

Редикер 2021 — Редикер М. Корабль Рабов. История Человечества / пер. с англ. Г. Р. Амбарцумян. М., 2021.

Чжао 2018 — Чжао Ж. Чжу фань чжи (Описание иноземных стран) / Исслед., пер. с кит., коммент. и прил. М. Ю. Ульянова. М., 2018.

Чжоу 2001 — Чжоу Ц. За хребтами. Вместо ответов. (Лин вай дай да) / пер. с кит., введ., коммент. и прил. М. Ю. Ульянова. М.: Восточная литература, 2001.

Чжу Юй 2009 — Чжу Ю. Из бесед в Пинчжоу / пер. с кит. И. А. Алимова // Алимов И. А. Лес записей: китайские авторские сборники X–XIII вв. в очерках и переводах. СПб.: Петербургское Востоковедение, 2009. С. 601–661.

Чжуан-цзы 1995 — Чжуан-цзы. Ле-цзы / пер. с кит. В. В. Малявина. М.: Мысль, 1995.

Шефер 1981 — Шефер Э. Золотые персики Самарканда. Книга о чужеземных диковинах в империи Тан / пер. с англ. Е. В. Зеймаля, Е. И. Лубо-Лесниченко. М.: Наука, 1981.

Работы на английском и немецком языках:

Abramson 2008 — Abramson M. S. Ethnic Identity in Tang China. Philadelphia: University of Pennsylvania Press, 2008.

Andaya 2008 — Andaya L. Y. Leaves of the Same Tree: Trade and Ethnicity in the Straits of Melaka. Honolulu: University of Hawai'i Press, 2008.

Banton 1998 — Banton M. Racial Theories. 2d ed. Cambridge: Cambridge University Press, 1998.

Beachey 1976 — Beachey R. W. The Slave Trade of Eastern Africa. London: Rex Collings, 1976.

Black Africans 2005 — Black Africans in Renaissance Europe / ed. T. F. Earle, K. J. P. Lowe. Cambridge: Cambridge University Press, 2005.

Brockey 2007 — Brockey L. M. Journey to the East: The Jesuit Mission to China, 1579–1724. Cambridge, Mass.: Belknap Press, Harvard University Press, 2007.

Burns 1850 — Burns R. Man was made to mourn. A Dirge // The Complete Poetical Works of Robert Burns. New York: D. Appleton & Company, 1850.

Byrd 2008 — Byrd A. X. Captives and Voyagers: Black Migrants across the Eighteenth-Century British Atlantic World. Baton Rouge, La.: Louisiana State University Press, 2008.

Chaffee 1999 — Chaffee J. W. Branches of Heaven: A History of the Imperial Clan of Sung China. Cambridge, Mass.: Harvard University Asia Center, Harvard University Press, 1999.

Chaffee 2006 — Chaffee J. W. Diasporic Identities in the Historical Development of the Maritime Muslim Communities of Song-Yuan China //

Journal of the Economic and Social History of the Orient. Vol. 49. Part 4. 2006. P. 395–420.

Chang 1930 — Chang H. [Zhang X.] The Importation of Negro Slaves to China under the T'ang Dynasty (a.d. 618–907) // Bulletin of the Catholic University of Peking. 1930. № 7. Dec. P. 37–59.

Chau 1911 — Chau Ju-kua: His Work on the Chinese and Arab Trade in the Twelfth and Thirteenth Centuries, Entitled Chu-fan-chï / tr. F. Hirth, W. W. Rockhill, 1911. Repr., New York: Paragon Book Reprint Corp., Arno Press, 1966.

Chiasson 2006 — Chiasson P. The Island of Seven Cities: Where the Chinese Settled When They Discovered America. New York: St. Martin's Press, 2006.

Classic 1999 — The Classic of Mountains and Seas / tr. A. Birrell. London: Penguin Books, 1999.

Clunas 2007 — Clunas C. Empire of Great Brightness: Visual and Material Cultures of Ming China, 1368–1644. Honolulu: University of Hawai'i Press, 2007.

Concept of Race 1997 — The Concept of 'Race' in Natural and Social Science / ed. E. Gates. London and New York: Routledge, 1997.

Confucius 1979 — Confucius: The Analects / tr. D. C. Lau. London: Penguin Books, 1979.

Confucius 1997 — Confucius. The Analects of Confucius: A Literal Translation with an Introduction and Notes / tr. Chichung Huang. New York: Oxford University Press, 1997.

Davis 2003 — Davis D. B. Challenging the Boundaries of Slavery. Cambridge, Mass.: Harvard University Press, 2003.

Davis 2006 — Davis D. B. Inhuman Bondage: The Rise and Fall of Slavery in the New World. New York: Oxford University Press, 2006.

Dawson 1981 — Dawson R. Confucius. New York: Hill and Wang, 1981.

DeBlasi 2003 — DeBlasi A. Su Shi // RoutledgeCurzon Encyclopedia of Confucianism. Vol. 2. O–Z / ed. X. Yao . London: RoutledgeCurzon, 2003.

Diamond 1999 — Diamond J. Guns, Germs, and Steel: The Fates of Human Societies. New York: W. W. Norton & Company, 1999.

Dikötter 1992 — Dikötter F. The Discourse of Race in Modern China. Stanford: Stanford University Press, 1992.

Dorofeeva-Lichtmann 2003 — Dorofeeva-Lichtmann V. Mapping a 'Spiritual' Landscape: Representation of Terrestrial Space in the Shanhaijing // Political Frontiers, Ethnic Boundaries, and Human Geographies in Chinese History / ed. N. Di Cosmo, D. J. Wyatt. London: RoutledgeCurzon, 2003.

Dreyer 2007 — Dreyer E. L. Zheng He: China and the Oceans in the Early Ming Dynasty, 1405–1433. Library of World Biography. New York: Pearson Longman, 2007.

duBois 2003 — duBois P. Slaves and Other Objects. Chicago: University of Chicago Press, 2003.

Duyvendak 1949 — Duyvendak J. J. L. China's Discovery of Africa: Lectures Given at the University of London on Jan. 22 and 23, 1947. London: Arthur Probsthain, 1949.

Egan 1994 — Egan R. C. Word, Image, and Deed in the Life of Su Shi. Cambridge, Mass.: Council on East Asian Studies, Harvard University, 1994.

Eichhorn 1969 — Eichhorn W. Chinese Civilization: An Introduction / tr. J. Seligman. New York and Washington, D.C.: Frederick A. Praeger, 1969.

Eliot 1964 — Eliot T. S. Knowledge and Experience in the Philosophy of F. H. Bradley. London: Faber and Faber, 1964.

Emporium 2001 — The Emporium of the World: Maritime Quanzhou, 1000–1400 / ed. A. Schottenhammer. Leiden: Brill, 2001.

Fei 1996 — Fei H. Hsing-ch'a sheng-lan: The Overall Survey of the Star Raft / tr. J. V. G. Mills. ed. R. Ptak. Wiesbaden: Harrassowitz Verlag, 1996.

Findlay 2004 — Findlay R. How Not to (Re)Write World History: Gavin Menzies and the Chinese Discovery of America // Journal of World History: Official Journal of the World History Association. 2004. Vol. 15. № 2 (Jun.). P. 229–242.

Fiskesjö 1999 — Fiskesjö M. On the 'Raw' and 'Cooked' Barbarians of Imperial China // Inner Asia. 1999. № 1. P. 139–168.

Fitzgerald 1968 — Fitzgerald C. P. The Empress Wu. Vancouver: Publications Centre, University of British Columbia, 1968.

Fogel 1984 — Fogel J. A. Politics and Sinology: The Case of Naitô Konan (1866–1934). Cambridge, Mass.: Council on East Asian Studies, Harvard University, 1984.

Forbes 2007 — Forbes J. D., The American Discovery of Europe. Urbana and Chicago: University of Illinois Press, 2007.

Friedman 1981 — Friedman J. B. The Monstrous Races in Medieval Art and Thought. Cambridge, Mass., and London: Harvard University Press, 1981.

Fuchs 2007 — Fuchs B. The Spanish Race // Rereading the Black Legend: The Discourses of Religious and Racial Difference in the Renaissance Empires / ed. M. R. Greer, W. D. Mignolo, M. Quilligan. Chicago; London: University of Chicago Press, 2007.

Garnsey 1996 — Garnsey P. Ideas of Slavery from Aristotle to Augustine. Cambridge: Cambridge University Press, 1996.

Gelber 2004 — Gelber H. G. Opium, Soldiers, and Evangelicals: England's 1840–1842 War with China and Its Aftermath. New York: Palgrave Macmillan, 2004.

Gould 1996 — Gould S. J. The Mismeasure of Man. New York: W. W. Norton & Company, 1996.

Graham 1978 — Graham A. C. Later Mohist Logic, Ethics and Science. Hong Kong: Chinese University Press, 1978.

Graham 1989 — Graham A. C. Disputers of the Tao: Philosophical Argumentation in Ancient China. La Salle, Ill.: Open Court Publishing Company, 1989.

Graves 2005 — Graves J. L., Jr. The Race Myth: Why We Pretend Race Exists in America. New York: Plume, 2005.

Guisso 1979 — Guisso R. W. L. The Reigns of Empress Wu, Chung-tsung and Jui-tsung (684–712) // The Cambridge History of China. Vol. 3. Sui and T'ang China. Part I / ed. D. Twitchett, J. K. Fairbank. Cambridge: Cambridge University Press, 1979. P. 589–906.

Guy 1986 — Guy J. S. Oriental Trade Ceramics in South-East Asia, Ninth to Sixteenth Centuries. Singapore: Oxford University Press, 1986.

Habib 2008 — Habib I. Black Lives in the English Archives, 1500–1677: Imprints of the Invisible. Aldershot: Ashgate Publishing Company, 2008.

Hamilton 2006 — Hamilton G. G. Commerce and Capitalism in Chinese Societies: The Organisation of Chinese Economics. Oxford and New York: Routledge, 2006.

Hansen 1995 — Hansen V. Negotiating Daily Life in Traditional China: How Ordinary People Used Contracts, 600–1400. New Haven, Conn.: Yale University Press, 1995.

Hansen 2003 — Hansen C. Mohism: Later (Mo Jia, Mo Chia) // Encyclopedia of Chinese Philosophy / ed. A. S. Cua. New York: Routledge, 2003.

Harris 1971 — Harris J. E. The African Presence in Asia: Consequences of the East African Slave Trade. Evanston, Ill.: Northwestern University Press, 1971.

Heng 2008 — Heng D. Shipping, Customs Procedures, and the Foreign Community: The "Pingzhou ketan" on Aspects of Guangzhou's Maritime Economy in the Late Eleventh Century // Journal of Song-Yuan Studies. 2008. № 38. P. 1–38.

Hevia 1995 — Hevia J. L. Cherishing Men from Afar: Qing Guest Ritual and the Macartney Embassy of 1793. Durham, N.C.: Duke University Press, 1995.

Hirth 1909 — Hirth F. Early Chinese Notices of East African Territories // Journal of the American Oriental Society. 1909. Vol. 30. № 1. Dec. P. 46–57.

Hirth 1969 — Hirth F. The Ancient History of China, to the End of the Chóu Dynasty. 1908. Repr., Freeport, N.Y.: Books for Libraries Press, 1969.

Hsiang 1956 — Hsiang T. A Great Chinese Navigator // China Reconstructs. 1956. Vol. 5. № 7. Jul. P. 11–14.

Huang 1976 — Huang R. Chien I // Dictionary of Ming Biography, 1368–1644 / ed. L. C. Goodrich, Ch. Fang. Vol. 1. New York: Columbia University Press, 1976.

Hucker 1961 — Hucker Ch. O. The Traditional Chinese State in Ming Times (1368–1644). Tucson: University of Arizona Press, 1961.

Hucker 1985 — Hucker Ch. O. A Dictionary of Official Titles in Imperial China. Stanford, Calif.: Stanford University Press, 1985.

Jones 2007 — Jones M. Feast: Why Humans Share Food. Oxford and New York: Oxford University Press, 2007.

Kim 2004 — Kim S. Strange Names of God: The Missionary Translation of the Divine Name and the Chinese Responses to Matteo Ricci's Shangti in Late Ming China, 1583–1644 / Studies in Biblical Literature. Vol. 70. New York: Peter Lang, 2004.

Knauer 2006 — Knauer E. R. The Queen Mother of the West: A Study of the Influence of Western Prototypes on the Iconography of the Taoist Deity // Contact and Exchange in the Ancient World / ed. V. H. Mair. Honolulu: University of Hawai'i Press, 2006.

Lach 1968 — Lach D. F. China in the Eyes of Europe: The Sixteenth Century. Chicago and London: University of Chicago Press, 1965; Phoenix Books, 1968.

Lambert 2004 — Lambert C. The Way We Eat Now // Harvard Magazine. May — Jun. 2004. № 5. P. 50–58, 98–99.

Legge 1960 — Legge J. The Chinese Classics. Vol. 1. Confucian Analects, the Great Learning, and the Doctrine of the Mean. Hong Kong: Hong Kong University Press, 1960.

Lessa 1968 — Lessa W, A. Chinese Body Divination: Its Forms, Affinities, and Functions. Los Angeles: United World, 1968.

Levathes 1994 — Levathes L. When China Ruled the Seas: The Treasure Fleet of the Dragon Throne, 1405–1433. New York: Simon & Schuster, 1994.

Lo 1955 — Lo J. The Emergence of China as a Sea Power during the Late Sung and Early Yüan Periods // Far Eastern Quarterly. 1955. Vol. 14. Part 4. August. P. 489–503.

Ma 1970 — Ma H. Ying-yai sheng-lan: The Overall Survey of the Ocean's Shores [1433] / ed. J. V. G. Mills. Cambridge: Cambridge University Press, 1970.

Major 1993 — Major J. S. Heaven and Earth in Early Han Thought: Chapters Three, Four, and Five of the Huainanzi. Albany: State University of New York Press, 1993.

Martin 1978 — Martin E. B., Martin Ch. P. Cargoes of the East: The Ports, Trade and Culture of the Arabian Seas and Western Indian Ocean. London: Elm Tree Books, 1978.

McCrindle 1887 — McCrindle J. W. The Christian Topography of Cosmas, an Egyptian Monk. New York: Burt Franklin, 1887.

Mintz 2002 — Mintz S. W. Foreword: Food for Thought // The Globalization of Chinese Food / ed. D. Y. H. Wu, S. C. H. Cheung. Honolulu: University of Hawai'i Press, 2002.

Mungello 1994 — Mungello D. E. The Forgotten Christians of Hangzhou. Honolulu: University of Hawai'i Press, 1994.

Mungello 1999 — Mungello D. E. The Great Encounter of China and the West, 1500–1800. Lanham: Rowman & Littlefield Publishers, Inc., 1999.

Netolitzky 1977 — Netolitzky A. Das Ling-wai tai-ta von Chou Ch'ü-fei: Eine Landeskunde Südchinas aus dem 12. Jahrhundert. Wiesbaden: Franz Steiner Verlag, 1977.

Pearson 2003 — Pearson M. The Indian Ocean. Seas in History. London and New York: Routledge, 2003.

Pelliot 1959 — Pelliot P. Notes on Marco Polo. Vol. 1. Paris: Imprimerie Nationale, 1959.

Poo 2005 — Poo M. Enemies of Civilization: Attitudes toward Foreigners in Ancient Mesopotamia, Egypt, and China. Chinese Philosophy and Culture. Albany: State University of New York Press, 2005.

Ptak 2004 — Ptak R. China, the Portuguese, and the Nanyang: Oceans and Routes, Regions and Trade (c. 1000–1600). Aldershot: Ashgate Variorum, 2004.

Pulleyblank 1958 — Pulleyblank E. G. The Origins and Nature of Chattel Slavery in China // Journal of Economic and Social History of the Orient. 1958. Vol. 1. Part 2. P. 185–220.

Pulleyblank 1983 — Pulleyblank E. G. The Chinese and Their Neighbors in Prehistoric and Early Historic Times // The Origins of Chinese Civilization / ed. D. N. Keightley. Berkeley: University of California Press, 1983.

Reed 2003 — Reed C. E. A Tang Miscellany: An Introduction to Youyang zazu. New York: Peter Lang, 2003.

Rereading 2007 — Rereading the Black Legend: The Discourses of Religious and Racial Difference in the Renaissance Empires / ed. M. R. Greer, W. D. Mignolo, M. Quilligan. Chicago; London: University of Chicago Press, 2007.

Ringmar 2006 — Ringmar E. Audience for a Giraffe: European Expansionism and the Quest for the Exotic // Journal of World History: Official Journal of the World History Association. 2006. Vol. 17. № 4. Dec. P. 375–397.

Roberts 2006 — Roberts J. A. G. A History of China. 2d ed. New York: Palgrave Macmillan, 2006.

Roberts 2008 — Roberts M. S. The Mark of the Beast: Animality and Human Oppression. West Lafayette, Ind.: Purdue University Press, 2008.

Rockhill 1915 — Rockhill W. W. Notes on the Relations and Trade of China with the Eastern Archipelago and the Coasts of the Indian Ocean during the Fourteenth Century, Part 2 // T'oung Pao. 1915. Vol. 16. № 2. P. 61–159, 236–171, 374–392, 435–467, 604–626.

Rohsenow 2002 — Rohsenow J. S. ABC Dictionary of Chinese Proverbs. Honolulu: University of Hawai'i Press, 2002.

Rotberg 2008 — Rotberg R. I. China's Quest for Resources, Opportunities, and Influence in Africa / China into Africa: Trade, Aid, and Influence / ed. R. I. Rotberg. Washington, D.C.: Brookings Institution Press, 2008.

Rothschild 2007 — Rothschild N. H. Wu Zhao: China's Only Woman Emperor. New York: Library of World Biography. Pearson Longman, 2007.

Shapiro 2001 — Shapiro S. Prologue // Jews in Old China: Studies by Chinese Scholars. Expanded ed. / ed. S. Shapiro. New York: Hippocrene Books, 2001.

Shiba 1970 — Shiba Y. Commerce and Society in Sung China / tr. M. Elvin. Ann Arbor: Center for Chinese Studies, University of Michigan, 1970.

Skin Deep 2004 — Skin Deep: How Race and Complexion Matter in the "Color-Blind" Era / ed. C. Herring, V. M. Keith, H. D. Horton. Urbana: University of Illinois Press, Institute for Research on Race and Public Policy; Chicago: University of Illinois at Chicago, 2004.

Smallwood 2007 — Smallwood S. E. Saltwater Slavery: A Middle Passage from Africa to American Diaspora. Cambridge, Mass., and London: Harvard University Press, 2007.

Smith 1996 — Smith R. J. Chinese Maps: Images of «All under Heaven». Oxford: Oxford University Press, 1996.

Snow 1988 — Snow Ph. The Star Raft: China's Encounter with Africa. Ithaca, N.Y.: Cornell University Press, 1988.

Snowden 1983 — Snowden F. M., Jr. Before Color Prejudice: The Ancient View of Blacks. Cambridge, Mass., and London: Harvard University Press, 1983.

South China 1953 — South China in the Sixteenth Century, Being the Narratives of Galeote Pereira, Fr. Gaspar da Cruz, O.P., Fr. Martín de Rada, O.E.S.A. (1550–1575) / ed. C. R. Boxer. London: Hakluyt Society, 1953.

Spence 1984 — Spence J. D. The Memory Palace of Matteo Ricci. New York: Viking Penguin, 1984.

Steinhardt 1999 — Steinhardt N. S. The Synagogue at Kaifeng: Sino-Judaic Architecture of the Diaspora // The Jews of China: Historical and Comparative Perspectives / ed. J. Goldstein. Armonk, N.Y.: M. E. Sharpe, 1999.

Sterckx 2002 — Sterckx R. The Animal and the Daemon in Early China. Chinese Philosophy and Culture. Albany: State University of New York Press, 2002.

Stover 1974 — Stover L. E. The Cultural Ecology of Chinese Civilization: Peasants and Elites in the Last of the Agrarian States. New York: Mentor, 1974.

Strassberg 2002 — Strassberg R. A Chinese Bestiary: Strange Creatures from Guideways through Mountains and Seas. Berkeley: University of California Press, 2002.

Sullivan 1964 — Sullivan M. The Heritage of Chinese Art // The Legacy of China /ed. R. Dawson. Oxford: Oxford University Press, 1964.

Sun 1976 — Sun E. Z. Wang Ch'i // Dictionary of Ming Biography, 1368–1644 / ed. L. C. Goodrich, Ch. Fang. Vol. 2. New York: Columbia University Press, 1976.

Teng 2004 — Teng E. J. Taiwan's Imagined Geography: Chinese Colonial Travel Writing and Pictures, 1683–1895. Cambridge, Mass.: Harvard University Asia Center, Harvard University Press, 2004.

The Great Chinese Travelers 1964 — The Great Chinese Travelers: An Anthology / ed. J. Mirsky. New York: Pantheon Books, 1964.

Tognetti 2005 — Tognetti S. The Trade in Black African Slaves in Fifteenth-Century Florence // Black Africans in Renaissance Europe / ed. T. F. Earle, K. J. P. Lowe. Cambridge: Cambridge University Press, 2005.

Trager 1995 — Trager J. The Food Chronology: A Food Lover's Compendium of Events and Anecdotes, from Prehistory to the Present. New York: Henry Holt, 1995.

Tsai 2001 — Tsai Sh. H. Perpetual Happiness: The Ming Emperor Yongle. Seattle and London: University of Washington Press, 2001.

Van Tilburg 2007 — Van Tilburg H. K. Chinese Junks on the Pacific: Views from a Different Deck. Gainesville: University Press of Florida, 2007.

Viviano 2005 — Viviano F. China's Great Armada // National Geographic. 2005. Vol. 208. № 1. Jul. P. 28–53.

Vogt 1974 — Vogt J. Ancient Slavery and the Ideal of Man / tr. T. Wiedemann. Oxford: Basil Blackwell, 1974.

Waley-Cohen 1999 — Waley-Cohen J. The Sextants of Beijing: Global Currents in Chinese History. New York: W. W. Norton & Company, 1999.

Wang Gungwu 1958 — Wang G. The Nanhai Trade: A Study of the Early History of Chinese Trade in the South China Sea // Journal of the Malayan Branch of the Royal Asiatic Society. 1958. Vol. 31. Part 2. № 182. Jun. P. 1–135.

Wang Gungwu 1976a — Wang G. Chang Fu // Dictionary of Ming Biography, 1368–1644 / ed. L. C. Goodrich, Ch. Fang. Vol. 1. New York: Columbia University Press, 1976.

Wang Gungwu 1976b — Wang G. Fei Hsin // Dictionary of Ming Biography, 1368–1644 / ed. L. C. Goodrich, Ch. Fang. Vol. 1. New York: Columbia University Press, 1976.

Wang Gungwu 1998 — Wang G. The Nanhai Trade: The Early History of Chinese Trade in the South China Sea. Singapore: Times Academic Press, 1998.

Watson 1980 — Watson J. L. Introduction: Slavery as an Institution; Open and Closed Systems // Asian and African Systems of Slavery / ed. J. L. Watson. Berkeley: University of California Press, 1980.

Wei 2006 — Wei B. P. Ruan Yuan, 1764–1849: The Life and Work of a Major Scholar-Official in Nineteenth-Century China before the Opium War. Hong Kong: Hong Kong University Press, 2006.

Wilbur 1967 — Wilbur C. M. Slavery in China during the Former Han Dynasty, 206 B. C . — A. D 25. 1943. Repr., New York: Russell & Russell, 1967.

Wilensky 2002 — Wilensky J. The Magical Kunlun and 'Devil Slaves': Chinese Perceptions of Dark-Skinned People and Africa before 1500 // Sino-Platonic Papers. 2002. № 122. Jul. P. 1–51.

Wilkinson 1998 — Wilkinson E. Chinese History: A Manual. Cambridge, Mass.: Harvard University Asia Center, Harvard University Press, 1998.

Wink 1991 — Wink A. Al-Hind: The Making of the Indo-Islamic World. Vol. 1. Early Medieval India and the Expansion of Islam, 7th — 11th Centuries. 2d rev. ed. Leiden: E. J. Brill, 1991.

Winstedt 1909 — Winstedt E. O. The Christian Topography of Cosmas Indicopleustes. Cambridge: Cambridge University Press, 1909.

Wolska 1962 — Wolska W. La Topographie Chretienne de Cosmas Indicopleustes. Paris: Presses Universitaires de France, 1962.

Wyatt 2003 — Wyatt D. J. Sima Guang // RoutledgeCurzon Encyclopedia of Confucianism / ed. X. Yao. Vol. 2. O–Z. London: RoutledgeCurzon, 2003.

Wyatt 2010 — Wyatt D. J. Shao Yong's Numerologica-Cosmological System // Dao Companion to Neo-Confucian Philosophy / ed. J. Makeham. Dao Companions of Chinese Philosophy. Dordrecht, Netherlands, and New York: Springer Academic, 2010.

Xu 2003 — Xu X. The Jews of Kaifeng, China: History, Culture, and Religion. New York: KTAV Publishing House, 2003.

Yang 1968 — Yang L. Historical Notes on the Chinese World Order // The Chinese World Order / ed. J. K. Fairbank. Cambridge, Mass.: Harvard University Press, 1968.

Yang 1969 — Yang L. S. Economic Aspects of Public Works in Imperial China // Excursions in Sinology. Harvard-Yenching Institute Studies. Vol. 24. Cambridge, Mass.: Harvard University Press, 1969.

Yates 2001 — Yates R. D. S. Slavery in Early China: A Socio-Cultural Approach // Journal of East Asian Archaeology. 2001. Vol. 3. № 1–2. P. 283–331.

Zheng 2005 — Zheng Y. The Social Life of Opium in China. Cambridge: Cambridge University Press, 2005.

Работы на китайском языке:

Ван 1976 — Ван Д. Дао и чжи люэ [Краткое описание островных варваров] / Ван Даюань. Тайпэй: Тайвань сюэшэн шуцзюй, 1975.

Гун 1999 — Гун Ч. Си ян фань го чжи [Хроники варварских племен Западного моря] / Гун Чжэнь // Шофан бэйшэн [Полн. собр. исторических хроник Севера]. Т. 3. / ред. Хэ Цютао. Шанхай: Шанхай гуцзи чубаньшэ, 1999.

Дай кан-ва дзитэн 1989–1990 — Дай кан-ва дзитэн [Большой китайско-японский словарь] / Морохаси Тэцудзи и др: в 13 т. Токио: Тайшукан шотен, 1989–1990.

Дуань 1975 — Дуань Ч. Ю ян цза цзу [Пестрые заметки с южного склона горы Ю] / Дуань Чэнши. Тайпэй: Тайвань сюэшэн шуцзюй, 1975.

Ли 1989 —Ли В. Цяньянь [Предисл.] / Ли Вэйго // Чжу Ю. Пинчжоу кэ тань. Хоушань Таньцун Пинчжоу кэ тань / Чжу Юй. Шанхай: Шанхайгуцзи чубаньшэ, Синьхуа шудянь Шанхай фасин софасин, 1989.

Ло 1597 — Ло. М. Синькэ цюаньсян Саньбао тайцзянь ся Сиян цзи тунсу яньи [Заново вырезанное полностью иллюстрированное «Популярное переложение записей о хождении дворцового евнуха трех драгоценностей в Западный океан»] / Ло Маодэн. Цзюань 5. Около 1597. Китай: Саньшаньдаожэнь, между 1465 и 1620 годами.

Ло 1987 — Ло М. Саньбао тайцзянь ся Сиян цзи тунсу яньи [Популярное переложение записей о хождении дворцового евнуха трех драгоценностей в Западный океан] / Ло Маодэн. Т. 2. Тайпэй: Гуанвэнь шуцзюй, 1987.

Лунь юй 1989 — Лунь юй / сост. Хэ Янь. Шанхай: Шанхай шудян, 1989.

Ма 1999 — Ма Х. Ин яй шэн лань [Обзор берегов океана] / Ма Хуань // Шофан бэйшэн [Полн. собр. исторических хроник Севера]. Т. 3. / ред. Хэ Цютао. Шанхай: Шанхай гуцзи чубаньшэ, 1999.

Мин ши 1974 — Мин ши [История династии Мин] / Чжан Тинъюй и др. Бэйцзин: Чжунхуа шуцзюй, 1974.

Наньхуа 1936 — Наньхуа чжэньцзин чжэнъи [Истинное значение Чжуан-цзы] / ред. Чэнь Шоучан. Бэйцзин: Лайсюнь гэ, 1936.

Пинчжоу 1921 — Пинчжоу кэ тань тияо [Общие сведения о «Беседах в Пинчжоу о достойных вещах»] / ред. Юн Жун и др. // Чжу Ю. Пинчжоу кэ тань [Беседы в Пинчжоу о достойных вещах] / Чжу Юй. Мохай цзиньху. Шанхай: Богу чжай, 1921.

Саньцай тухуэй 1970 — Саньцай тухуэй [Иллюстрированный свод трех начал] / ред. Ван Ци. Т. 6. 1607. Репринтное издание. Тайпэй: Чэнвэнь чубаньшэ, 1970.

Синь Тан шу 1976 — Синь Тан шу [Новая история Тан] / сост. Оуян Сю, Сун Ци и др. Тайбэй: Динвэнь шуцзюй, 1976.

Синьцзяо 1990 — Синьцзяо бэнь Цзиньшу бин фубянь лючжун [Новое исправленное издание истории династии Цзинь с дополнительными главами в шести томах] / Фан Сюаньлин и др. Тайпэй: Динвэнь шуцзюй, 1990.

Сун ши 1977 — Сун ши [История династии Сун] / Тогто и др. Бэйцзин: Чжунхуа шуцзюй, 1977.

Сыма 1973 — Сыма Г. и др. Цзы чжи тун цзянь / Сыма Гуан. Тайбэй: Хунъе шуцзюй, 1973.

Фань 2003 — Фань Ч. Гуйхай юй хэн чжи [Описания гор и лесов у Южного моря] / Фань Чэнда. Янчжоу: Гуанлин шушэ, 2003.

Фэй 1999а — Фэй С. Син ча шэн лань сю [Предисл. к общему отчету о плавании Звездного плота] / Фэй Синь // Шофан бэйшэн [Полн. собр. исторических хроник Севера]. Т. 3. / ред. Хэ Цютао. Шанхай: Шанхай гуцзи чубаньшэ, 1999.

Фэй 1999б — Фэй С. Син ча шэн лань [Общий отчет о плавании Звездного плота] / Фэй Синь // Шофан бэйшэн [Полн. собр. исторических хроник Севера]. Т. 3. / ред. Хэ Цютао. Шанхай: Шанхай гуцзи чубаньшэ, 1999.

Фэн 1937 — Фэн Ч. Чжунго Наньян цзяотун ши [История торговых путей Южно-Китайского моря] / Фэн Чэнцзюнь. Шанхай: Шанъу иньшугуань, 1937.

Хуан 2003 — Хуан Ч. Хай юй [Морские беседы] / Хуан Чжун. Янчжоу: Гуанлин шушэ, 2003.

Хунань 1995–99 — [Гуансюй] Хунань тунчжи [Хунаньский справочник (периода правления Гуансюя)] / Бянь Баоди и др. [Раздел надписей на металле и камне]. Шанхай: Шанхай гуцзи чубаньшэ, 1995–1999.

Хуэй-линь 1970 — Хуэй-линь. Ицецзин иньи [Произношение и значение всего буддийского канона]. Тайбэй: Тайвань датун шуцзюй, 1970.

Цзю Тан шу 1979 — Цзю Тан шу [Старая история Тан] / сост. Лю Сю и др. Тайбэй: Динвэнь шуцзюй, 1979.

Цянь 1985 — Цянь М. Чжуанцзы цзуаньцзянь [Объединенные комментарии к Чжуан-цзы] / Цянь Му. Тайбэй: Дунда тушу гунсы, Цзунцзинсяо саньминь шуцзюй, 1985.

Чжан 1962 — Чжан С. Гудай чжунго юй фэйчжоу чжи цзяотун [Отношения между Древним Китаем и Африкой] / Чжан Синлан // Чжунси цзяотун шиляо хуэйпянь [Собр. материалов по истории отношений Китая и западных стран]. Т. 3. Тайбэй: Шицзе шуцзюй, 1962.

Чжао 1969 — Чжао Ж. Чжу фань чжи [Описание иноземных народов] / Чжао Жутуа. Тайбэй: Гуанвэнь шуцзюй, 1969.

Чжоу 1872 — Чжоу Ц. Лин вай дай да [Заметки о землях за горами] / Чжоу Цюйфэй. Чжибуцзу чжай цуншу, 1872.

Чжу Му 2003 — Чжу М. Фанъю шэнлань [Путеводитель по живописным местам] / Чжу Му. Бэйцзин: Чжунхуа шуцзюй, 2003.

Чжу Юй 1921 — Чжу Ю. Пинчжоу кэ тань [Беседы в Пинчжоу о достойных вещах] / Чжу Юй. Мохай цзиньху. Шанхай: Богу чжай, 1921.

Чжуанцзы 1973 — Чжуанцзы. Тайпэй: Тайвань чжунхуа шуцзюй, 1973.

Чэнь 1987 — Чэнь Ч. Чжичжай шулу цзети [Каталог книг Кабинета Чжи с пояснительными заметками] / Чэнь Чжэньсунь. Shanghai: Shanghai guji chubanshe, 1987.

Шао 1934 — Шао Ю. Хуан-цзи цзин-ши-шу [Высшие принципы, управляющие миром] / Шао Юн. Шанхай: Чжунхуа шуцзюй, 1934.

Юди цзунту 1564 — Юди цзунту [Подробные географические карты стран]. 1564. Микрофильм. Вашингтон: Отдел микрофильмирования Библиотеки Конгресса, 1970–1979.

Янчэн 1969 — Янчэн гучао [Старинные документы о Янчэне] / ред. Цю Цзючуань. Т. 1. Около 1800. Репринт. Тайбэй: Вэньхай чубаньшэ, 1969.

Предметно-именной указатель

Оглавление

Научное издание

Дон Дж. Уайет

ЧЕРНОКОЖИЕ В ДРЕВНЕМ КИТАЕ

Директор издательства *И. В. Немировский*
Ответственный редактор *И. Белецкий*
Куратор серии *Е. Яндуганова*
Заведующая редакцией *Н. Ломтева*

Дизайн *И. Граве*
Редактор *П. Матвеева*
Корректоры *Е. Гайдель, И. Манлыбаева*
Верстка *Е. Падалки*

Подписано в печать 26.12.2024.
Формат издания 60 × 90 1/16. Усл. печ. л. 15,8.
Тираж 200 экз.

Academic Studies Press
1577 Beacon Street, Brookline, MA 02446 USA
https://www.academicstudiespress.com

ООО «Библиороссика».
198207, г. Санкт-Петербург, а/я № 8

Эксклюзивные дистрибьюторы:
ООО «Караван»
ООО «КНИЖНЫЙ КЛУБ 36.6»
http://www.club366.ru
Тел./факс: 8(495)9264544
e-mail: club366@club366.ru

Книги издательства можно купить
в интернет-магазине: www.bibliorossicapress.com
e-mail: sales@bibliorossicapress.ru

Знак информационной продукции согласно
Федеральному закону от 29.12.2010 № 436-ФЗ

www.ingramcontent.com/pod-product-compliance
Lightning Source LLC
Chambersburg PA
CBHW070400100426
42812CB00005B/1575

* 9 7 9 8 8 8 7 1 9 9 1 2 2 *